健身健美教练教程

殷志栋　姜　芳　王　尧◎著

首都经济贸易大学出版社
Capital University of Economics and Business Press
·北　京·

图书在版编目（CIP）数据

健身健美教练教程 / 殷志栋，姜芳，王尧著. 北京 ： 首都经济贸易大学出版社，2024. 7. -- ISBN 978-7-5638-3746-5

Ⅰ. G883

中国国家版本馆 CIP 数据核字第 2024N47K98 号

健身健美教练教程

JIANSHEN JIANMEI JIAOLIAN JIAOCHENG

殷志栋　姜　芳　王　尧　著

责任编辑　晓　云

封面设计　砚祥志远·激光照排 TEL：010-65976003

出版发行　首都经济贸易大学出版社

地　　址　北京市朝阳区红庙（邮编 100026）

电　　话　（010）65976483　65065761　65071505（传真）

网　　址　https://sjmcb.cueb.edu.cn

经　　销　全国新华书店

照　　排　北京砚祥志远激光照排技术有限公司

印　　刷　唐山玺诚印务有限公司

成品尺寸　170毫米×240毫米　1/16

字　　数　346千字

印　　张　20.5

版　　次　2024年7月第1版

印　　次　2024年7月第1次印刷

书　　号　ISBN 978-7-5638-3746-5

定　　价　88.00元

河北环境工程学院转型发展校企合作编写系列教材

编委会

生态环境产教融合系列教材
总　序

培养大批应用型人才是贯彻落实党中央、国务院关于教育综合改革决策部署的必要之举，产教融合是高等学校培养应用型人才的必由之路。2017 年，国务院办公厅印发《关于深化产教融合的若干意见》（国办发〔2017〕95 号），明确要求深化职业教育、高等教育等改革，发挥企业重要主体作用，促进人才培养供给侧和产业需求侧的结构和要素全方位融合，培养大批高素质创新人才和技术技能人才。深度推进产教融合在解决教育链与产业链脱节问题、将最新理论和技术落实落地、打破产业发展瓶颈、提升高校应用型人才培养质量等方面具有重要意义。

教材作为知识的载体，体现了人才培养目标的具体要求，是开展教学的基本工具，更是人才培养质量的重要保证。面对应用型人才培养的新要求，教材改革迫在眉睫。目前在应用型人才培养过程中普遍缺乏合适的教材，往往借用原有的普通本科教材，其教学要求、教学内容和教学模式等都不适用于强调实践能力的应用型人才培养，难以实现应用型人才的培养目标；有些应用型教材或地域性过于明显或单一不成体系，限制了学生对行业的整体性了解。因此，面对行业产业需求，将专业教育链与对应的产业链有机衔接，编写具有适用性和实用性的应用型系列教材非常迫切，具有重要的现实意义。

党的二十大报告指出，中国式现代化是人与自然和谐共生的现代化。中共中央、国务院发布的《关于全面推进美丽中国建设的意见》，明确了要加快形成以实现人与自然和谐共生现代化为导向的美丽中国建设新格局。贯彻落实习近平生态文明思想，加快形成绿色低碳生产生活方式，把建设美丽中国转化为社会行为自觉，已成为新时代发展的必然趋势。高等学校是人才培养、文化传承的重要阵地，在美丽中国建设中要承担起培养适应生态文明建设的人才、传播习近平生态文明思想、提高全民生态文明素质的重任。面对生态文明建设的新形势和美丽中国建设的明确要求，培养适应生态文明建设需要的应用型、复合型、创新型人才非常迫切。由于生态环境问题具有交叉性、系统性和复杂性等特点，在各行各业、生产生活各领域都存在生态环境问题，因此生态环境问题的解决不仅仅是某个行业的事情。这样就使生态环境人才的培养具有两方面特点：一方面具有鲜明的应用型特点，要能够解决各行各业、各个领域的环境问题；另一方面具有交叉复合型特点，培养生态环境人才不仅仅是生态环境类专业独有的任务。因此，高等学校要站在将生态文明建设纳入“五位一体”总体布局的高度，将专业人才培养链与行业产业的生态环境需求有机衔接，培养生态文明建设需要的应用型人才。所以，尽快开发针对各行各业生态环境问题的产教融合系列教材迫在眉睫。

河北环境工程学院的前身是中国环境管理干部学院，由中国环保事业的奠基者曲格平先生亲手创建，是中国最早开展环境教育的高校之一。建校40余年来，学校通过环保干部轮训、环保局长岗位培训、成人高等教育、高职教育、本科教育等形式，为环保事业源源不断输送了大批中坚人才和骨干力量。学校在我国环保事业发展的各个阶段都发挥了重要作用，见证了中国环境保护事业的发展历程。长期以来，学校被誉为环保系统的“黄埔军校”。近年来，学校坚持应用型办学定位，坚定不移走产教融合办学之路，以绿色低碳高质量发展需求为导向，优化学科专业结构，建设与行业产业需求有机衔接的专业集群；以产教融合为人才培养主要路径，建立产教融合协同育人的有效机制；以培养高素质应用型人才为根本目标，建立“跨学科交叉、校政企共育共管、多元协同促教”的应用型人才培养模式，改革课程体系和教育教学方法。其中的重点，是以课程建设为突破口，以产教融合应用型教材开发为抓手：对于生态环境类专业，梳理生态环保行业的需求，校企共同编写应用型教材；对于非生态环境类专业，围绕其对应的行业产业，梳理相应的绿色低碳发展的需求，跨学科、跨行业校企共同开发相关教材。拟通过几年的实践探索，校企共同开发一批生态环境产教融合应用型教材，以期解决高等学校生态环境应用型人才培养缺乏适应性教材等问题。

本系列教材以习近平生态文明思想为指导，坚持绿色低碳发展理念，覆盖多学科门类、行业产业领域，具有鲜明的生态环境特色。系列教材中的环境类专业课程教材直接与生态环境保护产业链相关领域结合，以培养服务生态环保行业的应用型人才为目标；系列教材中的非环境类专业课程教材，则针对行业产业链中存在的生态环境相关问题，将绿色低碳理念融入教材教学内容，以培养学生良好的生态文明职业素养为目标。在具体的教材建设环节，成立由高校“双师型”教师及行业企业一线具有丰富生产经验的专家组成的教材编写组，充分发挥校企合作双主体优势，立足企业现实岗位中的具体工作过程，采取项目式、任务式、案例式教学设计模式，将企业先进的生产技术、管理理念和课程思政等教育元素融入教材，真正实现教材内容与企业具体岗位需要的全面融合，全方位保证教材的适用性。

本系列教材填补了国内生态环境产教融合应用型系列教材的空白，适用于各普通本科院校、职业院校的生态环境类专业学生；同时，非生态环境类专业所开设的与生态环境相关的课程，也可选取使用系列教材中的相关教材。

前　言

20 世纪 80 年代以来，国际高等教育界逐渐形成了一股新的潮流，那就是普遍重视实践教学，强化应用技术型人才培养。2014 年 3 月，中国教育部改革方向已经明确：在全国 1 200 多所普通本科高等院校中，将有 600 多所逐步向应用技术型大学转变，转型的大学本科院校约占高校总数的 50%。河北环境工程学院被河北省教育厅列为转型发展试点院校，为适应教育教学改革探索的需要，以提高学生社会职业素养和就业竞争力为重要目标，学校制定应用型高校校企合作开发教材计划，本教材有幸被列为计划内建设教材。

本教材是以能力本位教育思想为指导，以模块化课程理论为依据，以项目引领、任务驱动、案例支撑为模式，通过校企合作的方式撰写的，对健身健美教练的成长具有高度的针对性。在编写本书的过程中，许凯、朱志武、孟梅、樊昌明、何琳、杜方棋、肖奇、滕春红、窦永胜、张冉、张兴宇、宋伟鹏、葛艳荣、段杭、迟燕平、张彧等也参与了部分内容的研讨与编写。期待本教材在健身健美教练的人才培养过程中发挥应有的作用，为我国的健身健美教练运动事业的发展贡献力量。

本教材具有以下特色：

第一，项目引领，任务驱动。本教材以项目引领、任务驱动、案例支撑为编写模式，以课题的形式提出问题，以启发式教学为主导来编排知识点，能够充分调动学生的积极性和创造性。

第二，通俗易懂，实用性强。本教材文风朴实，专业术语规范，通俗易懂。本教材的内容充分兼顾职业教练和教师工作的特点，并列举大量实例，颇为实用。

第三，结构严谨，层次分明。本教材采用循序渐进的方式，由浅入深地介绍健身健美教练应具备的整体能力与素质以及周期训练与教学、基本理论与力学知识、运动心理学等相应概念和各种实用技巧与实例。

第四，快速上手，简便易学。本教材在每个任务后面均设有训练检测，既方便教师对学生的辅导，也便于学生的自学、自查，有利于学生对技能的掌握。

第五，层次清晰，深度够用。本教材是一部多学科综合运用的教学用书，以多层面、全方位、高纵深的理论体系对健身健美教练职业能力提供理论支撑，既有利于学生在校学习，又有利于学生工作后的不断提高。

第六，适时更新，保持先进。后续本教材内容会适时更新，以确保本教材内容的科学性、先进性和可持续发展性。

本教材在撰写过程中得到秦皇岛菲特尼斯健身服务有限公司、秦皇岛凯斯奇健身服务有限公司、秦皇岛菲特尼斯职业技能培训学校的鼎力支持，在此向它们表示由衷的感谢。

本教材采用的图片由蝉联 2022 年中国大学生健美健身锦标赛健体决赛B组冠军并获 2023 年中国大学生健身健美锦标赛男子健体B组冠军的曹鸿毅同学和获得 2023 年中国大学生健身健美锦标赛女子健身模特季军的李子萌同学提供。

本教材不足之处敬请广大读者批评指正，不胜感激。

目　录

项目一
健身健美教练

项目描述

健身健美运动在一个国家的发展状况如何，教练的水平起着至关重要的作用，尤其是职业教练的水平对一个国家健身健美运动的发展有着重大而深远的影响。在本项目中，我们将对健身健美教练进行理论分析，力求全面呈现健身健美教练的工作内容、职位技能以及基本素质。

学习目标

了解健身健美教练的工作内容和职位技能等，掌握健身健美教练应具备的基本素养。

能力目标

能够运用所学知识，正确认识教练的工作内容；熟练运用教练的术语开展工作，提高自己的从业能力。

任务一　健身健美教练概述

活动场地 / 环境

多媒体教室。

任务要求

1. 了解健身健美教练的工作内容、职位技能等；
2. 了解健身健美教练的职业生涯。

能力训练

掌握健身健美教练的工作内容，能够有意识地提高对健身健美教练的认知水平；初步掌握健身健美教练的概念。

一、工作内容

通过自己的专业知识帮助每一位健身健美训练者制订符合其身体素质要求的运动训练计划，组织进行个性化训练，实施个性化运动训练指导服务。

二、职位技能

具备体育教育训练学基本知识，如运动解剖学、运动生物力学、运动训练学和人体科学等；合理安排运动训练、饮食结构和恢复休息，正确使用运动营养补剂；善于调整人的身心健康并具备良好的沟通技巧。

三、现状及前景

健身健美教练作为一种新兴职业在我国得到了迅猛发展，成为当前教练行业中的热门职业之一，在体育劳动力市场上也备受瞩目。

从政策角度来看，健身健美运动市场可以有效地拉动居民的消费，健身健美运动符合国家拉动内需的需求，在体育行业的发展空间广阔。

四、职业认证（从业资格）

社会体育指导员资格证，由国家体育总局、人力资源和社会保障部等部门颁发。国家体育总局授权所属各地体育局进行培训，培训结束后由总局或各地体育局派人进行考试鉴定，考试合格者颁发国家相应等级的职业资格证书。

健身健美教练职业资格证书由健身健美协会颁发并由各级主管部门负责核发，是从业者从事这一职业所必备的学识和技能的证明。它是求职、任职的资格凭证，是用人单位招聘、录用人员的主要依据，也是相关从业人员办理技能水平公证的有效认证。

五、职业生涯

（一）转入教练部主管

健身健美俱乐部的健身健美教练数量庞大，在管理和课程安排上也是一个难题。这就需要既有健身健美教练的教学经验、了解会员的需求，又有俱乐部运营管理经验等素质的教练主管来管理健身健美教练和安排适合的健身健美课程。因此，有多年教学经验和有一定管理能力的健身健美教练就成为教练部主管的首选。

（二）由健身健美教练转入教练培训导师

随着健身健美行业的不断发展，必然会产生大量的教练需求，大量健身教练培训机构也就应运而生了。健身健美教练培训导师的需求也会不断增加，那些受过正规培训，有良好的健身健美运动基础同时又有多年教学经验的健身健美教练就受到了培训机构的青睐，经验丰富的健身健美教练当然就成为培训机构的首选。

（三）转入涉猎面广且专项精的高端专项健美教练

健身健美教练在经历多年健身健美教练教学，了解完整的竞技健身健美项目竞赛流程后，就可以向大师级教练转变。

（四）自己投资或者合作开办健身健美工作室或俱乐部

健身健美教练在有了一定的教学经验，了解和掌握健身健美行业的运作模式之后，也可以考虑开办属于自己的健身健美工作室、俱乐部或公司来拓展事业空间。

训练检测

1. 健身健美教练的工作内容是什么？
2. 如何做好健身健美教练的职业规划？

任务二　健身健美教练基本素养

活动场地 / 环境

多媒体教室。

任务要求

1. 了解健身健美教练应具备的道德品质；

2. 了解健身健美教练应具备的专业知识和操作技能。

能力训练

掌握健身健美教练的专业知识和操作技能，能够有意识地提高对健身健美教练基本素养的认知水平；初步形成对健身健美教练基本素养的认知。

一、道德品质

健身健美教练员不仅应当是讲授技能的老师，而且应当是造就学员灵魂的工程师。健身健美教练的一言一行、一举一动都会给学员带来潜移默化的影响。一个品行不端的健身健美教练培养的学员，会在工作中将这种不良品行进一步扩散。总之，健身健美教练员应有较高的思想境界和道德情操，要求别人做到，自己应首先做到。

二、专业知识

健身健美教练员应当精通与专业相关的理论与知识，如操作方法、质量标准、安全操作知识等。健身健美教练应具有宽深适度的专业知识，方能使学员在有限的训练时间内获得尽可能多的专业知识，也才能为进一步提高自己的工作能力奠定扎实的知识储备基础。

三、操作技能

具备较高的操作技能是做健身健美教练的基本要求之一。“打铁还需自身硬”；自己没有“一杯水”，肯定灌不满“一杯水”。这些都是最基本的道理。

四、教学能力

（一）语言表达能力

实践表明，教学的效果在很大程度上取决于教练的语言表达能力。健身健美教练的讲解应当简单明了、内容具体、生动活泼并有感染力；应善于联系学员的思想实际，说明应当讲解的问题，符合他们的理解水平。

（二）观察学员个性和训练情况的能力

健身健美教练员应当根据学员的外部表现，了解学员的个性和他们的心理状态；既能找出学员共同具有的特点，又能发现每个学员的个性特点，从而采取有效的培训措施。

（三）善于全面掌握、理解、运用教学文件的能力

健身健美教练应当认真钻研教学文件及相关教材，认真备课，厘清内容的重要性和主次，知道应当采取哪些训练方法和措施来完成教练工作。这就要求健身健美教练具有相应的分析、概括能力，善于用标准的动作、精辟的语言让学员接受整套操作技能。只有这样，才能使学员按照教学规律来掌握操作技能。

五、组织能力

健身健美教练是整个技能训练的直接组织者和指导者，组织能力的好坏直接影响训练计划、训练进度的执行情况以及训练效果的优劣。健身健美教练的组织能力主要表现在：①善于发现团体中威信高、责任心强、操作技能较好并能组织全组学员共同学习、参与各类教学活动的学员，培养其担任组长，将其培养成为自己的训练助手，使各项工作做得更好；②根据训练计划、目的、要求，组织学员进行学习和训练。

六、数据分析能力

数据分析指的是利用数学的基本方法，采用统计学、概率学等相关知识，对大量不确定性因素进行建模和预测。数据分析已成为健身健美运动的一项

关键功能，不仅能预测结果，而且是技能发展的关键。

在健身健美运动中谈及的数据，通常是指健身健美训练前身体各项指标的评估数据、训练中运动力学的监测数据、训练后疲劳指标的监控数据等。数据分析的重要性体现在：能针对其每个部位技术的薄弱环节进行更有效的训练。

健身健美运动是全身性的协调性项目，对于关节的灵活度、肌肉的力量、身体的柔韧性等都有相当严格的要求。另外，由于健身健美数据分析设备越来越普及和多样，对于数据的监测范围也越来越广，从以前只能监测身体的基本数据，到现在能监测身体活动角度，身体肌肉参与程度与力线、力量，等等。目前，在很多大赛中健身健美运动员除了运用健身健美的训练技术外，更要以身体对训练反应的监测做支撑。目前对健身健美训练身体动作的捕捉采用的更多是动捕技术，即通过对健身健美训练过程进行身体各项指标监测，找出问题并分析解决。

优秀的健身健美教练不仅需要对比赛成绩进行分析研究，也需要在平时训练过程中通过仪器设备的监测，整理分析数据并找出原因，从而指导运动员进行有效的训练；还需要对平时训练过程中的身体状况进行有效的监测，如基本生理指标、睡眠情况、疲劳程度、饮食情况等。

七、精细化管理能力

精细化管理是一种理念，一种文化。它是源于发达国家的一种企业管理理念，是社会分工的精细化以及服务质量的精细化对现代管理的必然要求，是建立在常规管理的基础上并将常规管理引向深入的基本思想和管理模式，是一种以最大限度地减少管理所占用的资源和降低管理成本为主要目标的管理方式。现代管理学认为，科学化管理有三个层次：第一个层次是规范化，第二个层次是精细化，第三个层次是个性化。

精细化管理要求落实管理责任，将管理责任具体化、明确化。它要求每一个管理者都到位、尽职，第一次就把工作做到位。工作要日清日结，每天都要对当天的情况进行检查，发现问题及时纠正，及时处理。

精细化管理是运动训练的核心工程。一个运动队乃至一名优秀的运动员要做强，需要有效运用文化精华、技术精华、智慧精华等来指导、促进运动训练的发展。

精细化管理是一种对战略和目标分解、细化和落实的过程，能把运动训练的战略规划有效贯彻到每个环节，同时也是提升教练整体执行能力的一条重要途径。

训练检测

1. 健身健美教练应该具有什么样的道德品质？
2. 健身健美教练应该具备哪些专业知识和操作技能？

项目二

健身健美运动肌肉动作训练

项目描述

在健身健美运动中，肌肉动作训练起着至关重要的作用。在本项目中，我们将对胸部、背部、肩部、手臂部、腰腹部、臀部、腿部动作训练的相关知识进行详细阐述，旨在为健身健美教练的教学提供科学的指导。

学习目标

了解健身健美运动肌肉动作训练的相关知识，掌握健身健美运动肌肉动作训练的相关术语。

能力目标

能够运用健身健美运动肌肉动作训练的相关知识科学地指导健身健美训练，提高自己的从业能力。

任务一　健身健美运动胸部动作训练

活动场地 / 环境

健身房。

任务要求

1. 了解健身健美运动中的胸部动作训练名称、参与的肌肉、呼吸和动作要领；

2. 了解健身健美运动中胸部动作训练的注意事项及动作特点。

能力训练

掌握健身健美运动胸部动作训练的发力规律，能够有意识地提高对健身健美教练的认知水平；初步形成健身健美运动胸部动作训练的概念。

课题一　胸部肌肉解剖结构及功能

胸部包括较大的胸腔和厚实的胸大肌，胸大肌的内侧、外侧、上部和下部都足够发达。胸部肌群主要包括两侧胸肌，每一侧胸肌都是由胸大肌和胸小肌两块肌肉组成的。胸大肌从外形来看，分为上部、中部和下部。为了便于训练的细分，把胸大肌分为四个部位，即外侧缘、上胸部、中间沟、下胸部。胸大肌起于锁骨内侧、胸骨和上6肋骨前面及腹直肌鞘前壁上部，止于肱骨大结节。胸小肌起自第3~5对肋骨前面，止于肩胛骨喙突。

一、胸大肌的重要性

胸大肌近固定时，可以使肩关节屈、内收及内旋；远固定时，可以拉引躯干靠近手臂。（见图2–1–1）

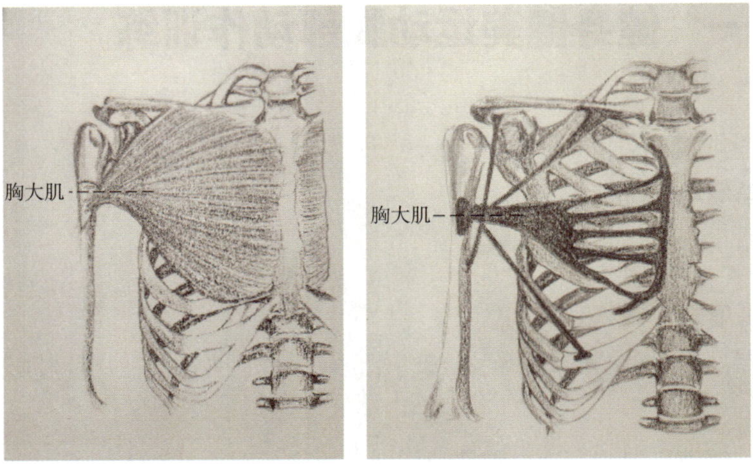

图 2–1–1

二、胸小肌的稳定性

胸小肌在近固定时可以使肩胛骨下降、前伸和下回旋，在远固定时可以提肋助吸气。（见图 2–1–2）

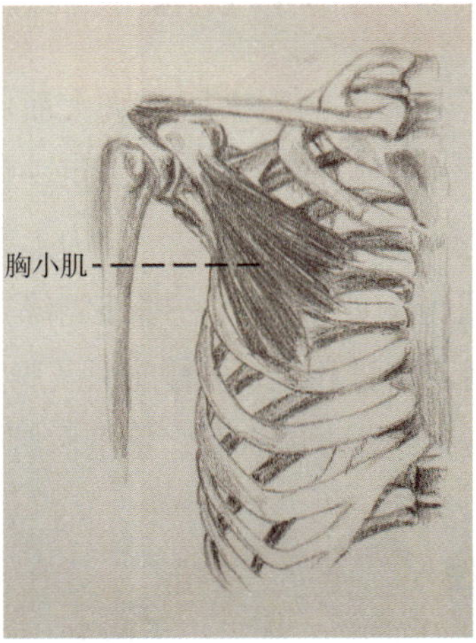

图 2–1–2

课题二　胸部训练动作

一、平卧杠铃卧推

主要锻炼肌肉：胸大肌、三角肌前部、肱三头肌。

（一）预备姿势

仰卧在长凳上，使头、上背和臀部触及凳面，两脚平踏在地上（进入训练的高级阶段时可以小腿交叉抬起）。腰腹自然收紧，两肩下沉，双手伸直握杠，握距略宽于肩，保持身体的稳定。

（二）向下动作阶段

吸气，固定胸腔，挺直躯干，两肩自然下沉，两臂伸直支撑杠铃于胸部上方；两肘向下弯曲，使杠铃缓慢、流畅下降至距离胸面2厘米的位置。

当杠铃放下还原时，必须以胸大肌的持续张力控制住速度，慢慢放下杠铃至胸上方，稍停。下降时，双肘外展指向身体两侧。整个下降过程中要采用肌肉的持续张力把重量控制住，并缓慢下落。

（三）向上动作阶段

集中胸大肌的收缩力使横杠向上推起并离胸，直至横杠处在两肩关节的上方，手臂垂直于地面。为了在上推过程中胸大肌能较好地发挥生物力学优势，必须使胸大肌处于“挺胸沉肩”姿态。在杠铃上升过程中配合用力缓慢呼气。

（四）注意事项

集中运用肱三头肌和三角肌的力量，会减弱胸大肌的收缩力，从而使胸大肌处于松弛状态，减弱力学优势，容易形成“含胸耸肩”姿势。

见图2–1–3、图2–1–4。

图 2–1–3

图 2–1–4

二、上斜杠铃卧推

主要锻炼肌肉：胸大肌上部、三角肌前束、肱三头肌。

（一）预备姿势

仰卧在上斜板上，头高脚低，板面与地面大约成45度；使头、上背和臀部触及凳面，两脚平踏在地上。腰腹自然收紧，两肩下沉，双手伸直握杠，握距略宽于肩，保持身体的稳定。

（二）向下动作阶段

吸气，固定胸腔，挺直躯干，两肩自然下沉，两臂伸直支撑杠铃于胸部上方，两肘向下弯曲使杠铃缓慢、流畅下降至上胸部的位置。当杠铃放下时，以胸大肌的力量控制住速度，慢慢放下杠铃至胸上方接近胸锁骨处，稍停。下降时双肘外展指向身体两侧。整个下降过程中要把重量控制住，并缓慢下落。

（三）向上动作阶段

集中胸大肌的收缩力使横杠竖直向上缓慢推起，直至横杠处在两肩关节上方，手臂垂直于地面。

（四）注意事项

为了在上推过程中胸大肌发挥较好的生物力学优势，须使胸大肌处于“挺胸沉肩”姿态，在杠铃上升过程中配合用力缓慢呼气，不用猛力。由于板面是倾斜的，应在下放阶段控制好重心，身体不要晃动。

见图2-1-5、图2-1-6。

图2-1-5

图2-1-6

三、下斜杠铃卧推

主要锻炼肌肉：胸大肌下部、三角肌前束、肱三头肌。

（一）预备姿势

仰卧在下斜卧推板上或可调节的斜板上，脚高头低姿势；板面与地面的角度大约在 15 度，使头、上背和臀部触及凳面，两脚固定。腰腹自然收紧，两肩下沉，双手伸直握杠，握距略宽于肩，收紧腰腹。

（二）向下动作阶段

吸气，固定胸腔，挺直躯干，两肩自然下沉，两臂伸直支撑杠铃于胸部上方，两肘向下弯曲使杠铃缓慢、流畅下降至胸大肌下缘处。在放下杠铃时，须以胸大肌的肌张力控制住慢慢放下至胸下缘处，稍停。下降时双肘外展指向身体两侧，整个下降过程中要均匀、缓慢用力，把重量控制住。

（三）向上动作阶段

集中胸大肌的收缩力使横杠竖直向上缓慢推起，直至横杠处在两肩关节上方，手臂垂直于地面。

（四）注意事项

为了在上推过程中胸大肌发挥较好的生物力学优势，须使胸大肌处于“挺胸沉肩”姿态；杠铃在上升过程中须配合用力，缓慢呼气。

见图2–1–7、图2–1–8。

图 2–1–7

图 2–1–8

四、平卧哑铃卧推

主要锻炼肌肉：胸大肌、三角肌前束、肱三头肌。

（一）预备姿势

仰卧在长凳上，使头、上背和臀部触及凳面，两脚平踏在地上。腰腹自然收紧，两手握住哑铃，屈臂，掌心向前，哑铃放在肩两侧（胸外侧），小臂垂直于地面，两肩下沉至感觉胸大肌的拉伸即可，保持身体的稳定，控制好哑铃的重心。

（二）向下动作阶段

吸气，固定胸腔，挺直躯干，两肩自然下沉，两臂伸直支撑哑铃于胸部上方，两肘向下弯曲使哑铃缓慢、流畅下降至肩两侧（胸外侧），小臂垂直于地面。下降时双肘外展指向身体两侧，整个下降过程中要采用慢速把重量控制住。

（三）向上动作阶段

呼气，集中胸大肌的收缩力使两侧的哑铃往中间方向推起（形成两个小半弧），直至两臂伸直，哑铃处在两肩关节的上方，手臂垂直于地面。

在上推过程中，哑铃的重心应尽可能地贴近手臂关节的垂线。在哑铃上升过程中须保持哑铃的稳定。

（四）注意事项

若三角肌过度前送，会减弱胸大肌的收缩力，使胸大肌处于松弛状态，减弱胸大肌的刺激效果，最终使躯干形成“含胸耸肩”状态。

见图2–1–9、图2–1–10。

图 2–1–9

图 2–1–10

五、上斜哑铃卧推

主要锻炼肌肉：胸大肌上部、三角肌前束、肱三头肌。

（一）预备姿势

仰卧在上斜卧推板上或可调节的斜板上，头高脚低，板面与地面角度为30~45度，使头、上背和臀部触及凳面，两脚平踏在地上。腰腹自然收紧，两手握住哑铃，屈臂，掌心向前，哑铃放在肩两侧（胸外侧），小臂垂直于地面，两肩下沉至感觉胸大肌的拉伸即可，保持身体的稳定，控制好哑铃的重心。

（二）向下动作阶段

吸气，固定胸腔，挺直躯干，两肩自然下沉，两臂伸直支撑哑铃于胸部上方，两肘向下弯曲使哑铃缓慢、流畅下降至肩两侧（胸外侧），小臂垂直于地面。下降时双肘外展指向身体两侧，整个下降过程中要采用消极用力的方式把重量控制住并缓慢下落。

（三）向上动作阶段

呼气，集中胸大肌的收缩力使两侧的哑铃往中间方向推起（形成两个小半弧），直至两臂伸直，哑铃处在两肩关节的上方。在上推过程中哑铃的重心应尽可能地贴近肩关节的垂线。

（四）注意事项

由于板面是倾斜的，双肩应在下放阶段控制好重心，否则易出现晃动情况。

见图2–1–11、图2–1–12。

图 2–1–11

图 2–1–12

六、下斜哑铃卧推

主要锻炼肌肉：胸大肌下缘、肱三头肌、三角肌前束。

（一）预备姿势

仰卧在下斜卧推板上或可调节的斜板上，脚高头低，板面与地面的角度大约为 15 度，使头、上背和臀部触及凳面，两脚紧贴挡板。腰腹自然收紧，两手握住哑铃，屈臂，掌心向前，哑铃放在肩两侧（胸外侧），小臂垂直于地面，两肩下沉至感觉胸大肌的拉伸即可，保持身体的稳定，控制好哑铃的重心。

（二）向下动作阶段

吸气，固定胸腔，挺直躯干，两肩自然下沉，两臂伸直支撑哑铃于胸部上方，两肘向下弯曲使哑铃缓慢、流畅下降至下胸部。下降时双肘外展指向身体两侧，整个下降过程中要采用持续张力的方式把重量控制住并缓慢下落，小臂垂直于地面。

（三）向上动作阶段

呼气，集中胸大肌的收缩力使两侧的哑铃往中间方向推起（形成两个小半弧），直至两臂伸直，哑铃处在两肩关节的上方。在上推过程中哑铃的重心应尽可能地贴近肩关节的垂线。

（四）注意事项

在板面倾斜的情况下，若双肩在下放阶段未能控制好重心，则易出现晃动情况。

七、平卧哑铃飞鸟

主要锻炼肌肉：胸大肌、三角肌前束。

（一）预备姿势

仰卧在长凳上，使头、上背和臀部触及凳面，两脚平踏在地上。腰腹自然收紧，双肩下沉，两手伸直握住哑铃，掌心相对，与肩同宽，两臂自然伸直，支撑哑铃至胸部上方，保持身体的稳定，控制好哑铃的重心。

（二）向下动作阶段

吸气，两手持哑铃，掌心相对，以胸大肌的力量控制哑铃向身体两侧慢慢张开，哑铃落至最低下位时应感到胸部肌肉有充分的牵拉感，上臂略低于肩的水平面。

（三）向上动作阶段

呼气，集中胸大肌的收缩力使身体两侧的哑铃向中间靠近，直至两臂自然伸直、手肘微屈，哑铃处在两肩关节的上方，手臂垂直于地面。在收缩过程中要利用胸大肌的力量，肘的夹角不能随意变换。

（四）注意事项

为防止肌肉拉伤，应在胸大肌的力量控制下缓慢下降。避免手肘有推举动作，下放时大臂与手肘的角度不能小于直角。

见图2-1-13、图2-1-14。

图 2-1-13

图 2-1-14

八、仰卧屈臂上拉

主要锻炼肌肉：胸大肌、背阔肌。

（一）预备姿势

上背部仰卧在凳面上，使颈部以上部位探出凳外，只有上背触及凳面，松腰，臀下沉，两脚平踏在地上。两手互握（四指在前，大拇指在后），掌心向上托住哑铃一端，支撑哑铃于胸大肌正上方。保持身体的稳定，控制好哑铃的重心。

（二）向下动作阶段

吸气，集中注意力在胸大肌上，缓慢地把哑铃向头顶后方放下，直至最大幅度。下放过程中动作要缓慢、有控制。

（三）向上动作阶段

呼气，以胸大肌为主动肌收缩，将哑铃从头顶后方缓慢向上拉起至胸大肌的正上方处停止。

（四）注意事项

在整个过程中保持两臂微屈，臀部和腰部不能起桥。哑铃向头顶后方放下时幅度不宜过大，以免背部肌肉过多参与。

见图2-1-15、图2-1-16。

图 2–1–15

图 2–1–16

九、坐姿器械推胸

主要锻炼肌肉：胸大肌、三角肌前束、肱三头肌。

（一）预备姿势

调整坐高和重量后，坐在器械推胸的凳上，使整个背部紧贴于靠背，两脚平踏在地上。腰腹自然收紧，双手弯曲握住把手，拳眼相对，抬头挺胸，目视前方。

（二）向后动作阶段

吸气，以胸大肌的控制力使双臂水平向后缓慢伸至最大幅度。整个过程中胸大肌不能放松，肘部应尽量水平外展。

图 2–1–17

（三）向前动作阶段

呼气，挺胸沉肩，集中胸大肌的收缩力使两臂向中间靠拢，直至两臂自然伸直。

（四）注意事项

向前推的过程中动作要缓慢，不使用爆发力。

见图 2–1–17。

十、坐姿蝴蝶夹胸

主要锻炼肌肉：胸大肌、三角肌前束。

（一）预备姿势

调整蝴蝶夹胸器坐垫高度并坐于凳面，使整个背部紧贴靠背，两脚放在踏板上，张开双臂把前臂放在挡垫上并向后展开（大臂与前臂形成近似于 90 度的夹角），手握把手，抬头挺胸，目视前方。

（二）向后动作阶段

以胸大肌的力量控制住重量向两侧展开器械，大臂（大臂与前臂形成近似于 90 度的夹角不动）展开至最大幅度时停住。整个过程中，胸大肌应始终处于肌肉控制状态。

（三）向前动作阶段

身体保持不动，集中胸大肌的收缩力带动手臂向胸部中间靠拢，直至最大收缩幅度，稍停。

（四）注意事项

整个收缩过程中不能含胸。

见图 2–1–18、图 2–1–19。

图 2–1–18

图 2–1–19

十一、站姿拉力器夹胸

主要锻炼肌肉：胸大肌、三角肌前束。

（一）预备姿势

双脚呈弓步站立，身体稍向前倾斜，重心在前脚掌。将拉力器的绳索置于高处，两手握住把手，张开双臂，手肘稍弯。

（二）向前动作阶段

保持双臂微屈，集中以胸大肌的收缩力从身体两侧拉引手柄至中间靠拢；同时使胸大肌处于顶峰收缩位，稍停。要使胸大肌内侧得到最大限度的刺激，可以使手柄在胸前呈交叉状。

（三）向后动作阶段

手肘始终保持稍弯不动，双手向两侧展开至最大拉伸幅度，稍停。

手肘弯曲角度不要过大，保持肘关节与绳索在一个平面内。

（四）注意事项

向中间拉引绳索时，上体不能前倾下压。

见图2-1-20、图2-1-21。

图 2-1-20

图 2-1-21

十二、俯卧撑

主要锻炼肌肉：胸大肌、三角肌前束、肱三头肌。

（一）预备姿势

两手支撑在地面，落点在胸的延长线位置，两手间的距离略宽于肩，两臂完全伸直并垂直于地面，双腿并拢脚尖触地支撑，挺胸、收腹，头背腰臀一条线，目视前方。全身稍紧张，保持身体稳定。

（二）向下动作阶段

吸气，固定胸腔，挺直躯干，屈肘下降时双肘外展指向身体两侧，稍停顿，使胸大肌有充分的拉伸感。整个下降过程中要用力控制，缓慢下落。

（三）向上动作阶段

呼气，集中胸大肌的收缩力向上推起身体离开地面，直至两臂完全伸直并垂直于地面。在上推过程中必须使胸大肌保持“挺胸沉肩”的姿态。

（四）注意事项

收腹，保持身体成一条直线，不要晃动变形。

见图2–1–22、图2–1–23。

图 2–1–22

图 2–1–23

十三、双杠臂屈伸

主要锻炼肌肉：胸大肌下部、三角肌前束、肱三头肌。

（一）预备姿势

两手握杠端，直臂支撑，身体稍向前探出，收腹直腰，目视前方，双脚可交叉叠加在一起。高级训练者可在双脚处加沙袋或重物。

（二）向下动作阶段

吸气，屈臂，使身体平稳、缓慢地向前下方下降，直至胸大肌处于最大拉伸状态。

（三）向上动作阶段

呼气，集中胸大肌的力量使身体缓慢向后、向上移动。在身体上行阶段，身体重心不能向前。

（四）注意事项

下降时速度不能过快，不能没有控制。

见图2–1–24。

图 2–1–24

训练检测

如何做好一个正确的胸部训练动作？

任务二　健身健美运动背部动作训练

活动场地 / 环境

健身房。

任务要求

1. 了解健身健美运动中背部动作训练名称、参与的肌肉、动作要领；

2. 了解健身健美运动中背部动作训练的注意事项及动作特点。

能力训练

掌握健身健美运动中背部动作训练的发力规律，能够有意识地提高对健身健美教练的认知水平；初步形成健身健美运动背部动作训练的概念。

课题一　背部肌肉解剖结构及功能

一、背阔肌的重要性

背阔肌位于胸背区下部和胸的后外侧，呈扇形，是宽阔平坦的三角形肌肉。它的起点范围较广，起于下 6 胸椎和全部腰椎棘突、骶正中嵴、髂嵴后部及下 3 肋骨外侧面，其肌纤维附着于脊柱，绕行于肋骨骨架和上肢之间，止于肱骨前面的小结节间沟，其上部肌纤维在达肱骨以前走行并附着于肩胛下角。

背阔肌是多关节肌肉，近固定时，向心收缩使上臂内收、伸、旋内；远固定时，拉躯干向上并协助呼气。

二、斜方肌的稳定性

斜方肌是位于项区和胸背区上部的扁肌。起于枕外隆凸、项韧带及全部胸椎棘突，止于锁骨外 1 /3、肩峰及肩胛冈。（见图 2–2–1）

近固定时，上部肌纤维收缩使肩胛骨上提、上回旋和后缩，下部肌纤维收缩使肩胛骨下降、上回旋和后缩，中部肌纤维收缩使肩胛骨后缩；远固定时，一侧肌纤维收缩使头向同侧屈并向对侧回旋，两侧上部同时收缩使头后仰（伸），一侧整块肌肉收缩使脊柱向对侧回旋，两侧整块肌肉收缩使脊柱后伸。

见图2–2–1。

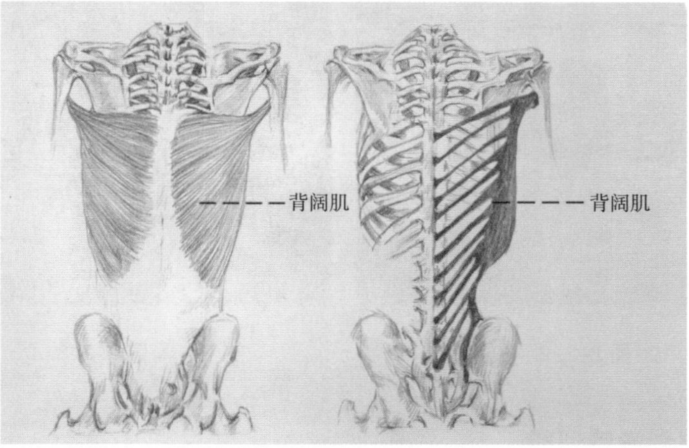

图 2–2–1

课题二　背部训练动作

一、俯身杠铃划船

主要锻炼肌肉：背阔肌、大圆肌、小圆肌、冈下肌、斜方肌、三角肌后束、肱肌。

（一）预备姿势

两脚自然站立于地面，与肩同宽，两腿微屈，挺胸收腹直背，身体向前弯曲与地面平行。两手手心向下握住杠铃，握距比肩略宽，两臂自然伸直。

（二）向上动作阶段

集中背部肌肉的力量收缩使大臂向后，肘部向背部中间靠近，并把横杠拉至下腹，背阔肌达到最大收缩，稍停。在此过程中，身体不能随着杠铃的后移而向上抬起，肘部必须向背部中间靠拢。

（三）向下动作阶段

以背阔肌的张力控制慢慢下落，两臂自然伸直。下落时，背部肌肉要充分伸展。

（四）注意事项

若身体晃动，则表明背部肌群用力参与度不够。

见图2-2-2、图2-2-3。

图 2-2-2

图 2-2-3

二、单臂哑铃划船

主要锻炼肌肉：背阔肌、大圆肌、小圆肌、冈下肌、斜方肌、三角肌后束、肱肌、肱桡肌。

（一）预备姿势

单手握住哑铃，另一只手扶在凳子上或者单腿跪在凳面上，拳眼向前，手臂自然下垂在身体的一侧，使整个上背肌群处于充分的伸展状态。

（二）向上动作阶段

集中背部肌群收缩的力量屈肘带动哑铃贴紧身体一侧提拉，肘部向内夹紧，至上臂平行于或超过地面，使上背肌群达到最大收缩位。

（三）向下动作阶段

腰腹收紧，集中背部肌群的力量控制哑铃缓慢沿着体侧下放，直至手臂自然下垂在身体的一侧，整个上背肌群处于充分的伸展状态，下降过程中不能转动身体。

（四）注意事项

易出现身体转动而不是背部肌群用力的情况。

见图2-2-4、图2-2-5。

图 2-2-4

图 2-2-5

三、坐姿拉力器划船

主要锻炼肌肉：背阔肌、大圆肌、小圆肌、冈下肌、三角肌后束、肱肌。

（一）预备姿势

坐在凳上或地上，两脚踩在踏板上，膝关节略弯，身体略向前倾，两臂伸直握杠。背部微微向前拱起，略含胸，使背部肌群得到适度的伸展。

（二）向后动作阶段

集中背部肌群的收缩力带动大臂向后移动并贴紧腹部，挺胸，使肩胛骨收缩靠紧中间脊柱。整个背部充分收缩后，稍停。

（三）向前动作阶段

以背部肌群的力量控制住拉力器，两肩同时向前伸展，带动大臂缓慢平行前移，使背部肌群得到伸展。向前阶段要充分伸展背部肌群。

（四）注意事项

练习时上体不能摆动，更不能使用竖脊肌的力量完成动作。

见图2-2-6、图2-2-7。

图 2-2-6

图 2-2-7

四、坐姿器械下拉

主要锻炼肌肉：背阔肌、大圆肌、小圆肌、冈下肌、三角肌后束、肱肌。

（一）预备姿势

坐在练习凳上，双脚踏于地面，身体略微后倾，两臂充分伸直握住横杠把手，腰背挺直，目视前方。

（二）向下动作阶段

呼气，利用背阔肌的力量将横杠沿着头部上方直线下拉至上胸部，同时头略向后仰，使两侧肩胛骨向中间靠拢，整个背部充分收缩。

（三）向上动作阶段

吸气，在背部肌群力量的控制下双臂缓慢向上，直至两臂伸直，充分伸展背阔肌。动作要均匀、缓慢。

（四）注意事项

过度的后仰会影响背阔肌的刺激效果。

见图2–2–8、图2–2–9。

图 2–2–8

图 2–2–9

五、站姿直臂下压

主要锻炼肌肉：背阔肌、大圆肌、胸大肌。

（一）预备姿势

自然站立，两脚与肩同宽，上体略前倾，腰腹部要收紧，身体保持稳定。两手握持横杠，两手间距采用中握距，双臂微屈，绳索滑轮位于头上方，以背部肌群的力量控制住横杆。

（二）向下动作阶段

利用背阔肌的力量拉引横杠从胸前向下、向后至大腿前面，使背部肌群处于顶峰收缩位，用力挤压背部肌群，稍停。上体保持不动，肘关节不能有屈伸动作。

（三）向上动作阶段

缓慢、流畅、有控制地伸展背阔肌，使横杠还原至开始位置。腰腹收紧，身体稳定，保持肘关节的锁定状态，还原时不能放松。

（四）注意事项

控制住肩胛骨，勿使肩胛骨参与过度。

见图2–2–10、图2–2–11。

图 2–2–10

图 2–2–11

六、引体向上

主要锻炼肌肉：背阔肌、大圆肌、小圆肌、冈下肌、三角肌后束、肱肌。

（一）预备姿势

两手握住横杠使身体悬垂在单杠上，两手间的握距略宽于肩，两腿自然弯曲或两脚交叉在一起。

（二）向上动作阶段

呼气，主要集中背部肌群的收缩力，双臂做屈臂动作，拉引身体向上至横杆触及胸部，稍停。

（三）向下动作阶段

在背部肌群的控制下，身体缓慢向下，双臂伸直，充分伸展背阔肌。下落阶段要缓慢、有控制。

（四）注意事项

身体不要前后摆动。

见图2–2–12。

图 2-2-12

训练检测

如何做好一个正确的背部训练动作？

任务三　健身健美运动肩部动作训练

活动场地 / 环境

健身房。

任务要求

1. 了解健身健美运动中肩部动作训练的名称、参与肌肉、呼吸和动作要领；

2. 了解健身健美运动中肩部动作训练的注意事项及动作特点。

能力训练

掌握健身健美运动中肩部动作训练的发力规律，能够有意识地提高对健身健美教练的认知水平；初步形成健身健美运动肩部动作训练的概念。

课题一　肩部肌肉解剖结构及功能

一、三角肌的重要性

三角肌是单一的一块扇形肌肉，而非三块独立的肌肉。中三角肌位于中间，它实际上是人体中最靠近外侧的肌肉。前束、中束附着于锁骨外侧半和肩峰之上，中束、后束附着于肩峰和肩胛骨的肩胛冈，三束肌肉共同止于肱骨侧面的三角肌粗隆，几乎覆盖了肱骨的一半长度。

见图2–3–1、图2–3–2。

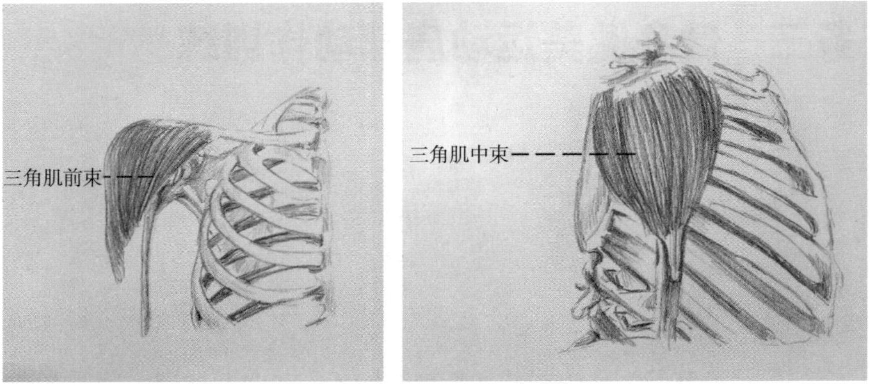

图 2-3-1

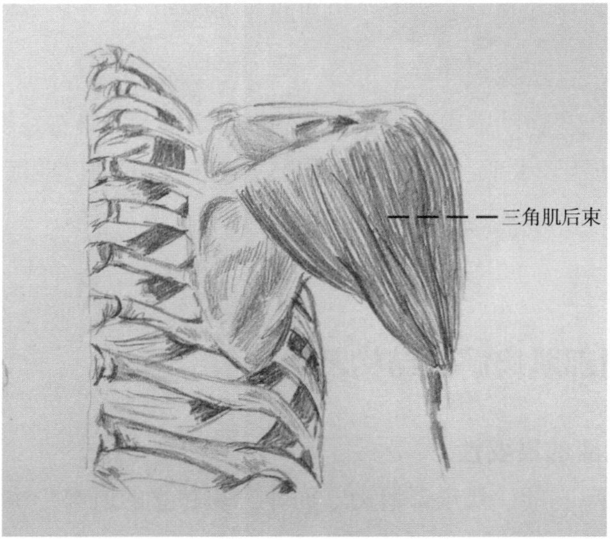

图 2-3-2

二、三角肌的主要功能

三角肌近固定时，前部肌纤维使上臂屈、水平屈、旋内，后部肌纤维使上臂伸、水平伸、旋外，中部肌纤维或整块肌肉使上臂外展；远固定时（如手撑地或抓握固定物体时），肌肉收缩会拉动近端的肩胛骨和锁骨，进而带动躯干或肩带运动。

课题二　肩部训练动作

一、坐姿杠铃颈前推举

主要锻炼肌肉：三角肌、上胸部、肱三头肌。

（一）预备姿势

坐于长凳或推举练习凳上，挺胸直腰，收紧腰腹部，保持身体稳定。两手握住横杠，握距略比肩宽，把杠铃提起置于上胸部，小臂垂直于地面。

（二）向上动作阶段

保持身体不动，把杠铃向上推起至两臂伸直，稍停。上推阶段不要使用猛力、爆发力。

（三）向下动作阶段

用三角肌的控制力把杠铃缓慢、流畅下放至上胸部，暂停。下放时要控制杠铃的速度，下放至最低点时三角肌要保持张力，小臂要垂直于地面。

（四）注意事项

若腰腹没有收紧，则会导致身体不稳定。

见图2-3-3、图2-3-4。

图 2-3-3

图 2-3-4

二、直立划船

主要锻炼肌肉：三角肌、肱肌、肱桡肌、肱二头肌、斜方肌。

（一）预备姿势

自然站立，两脚与肩同宽，腰腹收紧，双手采用窄握距握住杠铃置于体前。

（二）向上动作阶段

动作开始时，以三角肌的收缩力缓慢、平稳带动杠铃垂直向上，直至超过肩部，上拉时肘关节始终高于杠铃。整个过程要利用三角肌的力量完成，身体不能前后摆动。

（三）向下动作阶段

以三角肌的张力缓慢控制杠铃沿身体前侧下落，还原至开始位置。下放时速度要均匀、缓慢、有控制。

（四）注意事项

若腰腹没有收紧，则易出现身体不稳定等情况。另外，手腕易发力过多。

见图2–3–5。

图 2–3–5

三、站姿杠铃前平举

主要锻炼肌肉：三角肌前束和中束、胸大肌上部、肱二头肌。

（一）预备姿势

自然站立，两脚与肩同宽，腰腹收紧，双手采用中握距握住杠铃置于体前。

（二）向上动作阶段

动作开始时，两肘微屈，双手向前上方举起杠铃至双耳高度，稍停。腰腹收紧、身体不能前后摆动。

（三）向下动作阶段

持杠铃放下时，以三角肌的力量控制杠铃缓慢下落至开始位置。下放时要均匀、缓慢、有控制。

（四）注意事项

若腰腹没有收紧，则会导致身体不稳定。另外，手腕易发力过多，应格外注意。

见图2-3-6。

图 2-3-6

四、坐姿哑铃推举

主要锻炼肌肉：三角肌、上胸部、肱三头肌。

（一）预备姿势

坐在长凳或有靠垫的凳上，两脚分开踏在地面上，目视前方，抬头挺胸，直腰挺背。将哑铃分别放在双肩两侧，小臂垂直地面，掌心向前。

（二）向上动作阶段

上体保持不动，集中三角肌的收缩力，由两肩外侧向上方分别推起哑铃，形成两个半弧，直至两臂接近伸直，哑铃处在头顶上方为止，稍停。为了更好地集中三角肌的收缩力，必须以肩关节为支点由两肩外侧向中间上方推哑铃，形成两个半弧。

（三）向下动作阶段

均匀、缓慢控制住哑铃经肩部两侧下落，还原至开始位置。

（四）注意事项

在推举过程中两侧哑铃竖直向上推，晃动身体借力，两只手用力不均衡，都是错误的。

见图2-3-7、图2-3-8。

图 2-3-7

图 2-3-8

五、站姿哑铃侧平举

主要锻炼肌肉：三角肌中束、前束、后束。

（一）预备姿势

自然开立，两脚与肩同宽，身体略微前倾，双手握住哑铃置于身体两侧。为防止身体晃动而借力，可采用坐姿。

（二）向上动作阶段

动作开始时，双手同时缓慢向身体两侧画半圆弧，直至哑铃略超过肩部，稍停。要始终保持三角肌持续紧张，肘关节不能有屈伸动作。

（三）向下动作阶段

持哑铃放下时，以三角肌的力量控制哑铃慢慢下落。

（四）注意事项

在做动作时耸肩，通过摆动身体借力完成动作，都是错误的。

六、站姿哑铃前平举

主要锻炼肌肉：三角肌前束。

（一）预备姿势

自然开立，两脚与肩同宽，身体略微前倾，双手持哑铃置于大腿前侧。

（二）向上动作阶段

动作开始时，双手缓慢将哑铃向前上举，直至哑铃略超过肩部，稍停。要始终保持三角肌持续紧张，肘关节略弯曲但不能有屈伸动作。

（三）向下动作阶段

持哑铃放下时，以三角肌的力量控制哑铃缓慢下落，还原至开始位置。

（四）注意事项

在做动作时手臂不要过多用力，不能通过摆动身体借力完成动作。

七、俯身哑铃侧平举

主要锻炼肌肉：三角肌后束、斜方肌。

（一）预备姿势

两脚自然站立，与肩同宽，两腿微屈，身体向前弯曲至与地面平行。双手掌心相对握住哑铃，两臂自然下垂，肘关节微屈，肩、肘、手腕在一个平面内。

（二）向上动作阶段

保持双臂微屈，将哑铃从两侧向上慢慢平举至两肘与肩同高的位置，使三角肌处于顶峰收缩位，稍停。不可猛抬、猛拉，大臂不能做内收动作。

（三）向下动作阶段

以三角肌后束的控制力缓慢、流畅下放至肩下方位置，暂停。下放过程中双臂微屈，大小臂夹角保持不变。

（四）注意事项

不要刻意挺胸，不能通过摆动身体借力完成动作。

见图2–3–9。

图 2–3–9

八、坐姿史密斯推举

主要锻炼肌肉：三角肌、肱三头肌。

（一）预备姿势

史密斯架内放置长凳，端坐于横杆的下方位置，收紧腰腹，挺胸直腰。

两手比肩略宽握杠，把横杆放于上胸部，小臂垂直于地面。

（二）向上动作阶段

保持身体不动，把杠铃向上推起至两臂伸直或微屈状态，稍停。上推阶段不使用猛力、爆发力。

（三）向下动作阶段

用三角肌的控制力缓慢、流畅地下放至上胸部，暂停。下放至最低点时三角肌要保持张力及最大的拉伸。

（四）注意事项

不要通过摆动身体借力完成动作。

见图2–3–10、图2–3–11。

图 2–3–10

图 2–3–11

九、坐姿器械推举

主要锻炼肌肉：三角肌、肱三头肌、斜方肌。

（一）预备姿势

坐在机械凳上，两脚踏在地面上，抬头挺胸，直腰挺背，目视前方。两手握住机械手柄，小臂垂直于地面。

（二）向上动作阶段

动作开始时，以三角肌的收缩力沿着轨道向上推起，直至双臂伸直。

（三）向下动作阶段

以三角肌的控制力缓慢下落至开始位置。

（四）注意事项

在上推过程中腰腹没有收紧，耸肩借力，两只手用力不均衡，在下落过程中速度过快，动作没有控制，都是错误的。

见图2–3–12、图2–3–13。

图 2–3–12

图 2–3–13

十、站姿拉力器侧平举

主要锻炼肌肉：三角肌中束。

（一）预备姿势

调整拉力器至最低点，自然开立，两脚与肩同宽，身体侧对低滑轮，左手握住拉力器把手置于身体左侧，目视前方。为保持身体稳定，可采用右手扶器械以保持身体平衡。

（二）向上动作阶段

身体不动，左手肘关节保持微屈不变，从体侧由下向外上方用力拉引绳索，直至手腕超过头部高度，稍停。整个过程要保持三角肌持续紧张，不能猛拉。

（三）向下动作阶段

持绳索放下时，以三角肌的力量控制绳索缓慢下落，直至离左侧大腿 5 厘米处停下。

（四）注意事项

下放速度过快，身体晃动幅度太大，都是错误的。

十一、站姿拉力器前平举（单臂）

主要锻炼肌肉：三角肌前束。

（一）预备姿势

调整拉力器至最低点，自然开立，两脚与肩同宽，身体正对低滑轮，左手握住拉力器把手置于体前，目视前方。为保持身体稳定，腰腹要收紧。

图 2-3-14

（二）向上动作阶段

身体不动，左手肘关节保持微屈不变，从体前由下向外上方用力拉引绳索，直至手腕超过头部高度，稍停。整个过程中要保持三角肌持续紧张，不能猛拉，手臂不能有屈伸动作。

（三）向下动作阶段

持绳索放下时，以三角肌的力量控制绳索缓慢下落，直至离大腿前侧5厘米处停下。

（四）注意事项

下放速度过快，身体晃动幅度太大，都是错误的。

见图2-3-14。

训练检测

如何做好一个正确的肩部训练动作？

任务四 健身健美运动手臂部动作训练

活动场地 / 环境

健身房。

任务要求

1. 了解健身健美运动中手臂部动作训练的名称、参与肌肉、呼吸和动作要领；

2. 了解健身健美运动中手臂部动作训练的注意事项及动作特点。

能力训练

掌握健身健美运动中手臂部动作训练的发力规律，能够有意识地提高对健身健美教练的认知水平；初步形成健身健美运动手臂部动作训练的概念。

课题一 手臂部肌肉解剖结构及功能

一、大臂解剖结构及功能

（一）肱二头肌长头、肱二头肌短头

肱二头肌位于上臂前面，呈梭形，屈小臂时清晰可见。该肌有长、短两头，属于双关节肌肉。长头起自肩胛骨盂上结节，短头起自肩胛骨喙突，两个起点汇合成一个肌腹，止于桡骨粗隆和前臂筋膜。近固定时，可使上臂在肩关节处屈，前臂在肘关节处屈和旋外；远固定时，可使上臂在肘关节处屈，即上臂向前臂靠拢。

见图2–4–1。

（二）肱肌

肱肌位于二头肌下半部的深层，为梭形扁肌。起于肱骨下半部的前面，止于尺骨粗隆。近固定时，使前臂在肘关节处屈；远固定时，使上臂在肘关节处屈。该肌肉功能单一，是屈肘的主要肌肉。

见图2-4-2。

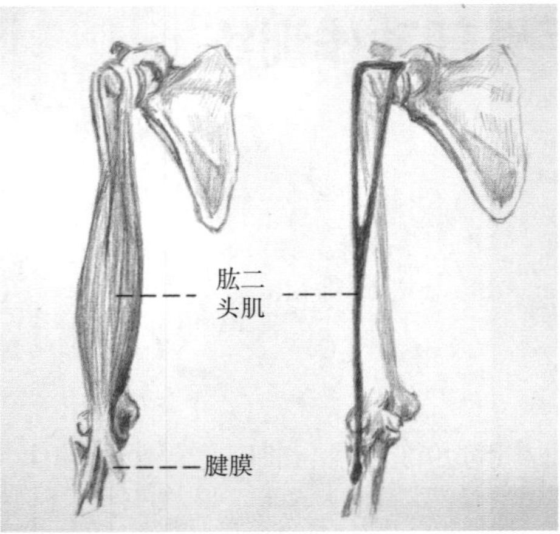

图 2-4-1

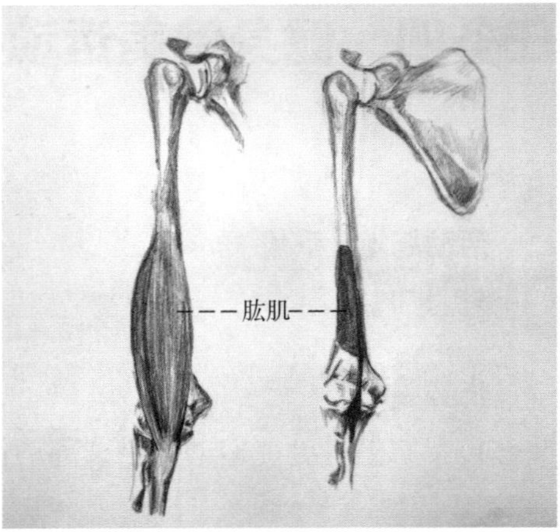

图 2-4-2

（三）肱三头肌

肱三头肌位于手臂后面，覆盖肱骨的后表面。肱三头肌由三个头组成，在上臂后面的内侧有长头和内侧头，外侧有外侧头，它们汇集成一个共同的肌腱，止于尺骨鹰嘴。长头起自肩胛骨盂下结节，内侧头起始于肱骨后面桡神经沟内下方骨面，外侧头起始于桡神经沟外上方骨面。近固定时，长头使上臂在肩关节处伸，三头共同收缩使前臂在肘关节处伸；远固定时，使上臂在肘关节处伸。

见图2-4-3。

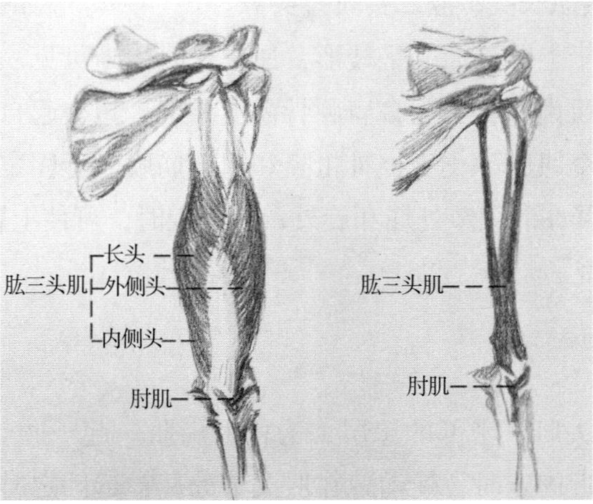

图 2-4-3

二、小臂解剖结构及功能

小臂肌群位于尺骨和桡骨周围，分为前群和后群，多数是长肌，肌腹厚而宽且位于近侧，细长的腱位于远侧，所以小臂上半部膨隆，而下半部逐渐变细。

腕关节的运动肌群根据腕关节的运动轴分为四个功能组群。腕部的自然运动发生在一个倾斜平面上，为此，关节轴与不同肌肉的方向之间的关系是不可忽视的因素。

（1）屈。小臂前侧的屈肌主要有桡侧腕屈肌、掌长肌、尺侧腕屈肌、指浅屈肌、指深屈肌。

（2）伸。小臂后侧的伸肌主要有尺侧腕伸肌、桡侧腕长伸肌、桡侧腕短伸肌。

（3）内收。腕关节内侧缘的内收肌主要有尺侧腕屈肌、尺侧腕伸肌。

（4）外展。腕关节外侧缘的外展肌主要有桡侧腕屈肌、掌长肌、桡侧腕长伸肌、拇短展肌、拇短伸肌、拇长伸肌。

所有肌肉的走向和运动平面不是一致的，也就是说肌肉本身的纵轴没有和腕关节的任何一个轴发生垂直关系，因此没有纯粹的伸肌和屈肌，也没有纯粹的外展肌和内收肌。正因为这些肌肉都是斜向行走的，所以当它们各自收缩时，除了产生其主要作用外，还产生辅助作用。

见图2–4–4。

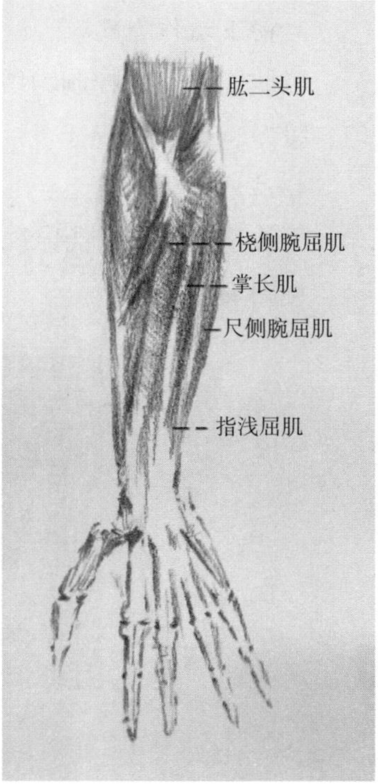

图 2–4–4

课题二　手臂部训练动作

一、大臂部位训练动作

（一）站姿杠铃弯举

主要锻炼肌肉：肱二头肌、肱肌。

1. 预备姿势

自然开立，两脚与肩同宽，腰腹收紧，双手握持杠铃垂于体前，握距与肩同宽。两臂握持杠铃，双肘夹紧并固定大臂。

2. 向上动作阶段

动作开始时，集中肱二头肌的收缩力带动前臂向上画半圆状弯举至肩前，使前臂垂直于地面，稍停。练习过程中不要借助身体晃动来完成动作，仅仅依靠肱二头肌的力量带动杠铃向上弯举。

3. 向下动作阶段

以肱二头肌的控制力缓慢下落至开始位置，稍停。下落不能太快，要均匀、缓慢、有控制。

4. 注意事项

下放速度过快，会导致身体晃动幅度太大。

见图2–4–5。

图 2–4–5

（二）站姿杠铃反握弯举

主要锻炼肌肉：肱肌、肱二头肌。

1. 预备姿势

两脚自然开立，与肩同宽，抬头挺胸，腰腹收紧，目视前方。双手反握杠铃，掌心向下，握距与肩同宽。

2. 向上动作阶段

动作开始时集中肱二头肌的收缩力带动前臂向上画半圆状弯举至肩前，稍停。杠铃弯举过程中，上臂固定不动，身体不能晃动。

3. 向下动作阶段

集中肱肌的力量缓慢下落至开始位置，稍停。杠铃在下落阶段动作要缓慢、有控制。

4. 注意事项

下放速度过快，会导致身体晃动幅度太大。

（三）交替哑铃侧弯举

主要锻炼肌肉：肱桡肌、肱肌、肱二头肌。

1. 预备姿势

自然站立，两脚与肩同宽，收紧腰腹部。双手握持哑铃于体侧，保持身体稳定。

2. 向上动作阶段

肘部紧贴身体固定，手持哑铃，掌心向内，把哑铃缓慢向上弯起，收缩肱肌及前臂肌肉。在上升过程中身体不能摆动。

3. 向下动作阶段

利用主动肌的力量有控制地、缓慢流畅地将哑铃放下至肘关节处于微屈状态，主动肌拉长时肌肉处于持续用力状态，全程不放松。

4. 注意事项

避免下放速度过快，手臂超伸。

见图2-4-6。

图 2-4-6

（四）俯坐单臂哑铃弯举

主要锻炼肌肉：肱二头肌、肱肌

1. 预备姿势

俯坐于长凳上，手持哑铃下垂于两腿之间，上臂的肱三头肌靠在大腿前部膝关节内侧。一种是手臂悬垂在两腿间，这样可以使肱二头肌孤立集中收缩。

2. 向上动作阶段

慢慢弯曲小臂向上弯起至胸前，直至小臂垂直于地面。上臂不能移动，紧贴大腿内侧。当弯曲至胸前时，使肱二头肌尽量收紧，到动作顶端时前臂尽量外旋至最大收缩位置，稍停。

3. 向下动作阶段

利用肱二头肌的控制力缓慢流畅地回到开始位置。在肘关节伸直的同时内旋小臂，可以使肱二头肌处于最大拉伸状态。

4. 注意事项

避免下放速度过快，手臂超伸。

见图2-4-7、图2-4-8。

图 2-4-7

图 2-4-8

（五）斜托杠铃弯举

主要锻炼肌肉：肱二头肌、肱肌。

1. 预备姿势

坐在凳子上，双臂持杠铃置于斜托面，胸部紧贴斜托后端。上臂尽量向前伸出，处于“预拉紧”状态。

2. 向上动作阶段

大臂不动，向上缓慢弯曲前臂举起杠铃，当小臂垂直于地面时稍停。身体保持稳定，身体不要向后倾斜，不能有猛拉、缩肩动作。

3. 向下动作阶段

下放时，利用肱二头肌的控制力缓慢流畅地回到起始位置，稍停。放下过程中注意对抗阻力，肌肉始终不放松。

4. 注意事项

避免下放速度过快，手臂超伸。

见图2-4-9。

图 2–4–9

（六）龙门架弯举

主要锻炼肌肉：肱二头肌、肱肌。

1. 预备姿势

调整两侧滑轮到高于身高的位置上，两腿自然站立在两个滑轮正中间，挺胸直腰，双手从左右各抓握一个手柄，双臂伸直。

2. 向内动作阶段

身体不动，大臂固定，利用肱二头肌的力量弯曲小臂拉引绳索，直至肱二头肌完全收紧后，稍停。

3. 向外动作阶段

集中肱二头肌的力量缓慢做离心运动，直至伸直前臂。在放回绳索过程中，动作速度要缓慢、流畅，肌肉不能放松。

4. 注意事项

在练习过程中，不要有向前、向下夹肘的动作，避免胸大肌和背阔肌过多锻炼用力。

见图2–4–10。

图 2–4–10

（七）凳上反屈伸

主要锻炼肌肉：肱三头肌。

1. 预备姿势

身体仰撑于两个长凳间，双手撑在背后的凳子上，两腿放在身体前面的凳面上，身体其余部分悬空在两条凳子中间，挺胸，抬头，收腰。

2. 向下动作阶段

躯干不动，集中肱三头肌的力量缓慢屈肘使上身尽量下沉，直至最大拉伸幅度，稍停。动作幅度要平稳、缓慢，臀部尽量下沉。

3. 向上动作阶段

集中肱三头肌的收缩力带动身体由后向上撑，直至手臂完全伸直，用力时呼气。

4. 注意事项

动作要缓慢，避免下放速度过快。

见图2-4-11、图2-4-12。

图 2-4-11

图 2-4-12

（八）窄握杠铃卧推

主要锻炼肌肉：肱三头肌、胸大肌。

1. 预备姿势

仰卧在长凳上，使头、上背和臀部触及凳面，两脚平踏在地上，腰腹自然收紧，两肩下沉，双手伸直握杠，握距略窄于肩，保持身体的稳定。

2. 向下动作阶段

利用肱三头肌的控制力屈臂缓慢、流畅下降至接近胸面的位置。

3. 向上动作阶段

集中以肱三头肌的收缩力使横杠向上推起，直至横杠处在两肩关节的上方。杠铃在上升过程中大臂内收靠近身体两侧，并配合用力缓慢呼气。

4. 注意事项

当杠铃放下还原时，必须以肱三头肌的力量控制住慢慢放下至胸上方，稍停，减少胸部肌肉参与用力。

见图2–4–13。

图 2–4–13

（九）仰卧杠铃臂屈伸

主要锻炼肌肉：肱三头肌。

1. 预备姿势

仰卧在长凳上，使头、上背部和臀部整体触及凳面，两脚平踏在地面，双手向上伸直握杠，握距与肩同宽。

2. 向下动作阶段

动作开始时，保持大臂固定不动，双手持杠铃缓慢向头顶后方下落。下落时要均匀、缓慢、有控制。

3. 向上动作阶段

集中肱三头肌的力量将小臂缓慢伸直，稍停。

4. 注意事项

当杠铃还原时，必须两肘向内夹紧，伸小臂时大臂不能向前拉动肘部，不要借助背阔肌的力量。

见图2–4–14、图2–4–15。

图 2-4-14

图 2-4-15

（十）颈后哑铃臂屈伸

主要锻炼肌肉：肱三头肌。

1. 预备姿势

坐在平凳上，两脚平踏在地上，紧腰收腹，两臂伸直并将哑铃置于头部后方，大臂夹紧并固定在双耳外侧。保持身体和大臂不动，缓慢向后屈小臂向头后方落至最低点，稍停。

2. 向上动作阶段

集中肱三头肌的力量缓慢使哑铃沿着头后向上伸直小臂。确保大臂夹紧并固定在双耳外侧，手肘不要向外展，同时身体不要晃动。

3. 注意事项

固定头颈，在用力的时候不要借力。

见图2-4-16。

图 2-4-16

（十一）俯身哑铃臂屈伸

主要锻炼肌肉：肱三头肌。

1. 预备姿势

两腿自然站立与肩同宽，上身前屈至躯干与地面平行，大臂贴紧身体两侧，小臂下垂，双手握持哑铃

2. 向上动作阶段

保持大臂不动，以肱三头肌的收缩力带动哑铃沿着体侧向上画半弧，直至小臂与大臂成一条直线，稍停。集中注意力，固定大臂并保持与地面平行不动。

3. 向下动作阶段

利用肱三头肌的力量缓慢沿着体侧向下画半弧，直至小臂垂直于地面。下落阶段要控制速度。

4. 注意事项

身体尽量不要晃动，手腕不要过分发力。

（十二）正握拉力器下压

主要锻炼肌肉：肱三头肌。

1. 预备姿势

两腿自然站立，双脚与肩同宽，站在离横杆一步距离处，掌心向下握住横杠。

2. 向下动作阶段

动作开始时，集中肱三头肌的收缩力向下方按压器械横杆，直至小臂靠近大腿位置，稍停。向下按压时身体不能前倾，上身不能有前屈动作。

3. 向上动作阶段

以肱三头肌的张力控制直杆缓慢向上，直至最大幅度。

4. 注意事项

向上时大臂不能离开身体，只有屈小臂的动作。

见图2–4–17、图2–4–18。

二、小臂部位训练动作

（一）坐姿正握杠铃腕弯举

主要锻炼肌肉：前臂屈肌群。

图 2-4-17

图 2-4-18

1. 预备姿势

掌心向上，双手正握杠铃，握距与肩同宽。双手小臂放置于长凳上面，手腕、手掌和手指在凳子边沿之外悬空。

2. 向下动作阶段

小臂不动，伸展手腕，向下放杠铃。将杠铃下放到最大伸展位置，稍稍停顿。握紧杠铃，最大限度伸展小臂伸肌。

3. 向上动作阶段

收缩小臂屈肌群，将杠铃向上提起，最大限度弯曲手腕，再稍稍停顿。

4. 注意事项

动作要平缓、有控制，不可快起快落。

（二）坐姿反握杠铃腕弯举

主要锻炼肌肉：前臂伸肌群。

1. 预备姿势

掌心向下，双手反握杠铃，握距与肩同宽。双手小臂放置于长凳上面，手腕、手掌和手指在凳子边沿之外悬空。

2. 向下动作阶段

小臂不动，拉长小臂伸肌，将手腕尽可能往下放。将杠铃下放到最大伸展位置，稍稍停顿。握紧杠铃，最大限度拉长小臂屈肌，保证最大幅度。

3. 向上动作阶段

收缩小臂伸肌群，将杠铃尽可能地往上举至顶峰收缩位，再稍稍停顿。

4. 注意事项

动作要平缓，整个过程要均匀、缓慢、有控制。

（三）坐姿正握哑铃腕弯举

主要锻炼肌肉：前臂屈肌群。

1. 预备姿势

掌心向上，双手正握哑铃。双手小臂放置于长凳上面，手腕、手掌和手指在凳子边沿之外悬空。

2. 向下动作阶段

小臂不动，伸展手腕，向下放哑铃。将哑铃下放到最大伸展位置，稍稍停顿。握紧哑铃，最大限度伸展小臂屈肌。

3. 向上动作阶段

收缩小臂屈肌群，将哑铃向上提起，最大限度弯曲手腕，再稍稍停顿。

4. 注意事项

动作要平缓、有控制，不可快起快落。

（四）坐姿反握哑铃腕弯举

主要锻炼肌肉：前臂伸肌群。

1. 预备姿势

掌心向下，双手正握哑铃。双手小臂放置于长凳上面，手腕、手掌和手指在凳子边沿之外悬空。

2. 向下动作阶段

小臂不动，拉长小臂伸肌，将手腕尽可能往下放。将哑铃下放到最大伸展位置，稍稍停顿。握紧哑铃，最大限度拉长小臂伸肌，保证最大幅度。

3. 向上动作阶段

收缩小臂伸肌群，将哑铃尽可能地往上举至顶峰收缩位，再稍稍停顿。

4. 注意事项

动作要平缓，整个过程要均匀、缓慢、有控制。

训练检测

如何做好一个正确的手臂部训练动作？

任务五　健身健美运动腰腹部动作训练

活动场地 / 环境

健身房。

任务要求

1. 了解健身健美运动中腰腹部动作训练的名称、参与肌肉、呼吸和动作要领；

2. 了解健身健美运动中腰腹部动作训练的注意事项及动作特点。

能力训练

掌握健身健美运动中腰腹部动作训练的发力规律，能够有意识地提高对健身健美教练的认知水平；初步形成健身健美运动腰腹部动作训练的概念。

课题一　腰腹部肌肉解剖结构及功能

一、腹肌解剖结构及功能

（一）腹直肌

腹直肌起于耻骨上缘和耻骨联合处，并且有小的纤维束连于对侧肌肉和股内收肌，止于第 5、6 和 7 肋软骨前面和胸骨剑突。腹直肌的主要功能有：下固定时，一侧收缩，使脊柱向同侧侧屈，两侧同时收缩，使脊柱前屈，并可降肋辅助呼气；上固定时，一侧收缩使骨盆向同侧侧倾，脊柱向同侧侧屈，两侧同时收缩，使骨盆后倾；无固定时，使胸廓下口和骨盆上口相互靠近，完成收腹团身动作。

见图 2–5–1。

（二）腹斜肌

腹斜肌是腹部侧面的核心肌群，分为腹外斜肌和腹内斜肌，它们共同参与躯干的旋转、侧屈和核心稳定。

腹外斜肌以锯齿状肌束起自下位5~12肋骨的外侧面，后部肌纤维向下止于髂嵴，前部肌束移行于腱膜，经腹直肌的前面，并锻炼构成腹直肌鞘的前层，止于腹白线。腹外斜肌的主要功能有：下固定时，一侧收缩，使脊柱向同侧侧屈和向对侧回旋，两侧同时收缩，使脊柱前屈，并可降肋辅助呼气；上固定时，一侧收缩使骨盆向同侧回旋及侧倾，使脊柱向同侧回旋及侧屈，两侧同时收缩，使骨盆后倾；无固定时，使胸廓下口和骨盆上口相互靠近，完成收腹团身动作。

腹内斜肌起自胸腰筋膜、髂嵴、腹股沟韧带，止于第10~12肋骨、腹直肌鞘、白线，从外下斜向内上（与腹外斜肌呈交叉状）。腹内斜肌下固定时，当骨盆保持稳定时（如站立或仰卧时），腹内斜肌的起点（胸腰筋膜、髂嵴、腹股沟韧带）固定，止点（肋骨下缘、白线）向起点靠近；上固定时，当胸廓固定时（如悬垂或倒立时），腹内斜肌的止点（肋骨）稳定，起点（骨盆）向止点移动。

见图2–5–2。

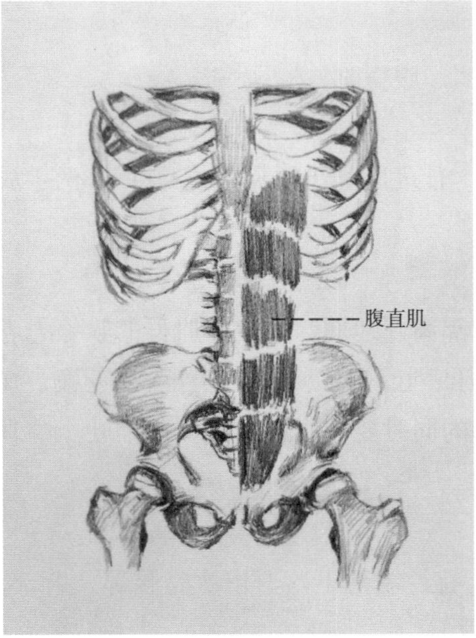

图 2–5–1

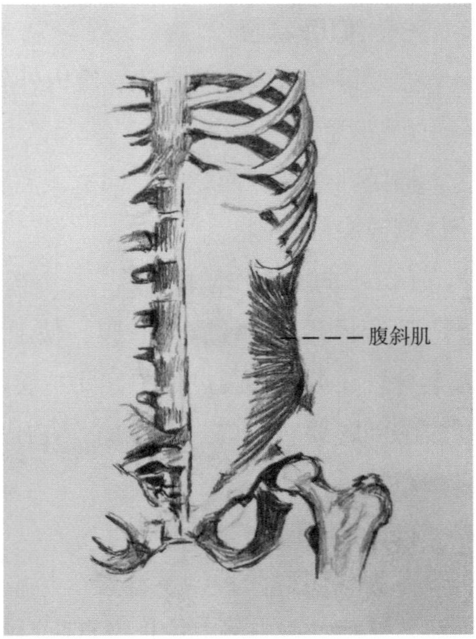

图 2–5–2

（三）腹横肌

腹横肌是腹壁最内层的扁肌，其肌纤维起于胸腰筋膜，第7~12肋骨内面和腹股沟韧带外侧。肌束移行为腱膜，锻炼形成腹直肌鞘后层，止于腹白线。腹横肌与其他腹肌协同收缩，可增加腹压，协助完成咳嗽、呕吐、排便等生理功能。

二、竖脊肌解剖结构及功能

竖脊肌为脊柱后方的长肌，它以总腱起自骶骨背面、髂嵴后部、腰椎棘突和胸腰筋膜，向上分为三部：后外侧为髂肋肌，是一棱柱状的厚肌肉，止于肋骨的肋角；中间为最长肌，是脊柱两侧的长肌肉，止于腰部与胸椎的横突及下位 10 根肋骨；内侧为棘肌，止于颈、胸椎的棘突。下固定时，一侧收缩，使脊柱向同侧屈，两侧收缩，使头和脊柱伸；上固定时，两侧同时收缩，使脊柱伸并带动下肢后摆，一侧收缩，使脊柱侧屈。

课题二　腰腹部训练动作

一、仰卧卷腹

主要锻炼肌肉：腹直肌、腹内外斜肌、腹横肌。

（一）预备姿势

仰卧在垫上，两脚与肩同宽。屈膝，使大腿和小腿夹角成 90 度，两手放于体侧或头部两侧。

（二）向上动作阶段

动作将开始时，含胸收腹，使上背部离开地面，以腹部肌群的收缩力卷起上身。在上体卷腹过程中，要“卷、压、吐”，也就是在动作中要卷腹，在卷腹的同时要对肌肉进行压缩，在压缩的同时要把腹腔的气体逐渐吐至“真空状态”，稍停。

（三）向下动作阶段

在腹部肌群的控制下缓慢、流畅、有控制地下落，依次是腰部、背部、头部。下落过程中尽力拉长腹直肌，吸气。

（四）注意事项

没有配合呼吸是易出现的问题。

见图 2–5–3。

图 2–5–3

二、悬垂收腹举腿

主要锻炼肌肉：腹直肌、腹内外斜肌、腹横肌。

（一）预备姿势

两手与肩同宽握住单杠，两臂自然伸直，两脚离地，全身自然下垂，身体保持稳定。

两腿微屈至锁定状态。

（二）向上动作阶段

保持两臂伸直，以腹部肌群的收缩力举起双腿和抬起臀部，称作“收腹抬臀”，呼气，短暂停留。

（三）向下动作阶段

在腹部肌群的控制下，大小腿缓慢、流畅、有控制地下落。下落时，身体不能摆动。

（四）注意事项

向上尽力收缩腹肌，上举的位置越高越好。

见图 2–5–4。

图 2–5–4

三、坐姿屈膝上举

主要锻炼肌肉：腹直肌、腹内外斜肌、腹横肌。

（一）预备姿势

端坐于长凳一端，双手扶撑在长凳的边缘，上体后倾大约45度角，两腿微屈悬垂。保证凳子稳固，无晃动。

（二）向上动作阶段

以腹部肌群的收缩力抬起双腿，同时，上身弯曲，向下用力压缩腹肌，呼气。将两膝尽量向两肩靠近，形成含胸弯腰姿势，使腹部肌群处于顶峰收缩位，稍停。

（三）向下动作阶段

以腹部肌群的控制力，使躯干和两腿慢慢伸展还原。双腿和躯干展开时尽量缓慢。

（四）注意事项

收缩腹肌时配合呼吸。

见图2–5–5。

图 2–5–5

四、山羊挺身

主要锻炼肌肉：竖脊肌。

（一）预备姿势

俯卧在罗马椅或长凳上，调整器械使大腿上端紧贴凳边的同时上身探出器械之外，两脚固定，上体前屈，两手放于体前或体侧。

（二）向上动作阶段

呼气，挺胸抬头腰部收紧，集中竖脊肌的力量，缓慢向上挺起上身，稍停。全过程速度不要过快，要均匀、缓慢、有控制。

（三）向下动作阶段

吸气，以竖脊肌的控制力缓慢将上身向下落至最低点，稍停。重点是向下过程中要充分伸展竖脊肌。

（四）注意事项

做该动作易出现腰部反弓现象。

训练检测

如何做好一个正确的腰腹部训练动作？

任务六　健身健美运动臀部动作训练

活动场地 / 环境

健身房。

任务要求

1. 了解健身健美运动中臀部动作训练的名称、参与肌肉、呼吸和动作要领；

2. 了解健身健美运动中臀部动作训练的注意事项及动作特点。

能力训练

掌握健身健美运动中臀部动作训练的发力规律，能够有意识地提高对健身健美教练的认知水平；初步形成健身健美运动臀部动作训练的概念。

课题一　臀部肌肉解剖结构及功能

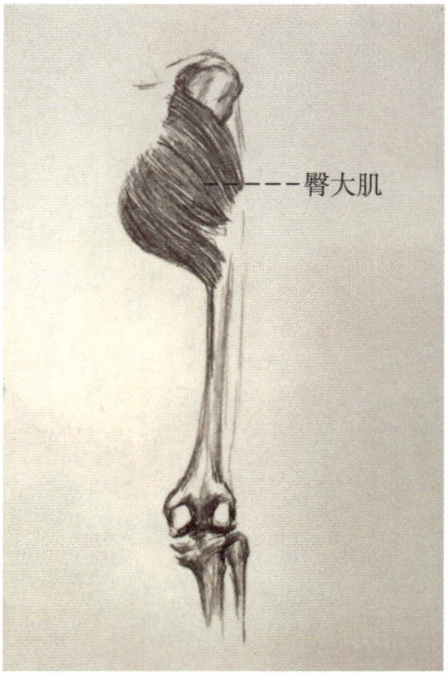

图 2-6-1

一、臀大肌解剖结构及功能

臀大肌位于臀部皮下，为四方形扁肌，生理横断面较大，它是人体骨骼肌中较大和较有力的肌肉之一。在形体健美中，臀大肌是影响臀围和形成臀部外形的主要因素。臀大肌起于髂骨翼外面及骶、尾骨背面，止于臀肌粗隆和髂胫束。近固定时，使大腿在髋关节处伸和旋外。臀大肌上部和下部的功能是不同的，上部肌纤维收缩使大腿外展，下部使大腿内收。远固定时，一侧肌肉收缩使骨盆向对侧回旋，两侧同时收缩使骨盆后倾。

见图 2-6-1。

二、臀部肌群的稳定性

臀中肌和臀小肌位于臀部外上方，大部分被臀大肌所覆盖，臀中肌在浅层，臀小肌在深层。两肌呈扇形。两肌肌束均呈放射状排列，分为前、后两部分。两肌均起于髂骨翼外面，止于股骨大转子。近固定时，使大腿在髋关节处外展，前部使大腿在髋关节处屈和旋内，后部使大腿在髋关节处伸和旋外；远固定时，一侧肌肉收缩使骨盆向同侧倾，两侧前部纤维使骨盆前倾，一侧收缩使骨盆向同侧回旋，后部两侧肌纤维同时收缩使骨盆后倾，一侧收缩使骨盆向对侧回旋。

课题二　臀部训练动作

一、跪撑单腿侧上举

主要锻炼肌肉：臀大肌。

（一）预备姿势

两手于肩部下方伸直撑地，屈髋、屈膝支撑于垫上。腰腹收紧，保持背部平直，身体稳定。

（二）向上动作阶段

身体不动，以臀大肌的收缩力将单腿用力上举至最大收缩位，保持片刻。不能仰头，单腿侧上举过程中保持膝关节微屈。

（三）向下动作阶段

身体不动，单腿缓慢、流畅、有控制地下降至开始位置。

（四）注意事项

避免身体核心不稳定，左右晃动。

见图2–6–2。

图 2–6–2

二、跪撑单腿后上举

主要锻炼肌肉：臀大肌、腘绳肌。

（一）预备姿势

两手于肩部下方伸直撑地，屈髋、屈膝支撑于垫上。腰腹收紧，保持背部平直，身体稳定。

（二）向上动作阶段

身体不动，以臀大肌、腘绳肌的收缩力将单腿用力上举至最大收缩位，保持片刻。不能仰头，单腿后上举过程中保持膝关节微屈。

（三）向下动作阶段

身体不动，单腿缓慢、流畅、有控制地下降至开始位置。

（四）注意事项

避免身体核心不稳定，左右晃动。

见图2-6-3。

图 2-6-3

三、屈腿硬拉

主要锻炼肌肉：臀大肌、腘绳肌。

（一）预备姿势

两脚开立与髋同宽，大腿外旋，两脚尖成V字形站立，挺胸直腰。掌心向后，双手握住杠铃横杠，握距略比肩宽，使横杠贴近身体，挺胸收腹，背部挺直，目视前方。

（二）向下动作阶段

以髋关节为轴，上体前倾，缓慢、流畅、有控制地向前弯曲至最大伸展位，这时髋部高于双膝，低于肩部，短暂停留，感受臀大肌、腘绳肌的拉伸。

（三）向上动作阶段

用力伸髋，充分利用臀大肌、腘绳肌的收缩力量将杠铃向上提起，将杠铃拉至大腿中部时，继续伸膝、伸髋和展体将杠铃拉起至身体挺直，稍停。

（四）注意事项

避免身体核心不稳定，左右晃动。动作要平稳，不能猛拉、猛起。整个下降过程中腰背一定要挺直，不能弓腰。

见图2–6–4。

图 2–6–4

四、站姿绳索外展

主要锻炼肌肉：臀中肌、臀小肌、臀大肌。

（一）预备姿势

以右腿为例，左侧面向器械站立，左手扶器械把杆，把拉力器调整至最低档，并把拉力器固定在小腿下端，保持身体稳定。

（二）向外动作阶段

动作开始时，左腿不动，右腿向右侧做外展动作至最大幅度，稍停。做动作时腿伸直，身体保持平衡，均匀用力，不使用爆发式外展。

（三）向内动作阶段

利用外展肌群的控制力缓慢向左回到开始位置。要控制返回的速度，肌肉不能放松，始终处于紧张状态。

（四）注意事项

避免身体核心不稳定，左右晃动。动作要平稳，不能猛拉、猛起。

见图2–6–5。

图 2-6-5

五、高位剪蹲

主要锻炼肌肉：股四头肌、臀大肌、腘绳肌。

（一）预备姿势

自然站立，两脚与肩同宽，上体挺直，收腹紧腰，把杠铃置于颈后上斜方肌（或双手持哑铃置于体侧）。背后放一长凳，与小腿齐高。右脚向后迈一步，并放于凳面上，前小腿垂直于地面。

（二）向下动作阶段

屈髋、屈膝下蹲至右大腿接近水平位，稍停。下蹲要求缓慢、流畅、有控制，在此过程中收腹、紧腰，上身不能前倾。

（三）向上动作阶段

下蹲至最低位置时，重心后移，两腿同时向上伸直。如此反复练习。

（四）注意事项

控制好平衡，身体不能左右摆动。

见图2-6-6。

图 2-6-6

六、仰卧挺髋举

主要锻炼肌肉：臀大肌、腘绳肌。

（一）预备姿势

两脚分开与肩同宽，大腿外旋，两脚成V字形，双腿屈曲，仰卧在长凳上，上背部紧贴凳面边缘。有一定基础者可以负重进行练习。

（二）向上动作阶段

动作开始时，以臀大肌和腘绳肌的力量缓慢上举至最大收缩位，收臀，挺髋。不能使用猛力、爆发力。

（三）向下动作阶段

以臀大肌和腘绳肌的控制力缓慢下降至开始姿势。下降阶段臀大肌要充分伸展。固定好长凳，练习中不能移动。

（四）注意事项

控制臀部发力，腿部肌肉不宜参与太多。

见图2–6–7。

图 2–6–7

七、坐姿器械腿外展

主要锻炼肌肉：臀大肌

（一）预备姿势

坐在外展训练器的座位上，双脚并拢踩在脚踏板上，两膝部外侧紧贴在挡托上。上体挺直靠在背板上，两手握住两侧固定手托。

（二）向后动作阶段

身体不动，以外展肌的收缩力缓慢使左右大腿分别向外侧展开至最大收缩位，无猛力、爆发力，无上体的前后摆动。

（三）向前动作阶段

以外展肌的控制力缓慢、流畅、有控制地回到开始位置，稍停。整个过程中动作平稳，不能放松，保持臀大肌的持续用力。

（四）注意事项

控制臀部发力，腿部肌肉不宜参与太多。

见图2–6–8、图2–6–9。

图 2–6–8

图 2–6–9

训练检测

如何做好一个正确的臀部训练动作？

任务七　健身健美运动腿部动作训练

活动场地 / 环境

健身房。

任务要求

1. 了解健身健美运动中腿部动作训练的名称、参与肌肉、呼吸和动作要领；

2. 了解健身健美运动中腿部动作训练的注意事项及动作特点。

能力训练

掌握健身健美运动中腿部动作训练的发力规律，能够有意识地提高对健身健美教练的认知水平；初步形成健身健美运动腿部动作训练的概念。

课题一　腿部肌肉解剖结构及功能

一、大腿肌群的功能性与重要性

（一）前外侧肌群

大腿前外侧肌群包括股四头肌、缝匠肌和阔筋膜张肌。股四头肌位于大腿前面，是人体中体积最大的肌肉之一，由四块相互联系的肌肉组成，包括股直肌、股中肌、股内侧肌和股外侧肌。股直肌起自髂前下棘，股中肌起自股骨体前面，股外侧肌起自股骨粗线外侧唇，股内侧肌起自股骨粗线内侧唇。股四头肌近固定时，使小腿在膝关节处伸，股直肌可使大腿在髋关节处屈；远固定时，可使大腿在膝关节处伸，维持人体直立姿势。缝匠肌起自髂前上棘，止于胫骨粗隆内侧面。缝匠肌近固定时，使大腿屈和旋外，使小腿屈和旋内；远固定时，两侧收缩，使骨盆前倾。阔筋膜张肌起自髂前上棘，移行于髂胫束，止于胫骨外侧髁。阔筋膜张肌近固定时，使髂胫束紧张，使大腿屈和旋内；当足部固定时，阔筋膜张肌的远端（髂胫束附着于胫骨）成为固定点，肌肉收缩会拉动近端的骨盆或躯干运动。

（二）后侧肌群

大腿后侧肌群又称腘绳肌，由三块肌肉组成，包括半腱肌、半膜肌和股二头肌。半腱肌和半膜肌均起于坐骨结节，止于胫骨粗隆内侧面。股二头肌有两个头，长头起于坐骨结节，短头起于股骨粗线外侧唇下部。两头合并以长腱止于腓骨头。股二头肌近固定时，长头使大腿在髋关节处伸，并使小腿在膝关节处屈和旋外；远固定时，两侧收缩使骨盆后倾，一侧收缩使大腿在膝关节处屈。半腱肌和半膜肌近固定时，使大腿在髋关节处伸，并使小腿在膝关节处屈和旋内；远固定时，两侧同时收缩使骨盆后倾，一侧收缩使大腿在膝关节处屈。

（三）内侧肌群

大腿内侧肌群包括耻骨肌、长收肌、短收肌、大收肌、股薄肌。耻骨肌和长收肌起于耻骨上支，短收肌起于耻骨下支。耻骨肌止于股骨粗线内侧唇上部，长收肌止于股骨粗线内侧唇中部，短收肌止于耻骨线和股骨粗线内侧唇的一半。耻骨肌、长收肌和短收肌近固定时，使大腿在髋关节处屈、内收；远固定时，两侧同时收缩使骨盆前倾。大收肌是最有力的内收肌，具有独特的排列，其内侧纤维起于坐骨结节、坐骨支和耻骨下支，止于股骨最近端的股骨粗线内侧唇上 2/3 处及股骨收肌结节。大腿在近固定时，使大腿在髋关节处内收、伸；远固定时，两侧同时收缩使骨盆后倾。股薄肌起自耻骨下支，肌束下行自膝关节后方转向前方，止于胫骨粗隆内侧。肌薄肌近固定时，使大腿在髋关节处内收，使小腿在膝关节处屈、旋内；远固定时，两侧同时收缩使骨盆前倾。

见图 2–7–1。

二、小腿肌群的功能性与重要性

（一）前侧肌群

前侧肌群包括胫骨前肌、跗长伸肌和趾长伸肌。胫骨前肌位于胫骨前面外侧浅层，为三角形的长肌。胫骨前肌起于胫骨体外侧面，止于内侧楔骨内侧面和第 1 跖骨底。近固定时，使足在踝关节处伸、内翻；远固定时，使小腿在踝关节处伸。跗长伸肌位于胫骨前肌和趾长伸肌之间，起于腓骨内侧面的

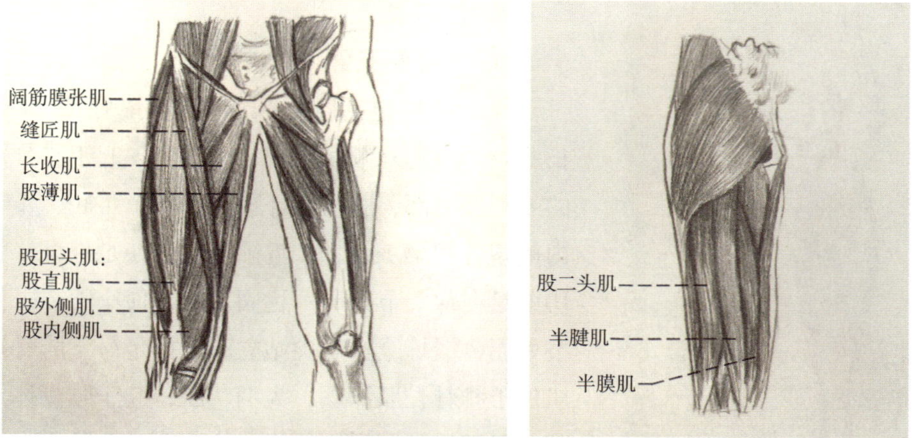

图 2-7-1

中部和小腿骨间膜，止于踇趾远节趾骨底。近固定时，使趾伸，并使足伸和内翻；远固定时，使小腿在踝关节处伸。趾长伸肌位于胫骨前肌外侧，起于腓骨前面、胫骨内侧面上2/3处和小腿骨间膜，止于第2~5足趾的中节和远节趾骨底。近固定时，使足伸和外翻，并伸第2~5趾；远固定时，使小腿在踝关节处伸。

（二）后侧肌群

后侧肌群包括腓肠肌、比目鱼肌、趾长屈肌、踇长屈肌和胫骨后肌。腓肠肌内、外侧头分别起于股骨内、外侧髁后面，比目鱼肌起于胫、腓骨后面上方，两肌肌腹在小腿中部合并向下形成跟腱，止于跟骨结节。近固定时，使小腿在膝关节处屈，使足在踝关节处屈；远固定时，使小腿在踝关节处屈，腓肠肌可拉大腿下端向后，协助伸膝维持人体直立。趾长屈肌位于胫骨后肌内侧，为羽状肌，起于胫骨后面中部，肌腱经内踝后方转至足底，止于第2~5趾的远节趾骨底。近固定时，使足在踝关节处屈第2~5趾，并协助足内翻。远固定时，使小腿在踝关节处屈，维持足尖站立姿势。踇长屈肌位于胫骨后肌外侧，为羽状肌，起自腓骨体后面下方，长腱经内踝后方转至足底，止于踇趾远节趾骨底。近固定时，使足在踝关节处屈、屈趾，并协助足内翻；远固定时，使小腿在踝关节处屈，维持足尖站立姿势。胫骨后肌位于小腿三头肌深层，为羽状肌，起于胫、腓骨后面和小腿骨间膜，经内踝后方转至足底，止于足舟骨和内侧、中间及外侧楔骨。近固定时，使足内翻，并协助足在踝关节处屈；远固定时，使小腿在踝关节处屈，保持足尖站立，是维持足弓的重要肌肉之一。

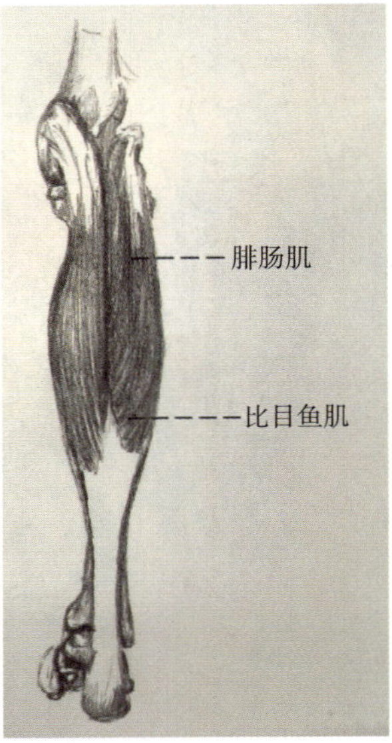

图 2–7–2

见图2–7–2。

（三）外侧肌群

外侧肌群包括腓骨长肌和腓骨短肌。腓骨长肌位于小腿外侧浅层，为单羽肌，起于腓骨体的外侧面上部，肌腱经外踝后方转至足底，止于内侧楔骨和第1跖骨。近固定时，使足外翻，并协助足在踝关节处屈；远固定时，使小腿在踝关节处屈，锻炼维持足尖站立和维持足弓。腓骨短肌位于腓骨长肌深层，为羽状肌，起于腓骨体下部，肌腱经外踝转至足底，止于第5跖骨底。近固定时，使足外翻，并协助足在踝关节处屈；远固定时，使小腿在踝关节处屈，锻炼维持足尖站立和维持足弓。

课题二　腿部训练动作

一、大腿部训练动作

（一）颈前深蹲

主要锻炼肌肉：股四头肌、臀大肌、腘绳肌。

1. 预备姿势

两脚自然站立，与肩同宽，脚尖略向外。两手正手握杠，向上抬手肘，将横杠放在颈前上胸和两肩三角肌前束处，抬头挺胸，直腰挺背，目视前方。

2. 向下动作阶段

吸气，头部稍微抬起，两眼始终注视前方，直腰直背，上体尽量保持不动并始终做垂直向下运动，屈髋、屈膝并缓慢、有控制地下蹲。确保下蹲时膝关节的方向同脚尖的方向一致，蹲至大腿平行或稍低于地面成全蹲位置为止（大小腿夹角小于90度），稍停。

3. 向上动作阶段

挺胸收腰直背，以股四头肌的力量向上伸髋伸膝，直至伸直双腿。向上阶段要挺胸抬头，直腰直背，上体始终保持正直。

4. 注意事项

易出现核心收不紧，后背收不紧的情况，导致髋、膝、踝受力不均。

见图2–7–3。

（二）颈后深蹲

主要锻炼肌肉：股四头肌、臀大肌、腘绳肌。

图 2–7–3

1. 预备姿势

两脚自然站立，与肩同宽，脚尖略向外。两手宽于肩握杠，将横杠放在颈后，即隆起的斜方肌上和三角肌上，收紧腰腹，挺胸直腰。

2. 向下动作阶段

吸气，头部稍微抬起，两眼始终注视前方，直腰直背，上体尽量保持不动并始终做垂直向下运动，屈髋、屈膝并缓慢控制下蹲。确保下蹲时膝关节的方向同脚尖的方向一致，蹲至大腿平行或稍低于地面成全蹲位置为止（大小腿夹角小于90度），稍停。

3. 向上动作阶段

挺胸收腰直背，以股四头肌的力量向上伸髋伸膝，直至伸直双腿。向上阶段要挺胸抬头，直腰直背，使杠铃重心始终在脚尖和脚后跟之间。

4. 注意事项

易出现核心收不紧，后背收不紧的情况，导致髋、膝、踝受力不均。

见图2–7–4。

（三）史密斯架颈后深蹲

主要锻炼肌肉：股四头肌、臀大肌、腘绳肌。

图 2–7–4

1. 预备姿势

站在史密斯架中间，两脚自然站立，与肩同宽，脚尖略向外，双手宽于肩握杠铃杆并放于上斜方肌上，两脚稍靠前，收紧腰腹，挺胸直腰。

2. 向下动作阶段

吸气，头部稍微抬起，两眼始终注视前方，直腰直背，上体尽量保持不动并始终做垂直向下运动，屈髋、屈膝并缓慢控制下蹲。确保下蹲时膝关节的方向同脚尖的方向一致，蹲至大腿平行或稍低于地面成全蹲位置为止（大小腿夹角小于90度），稍停。

3. 向上动作阶段

挺胸收腰直背，以股四头肌的力量向上伸髋伸膝，直至伸直双腿。向上要挺胸抬头，腰背收紧，保持身体稳定。

4. 注意事项

易出现核心收不紧，后背收不紧的情况，导致髋、膝、踝受力不均。

见图2–7–5。

图 2–7–5

（四）哑铃箭步蹲

主要锻炼肌肉：股四头肌、臀大肌、腘绳肌以及内收肌群。

1. 预备姿势

两脚自然开立，与肩同宽，两手各持一个哑铃，两臂自然下垂于体侧。两腿一脚向前一脚向后，呈前后站立姿势，抬头挺胸收腹，目视前方。

2. 向下动作阶段

躯干保持不动，上身垂直于地面，重量均匀分布在两腿上，前后腿同时屈膝下蹲，前小腿垂直于地面，后腿尽量伸展膝关节不触地，稍停。下蹲速度要缓慢，身体要保持平衡。

3. 向上动作阶段

抬头挺胸，保持身体重心稳定，两腿同时集中用力缓慢向上伸直双腿。上身挺直，身体尽量不要左右晃动。

4. 注意事项

易出现核心收不紧，上身前倾或后仰的情况。

（五）直腿硬拉

主要锻炼肌肉：腘绳肌、臀大肌。

1. 预备姿势

两脚自然站立，与肩同宽，双手正手握杠铃，握距略宽于肩，大臂贴近身体两侧，身体微微前倾，抬头挺胸，直腰直背。

2. 向下动作阶段

动作开始时，保持挺胸抬头，腰背收紧，挺直躯干，身体缓慢前倾，臀部略向后移，伸直双膝不要弯曲，直至躯干与地面平行，稍停。两腿始终伸直，膝盖略弯，不能含胸弓腰。

3. 向上动作阶段

保持腰背部的挺直，集中腘绳肌的力量带动身体缓慢向上，臀部向前移，至身体直立握杠铃于体前。动作平稳上升，不要使用猛力。

4. 注意事项

易出现核心收不紧，含胸弓腰的情况。

（六）上斜腿举

主要锻炼肌肉：股四头肌、臀大肌、腘绳肌。

1. 预备姿势

坐在上斜腿举练习器上，上体仰卧并靠紧背垫，双脚与肩同宽，脚尖略向外平踏在脚踏板上。双手于体侧固定手柄，大腿与小腿的夹角在90度左右，放开安全阀。

2. 向上动作阶段

动作开始时，以股四头肌的收缩力缓慢向上推起脚踏板至两腿伸直，稍停。向上运动时，整个脚掌都要受力，脚蹬也不能离开踏板。

3. 向下动作阶段

屈髋、屈膝，以股四头肌的控制力均匀、缓慢下落至预备姿势，放下安全阀。下放至大腿与小腿的夹角在90度左右，保证股四头肌始终处于紧张状态。

4. 注意事项

易出现膝关节超伸的情况。不要使用爆发力。

见图2–7–6、图2–7–7。

图 2–7–6

图 2–7–7

（七）坐姿器械夹腿

主要锻炼肌肉：大腿内收肌群（大收肌、长收肌、短收肌、股薄肌、耻骨肌）。

1. 预备姿势

坐在内收训练器的坐垫上，双膝关节内侧靠紧挡托，上体挺直靠在背板上，两手握住两侧固定手托，两大腿充分外展，使内收肌群充分拉伸。

2. 向前动作阶段

身体不动，以内收肌的收缩力使左右双膝向内靠拢，稍停。无猛力、爆发力。

3. 向后动作阶段

以内收肌的控制力缓慢、流畅、有控制地外展至最大幅度，稍停。整个过程中动作平稳，内收肌始终处于持续张力状态。

4. 注意事项

易出现猛力、爆发力，导致肌肉参与不够。

见图2–7–8。

图 2–7–8

二、小腿部训练动作

（一）站姿提踵

主要锻炼肌肉：腓肠肌、比目鱼肌。

1. 预备姿势

自然站立于地面或站立于有一定高度的踏板上，前脚掌着踏板，后脚跟悬空，肩上负重或双手持哑铃。

2. 向上动作阶段

保持身体平衡稳定，膝关节伸直，尽可能高地向上提起脚后跟，用力收缩腓肠肌和比目鱼肌，稍停。

3. 向下动作阶段

脚后跟缓慢往下落至最低限度，充分伸展小腿肌群。练习时下降速度要缓慢、有控制。

4. 注意事项

避免动作不均匀、过快、幅度小。

（二）坐姿提踵

主要锻炼肌肉：比目鱼肌。

1. 预备姿势

身体正直坐在长凳上，两脚掌踏在地上或稳定的垫木上，抬头挺胸，收腹直腰，双腿并拢，在大腿上放置负重物或杠铃，两手扶重物使其不要滑动，保证安全。

2. 向上动作阶段

保持身体不动，以小腿三头肌的收缩力尽可能高向上提起脚后跟，达到小腿三头肌的顶峰收缩后，稍停。

3. 向下动作阶段

在小腿三头肌的控制下缓慢下落，使小腿肌群得到充分伸展。下落速度要缓慢，伸展幅度要大。

4. 注意事项

不要使用冲击式动作。

见图2–7–9。

图 2–7–9

（三）机械架提踵

主要锻炼肌肉：腓肠肌、比目鱼肌。

1. 预备姿势

站立于提踵机上，双手掌心相对握住把手，将阻力杆放于双肩上，身体自然站立，膝关节要伸直，直腰直背。

2. 向上动作阶段

保持身体稳定，膝关节伸直，尽力向上提起脚后跟，至小腿三头肌的顶峰收缩后稍停。动作要均匀、缓慢，收缩幅度要大。

3. 向下动作阶段

脚后跟缓慢往下落至最低限度，充分伸展小腿肌群。

4. 注意事项

练习时不能突然下落，要有控制，速度要慢，膝关节不能弯曲。

见图2-7-10。

图 2-7-10

训练检测

如何做好一个正确的腿部训练动作？

项目三
健身健美运动人体科学知识

项目描述

健身与健美运动是改造人体形态的运动项目，它根据运动解剖学、运动生理学、运动生物力学、运动营养学原理，以徒手、哑铃、杠铃等其他轻器械或特制的健身器械作为工具，采用各种动作方式来进行训练，以此达到改善体态、健身健美、减脂塑性的目的。

学习目标

了解运动解剖学、运动生理学、运动生物力学、运动营养学的相关知识，能够认识健身健美运动训练的本质，纠正以往的错误认知，科学地进行健身健美训练。

能力目标

能够运用所学知识，正确认识健身健美运动的生物学本质，进行动力链分析，熟练运用运动人体科学原理指导健身健美训练，提高自己的从业能力。

任务一　健身健美运动解剖学基础

活动场地 / 环境

多媒体教室。

任务要求

1. 了解肌肉的功能；
2. 了解关节的结构和功能特点。

能力训练

掌握骨骼肌、关节的基本结构功能，能够运用健身健美运动解剖学基础知识科学地指导健身健美训练。

运动系统由骨、关节和骨骼肌三部分组成，其占成人体重的60%~70%。运动系统具有支持、保护和运动的功能。全身各骨借关节相连，构成人体的支架和基本形态，支持体重，保护内脏。四肢骨则以运动为主。骨骼肌附着于骨，在神经系统支配下收缩和舒张，牵引骨骼产生运动。

人体所有的运动都是以骨为支架，以关节为轴，以骨骼肌收缩为动力，牵拉骨围绕关节轴转动实现的。

课题一　肌肉的功能

人体的肌肉根据分布、结构和功能特性的不同可分为平滑肌、心肌和骨骼肌。平滑肌主要分布于内脏的中空性器官及血管壁，收缩缓慢而持久；心肌为心所特有，构成心壁的主要部分，收缩有节律性；骨骼肌主要分布于躯体，收缩快速有力，但易疲劳。

骨骼肌是人体运动的动力，绝大多数附着于骨骼，少数附着于皮肤，后者亦称皮肌。骨骼肌在神经系统的支配下，通过收缩与舒张牵拉骨以关节为支点进行转动，完成人体的各种随意运动，并与表情、咀嚼、吞咽、呼吸及发音有关。骨骼肌在人体分布极为广泛，多呈对称分布。成人的肌约占体重的40%。

一、肌肉的分类与命名

肌肉依据其外形可分为长肌、短肌、扁肌和轮匝肌 4 种。长肌多分布于四肢，肌束通常与肌的长轴相平行，收缩可引起四肢大幅度运动；短肌小而短，具有明显的节段性，多分布于躯干的深层，可持续收缩以保持身体姿势和参与躯干的运动；扁肌宽扁呈薄片状，多分布于胸腹部，除运动功能外，还具有保护内脏的功能；轮匝肌主要由环形的肌纤维构成，位于孔裂的周围，收缩时可以关闭孔裂。

长肌根据肌腱的头数可分为二头肌、三头肌、四头肌等，根据肌束排列的方向与轴的关系可分为梭形肌、羽状肌、斜肌与横肌等，根据分布位置分为胸肌、背肌等，根据功能可分为屈肌和伸肌、外旋肌与内旋肌、内收肌和外展肌等。

二、肌肉的构造

人体的每一块肌肉（简称“肌”）都是一个器官，肌组织是构成肌的主要成分，此外，肌肉还分布着丰富的血管和淋巴管，并接受神经支配。骨骼肌具有一定的形态、结构、位置和辅助装置，执行一定的功能。每块骨骼肌都包括中间的肌腹和两端的肌腱，并分布着血管与神经。

肌腹主要由肌纤维构成，色红而柔软，具有收缩与舒张的功能。整个肌的外面包有结缔组织的肌外膜，由肌外膜发出若干纤维隔伸入肌腹内将其分隔为较小的肌束，包被肌束的结缔组织膜称为肌束膜。肌束内每条肌纤维还包被有一层薄的结缔组织膜，称为肌内膜，供肌的血管、神经和淋巴管沿着这些结缔组织深入肌内。

肌腱位于肌的两端，连接肌腹与不同骨之间，主要由平行致密的胶原纤维结缔组织构成。胶原纤维相互交织成辫状，构成肌腱纤维束，传导肌腹收缩所产生的力牵拉骨骼，使之运动。肌腱本身不具有收缩能力，但能抵抗很大的张力。

三、肌肉的辅助装置

肌肉的辅助装置具有协调肌肉活动，保持肌肉的位置，减少运动时的摩擦和保护等功能。

（一）筋膜

筋膜是包被在肌肉外面的结缔组织膜，可分为深筋膜与浅筋膜。浅筋膜位于皮下，又称皮下筋膜，由含脂肪成分的疏松结缔组织构成，对肌、血管与神经具有保护作用。深筋膜位于浅筋膜的深层，又称固有筋膜，由致密结缔组织构成，分布于肌肉、肌群之间，具有分隔肌与肌群，约束肌拉力方向，保证肌肉与肌群独立活动，防止炎症扩散，保护肌肉的功能。

（二）腱鞘

腱鞘是包绕在长肌腱外面的双层长管状鞘膜，外层为纤维层，内层为滑膜层，有减少肌腱与骨面摩擦的功能，在手、足部常见。

（三）滑膜囊

内容略，见“关节的构成”部分。

（四）籽骨

籽骨通常位于肌腱与骨之间，有减少骨面间的摩擦，改变肌肉拉力方向，增大肌肉力臂等功能。髌骨是全身最大的籽骨。

课题二　关节的构成

一、关节的分类

骨与骨之间借纤维结缔组织、软骨组织和骨组织相连接，称关节，又称骨连接。按照连接形式的不同可分为直接连接和间接连接两种。

（一）直接连接

直接连接是指骨与骨之间借纤维结缔组织或软骨或骨直接相连，其连接之间无间隙，运动范围极小或完全不能活动。根据连接组织不同，这种连接可分为纤维连接、软骨连接和骨性结合3类。

1. 纤维连接

骨与骨之间借纤维结缔组织相连，形成纤维连接，其间无间隙，连接比较牢固，一般无活动性或仅有少许活动，常有两种连接形式，即韧带连接和缝连接。

2. 软骨连接

骨与骨间借软骨组织相连，形成软骨连接，可分为暂时性软骨连接与永久性软骨连接两种。暂时性软骨连接仅存在于儿童少年时期，随着年龄的增长，此种软骨连接可骨化成骨性结合，髋骨的髂骨、耻骨和坐骨之间的连接即属于此类。另一种为永久性软骨连接，此种软骨终生保持软骨状态，如椎体间的椎间盘以及肋骨与胸骨间的肋软骨连接。

3. 骨性结合

骨性结合是指骨与骨之间借骨组织相连，一般由缝及暂时性软骨连接演变而成，如骶椎之间的愈合及颅骨缝的结缔组织骨化形成的骨性连接。

（二）间接连接

间接连接又称为关节或滑膜关节，是骨连接的最高分化形式。在间接连接下，骨与骨的相对面间无直接连接，即相对骨面互相分离，其间有充以滑液的腔隙，其周围借结缔组织相连接，因而关节通常具有较大的活动性。

二、关节的构造

关节的结构包括主要结构和辅助结构。

（一）关节的主要结构

1. 关节面及关节面软骨

参与组成关节的各相关骨的接触面为关节面。每一关节至少包括两个关节面，一般为一凸一凹，凸者称为关节头，凹者称为关节窝。关节面上覆有关节软骨，即关节面软骨。关节面软骨多数由透明软骨构成，表面光滑，深部与关节面紧密相连。关节面软骨厚度为 2~7 毫米，其厚薄因不同的关节和不同的年龄而异，即使在同一关节中，不同部位的厚薄亦不相同，使之与对应的关节面更加相适应。关节面软骨具有弹性，能承受压力和吸收震荡，减轻运动时的震荡和冲击。关节面软骨表面光滑并覆以少量滑液，可减小摩擦，有利于活动。关节面软骨内无血管、神经和淋巴管，其营养由滑液和关节囊滑膜层的血管供应。

2. 关节囊

关节囊是由纤维结缔组织构成的囊，附于关节面周围的骨面并与骨膜融合，密闭关节腔。关节囊的松紧和厚薄因关节的不同而异，活动较大的关节，关节囊较薄而松弛；反之，活动较小的关节，关节囊较厚而紧。关节囊可分为内、外两层。外层为纤维层，是由致密结缔组织构成的囊，富有血管、淋巴管和神经。在某些部位，纤维层增厚形成韧带，可增强骨与骨之间的连接，并限制关节的过度运动。纤维层的厚薄和韧带强弱与关节的运动幅度和负重大小有关。例如：下肢关节负重较大，其关节囊的纤维层厚而紧张；上肢关节负重较小，则纤维层薄而松弛。内层为滑膜层，由平滑光亮、薄而柔润的疏松结缔组织膜构成，衬贴于纤维层的内面，其边缘附着于关节面软骨周缘，包着关节内除关节面软骨、关节唇和关节盘以外的所有结构。滑膜层内表面有滑膜绒毛和滑膜壁。滑膜富含血管、淋巴管和神经，能产生滑液，并为关节面软骨提供营养。滑液不但为关节提供了液态环境，而且保持了一定的酸碱度，保证关节面软骨的新陈代谢，并增加滑润，减少摩擦，降低软骨的蚀损，促进关节的运动效能。

3. 关节腔

关节腔是由关节面软骨和关节囊滑膜层共同围成的密闭腔隙，腔内有少量滑液。关节腔内呈负压，对维持关节的稳定性有一定的作用。

（二）关节的辅助结构

一些关节为适应特殊功能的需要而分化出一些辅助结构，以增加关节的灵活性或稳固性。

1. 韧带

韧带为连于相邻两骨之间的致密纤维结缔组织束，可加强关节的稳固性。位于关节囊外的称囊外韧带，有的囊外韧带局部增厚，如髋关节的髂骨韧带；有的独立于关节囊，不与关节囊相连，如膝关节的腓侧副韧带。位于关节囊内的称囊内韧带，被滑膜包裹，如膝关节的交叉韧带。韧带和关节囊分布着丰富的感觉神经，故关节疾患时极为疼痛。

2. 关节内软骨

关节内软骨为存在于关节腔内的纤维软骨，有关节盘、关节唇两种。关节盘是位于两个关节面之间的纤维软骨板，其周缘附着于关节囊内面，将关节腔分为两部。关节盘多呈圆形，中央稍薄，周缘略厚。膝关节中的关节盘呈半月形，称半月板。关节盘使两个关节面更为适合，可减少冲击震荡，并可增加关节的稳定性。关节唇是附于关节窝周缘的纤维软骨环，它加深关节窝，增大关节面，有增加关节稳固性的作用。

3. 滑膜襞和滑膜囊

有些关节的滑膜面积大于纤维层，使滑膜重叠卷折，并突向关节腔而形成滑膜皱襞，有的其内含有脂肪和血管，形成滑膜脂。在关节运动时，关节腔的形态、容积、压力发生改变，滑膜垫可起调节或充填作用，同时也扩大了滑膜的面积，有利于滑液的分泌和吸收。在有些关节，滑膜从纤维层缺如或薄弱处膨出，充填于肌腱与骨面之间，形成滑膜囊，可减少肌肉活动时与骨面之间的摩擦。

训练检测

1. 肌肉的功能是什么？
2. 关节的连接方式有哪些？
3. 关节的构造是什么？

任务二　健身健美运动生理学基础

活动场地 / 环境

多媒体教室。

任务要求

1. 了解骨骼肌收缩的机制；
2. 了解骨骼肌收缩的本质。

能力训练

掌握健身健美运动生理学基础内容，能够运用健身健美运动生理学基础知识科学地指导健身健美训练。

课题一　骨骼肌收缩的机制

当肌肉收缩时，肌原纤维内的肌动蛋白肌丝和肌球蛋白肌丝会相对滑动。其滑动幅度，可根据肌肉工作需要而定。肌肉收缩可表现为整块肌肉的长度发生变化，也可不发生变化。根据肌肉收缩时的长度变化，把肌肉收缩分为以下几种收缩形式。

一、向心收缩

肌肉收缩时，长度缩短的收缩称为向心收缩，又称缩短收缩。向心收缩时肌肉长度缩短，起止点相互靠近，因而引起身体运动。通常，肌肉张力增加出现在前，长度缩短发生在后。向心收缩是骨骼肌主动用力的收缩形式。肌肉向心收缩时，是做功的，其数值为负荷重量与负荷移动距离的乘积。向心收缩可以是等张收缩，也可以是等动收缩。

（一）等张收缩

肌肉张力在肌肉开始缩短后即不再增加，直到收缩结束。这种收缩形式称为等张收缩，有时也称为动力性或时相性收缩。在整个运动范围内，肌肉用力最大的一点称为“顶点”。出现“顶点”主要是因为在此关节角度下杠杆效率最差，加上肌肉缩短损失一部分力量，而促成了“顶点”的产生。因此，在整个关节的运动范围内，只有在“顶点”肌肉才有可能达到最大力量收缩。这是等张收缩训练的不足之处。

（二）等动收缩

在整个关节运动范围内速度恒定，且外界的阻力与肌肉收缩时肌肉产生的力量始终相等的肌肉收缩称为等动收缩。由于在整个收缩过程中收缩速度是恒定的，等动收缩有时也称为等速收缩。等动收缩和等张收缩具有本质的不同。肌肉进行等动收缩时在整个运动范围内都能产生最大的肌张力，等张收缩则不能。此外，等动收缩的速度可以根据需要进行调节。因此，理论和实践证明，等动练习是提高肌肉力量的有效手段。

二、等长收缩

在收缩时其长度不变，这种肌肉收缩称为等长收缩，又称为静力收缩。肌肉等长收缩时由于长度不变，因而不能克服阻力做机械功。等长收缩有两种情况：其一，肌肉收缩时对抗不能克服的负荷，如试图拉起根本不可能拉起的杠铃时，肱二头肌所进行的收缩就是等长收缩；其二，当其他关节由于肌肉离心收缩或向心收缩发生运动时，等长收缩可使某些关节保持一定的位置，为其他关节的运动创造适宜的条件。要保持一定的体位，某些肌肉就必须做等长收缩。例如，做蹲起动作时，肩带和躯干的某些肌肉发生等长收缩以使躯干保持垂直姿势，同时腿部和臀部的某些肌肉做向心收缩。当蹲下时，肩带和躯干的某些肌肉同样发生等长收缩以使躯干保持垂直姿势，但腿部和臀部的某些肌肉做离心收缩。在更复杂的运动中，身体姿势不断发生变化，因此肌肉的收缩形式也不断发生变化。在体育运动中，如体操中的“十字支撑”“直角支撑”和武术中的站桩，参加工作的肌肉就是进行的等长收缩。

三、离心收缩

在收缩产生张力时被拉长的收缩称为离心收缩。例如，下蹲时，股四头肌在收缩的同时被拉长，以控制重力对人体的作用，使身体缓慢下蹲，起缓冲作用。因此，肌肉做的离心工作也称为退让工作。负重蹲起时，下蹲过程阶段，股四头肌就需要肌肉进行离心收缩。肌肉离心收缩可防止运动损伤。从高处跳下时，脚先着地，通过反射活动使股四头肌和臀大肌产生离心收缩。肌肉离心收缩的制动作用减缓了身体的下落速度，避免使身体造成损伤。离心收缩时肌肉做负功。

四、超等长收缩

超等长收缩是指骨骼肌工作时先做离心式拉长，继而做向心式收缩的一种复合式收缩形式。超等长收缩的优点在于，在做离心收缩工作时，肌肉先被迅速拉长，在肌肉被拉长的过程中，肌肉中的牵张感受器受到刺激并产生兴奋，导致肌肉产生牵张反射性收缩。当肌肉被拉长后所产生的弹性势能、拉长后所产生的牵张反射性收缩以及主动向心收缩所产生的力量形成合力时，肌肉将产生较大的收缩力。硬拉练习中相关肌肉进行的就是一种典型的超等长收缩。

课题二　骨骼肌收缩的作用

健身健美训练的生理学适应主要表现在肌肉肥大方面，这是健身健美训练的典型表现。肌肉肥大可分为暂时性肥大和长期性肥大两种。暂时性肥大是指单次运动中或运动结束后即刻的肌肉体积增大，这主要是由来自血浆中的体液聚集（水肿）于细胞间质和细胞内所导致的。暂时性肥大的持续时间是很短的，因为体液将在运动后数小时内重新回到血液中去。长期性肥大是指长期抗阻力量训练所导致的肌肉体积增大，它反映了现有单根肌纤维体积的增大（纤维肥大）、纤维数量的增多或两者共同导致的实际肌肉结构变化。试图阐释这一现象内在原因的理论尚存在争议，但重要的一项发现是训练的离心部分对于肌纤维横截面积最大程度增加而言是至关重要的。大量的研究表明，单纯离心收缩训练、单纯向心收缩训练与向心收缩和离心收缩训练结合相比，后者导致的肥大和力量增长水平要更高。

肌肉肥大机制归纳起来主要有两个方向：肌纤维功能性肥大和肌纤维增生。

一、肌纤维功能性肥大

肌纤维功能性肥大分为肌质的功能性肥大和肌纤维的功能性肥大。肌质的功能性肥大是以肌质的生长和非收缩蛋白增加作为特征的。由于在肌纤维中肌丝面积密度减小，所以肌纤维的横截面积增加，但是肌肉力量没有伴随着增加。肌纤维的功能性肥大是肌纤维的一种增大，因为它获得了更多的肌原纤维，进而获得了更多的肌动蛋白和肌凝蛋白细丝。肌纤维的这两种功能性肥大显示出程度是不同的，绝大多数肌纤维的功能性肥大是在优秀举重运动员身上发现的，而肌质的功能性肥大是典型的健美运动员训练的结果。而健美运动员关注的是既引导肌质功能性肥大，又要通过不同方案来刺激收缩蛋白肌原纤维的合成和增加。所以，在设计健身健美训练计划时，既要考虑肌质功能性肥大的训练方案，又要考虑肌纤维功能性肥大的训练方案。

二、肌纤维增生

很多实验数据显示，单根纤维肥大对大部分肌肉的肥大都有作用，但也有研究表明对人体而言，肌肉肥大可能是由纤维增生造成的。这些新肌纤维究竟是怎样形成的？有研究表明，涉及骨骼肌再生的肌源性干细胞也可能与新肌纤维的生成有关。人在出生后，如果有骨骼肌细胞因为受伤而遭受损坏或死亡，将无法由其他现存肌纤维细胞进行分裂而取代。但骨骼肌细胞是适应性极高的细胞，这种未分化干细胞在正常情况下处于休眠状态，安静地位于肌细胞膜与外围的基底膜之间，当肌肉受损、坏死或负荷过重时，此类细胞就会被激活，开始分裂，最后形成再生肌纤维，否则就与受压或受损的肌细胞愈合，进行强化及修复任务。到目前为止，大量研究证实了肌源性干细胞对骨骼肌受伤后肌纤维的再生和修复起着重要的作用，这也进一步证实了肌源性干细胞的活化似乎是健美训练引起的这一肌肉生长的重要机制。但是，尚需测定阻力训练在多大程度上会引起肌纤维肥大。

肌肉肥大是肌肉纤维增大的生理过程，这是由渐进式负荷训练引起的。虽然标准的力量训练也会产生一定程度的肌肉增大，但是更专业的肌肥大训练能给我们带来更好的肌肥大效果。因此，肌肥大训练与肌肉力量训练相比，通常重量更小，次数更多，与肌肉耐力训练相比，则重量更大，次数更少。

能力训练

1. 骨骼肌收缩的机制是什么？
2. 骨骼肌收缩的作用是什么？

任务三　健身健美运动生物力学基础

活动场地 / 环境

多媒体教室。

任务要求

1. 了解骨骼肌的结构与功能；
2. 了解骨骼肌的调节与控制。

能力训练

了解骨骼肌的结构与功能、调节与控制，能够运用健身健美运动生物力学基础知识科学地指导健身健美训练。

课题一　骨骼肌的结构与功能

肌肉收缩时使两块骨彼此靠近或分离而产生运动。一般来说，两块骨必定有一块骨的位置相对固定，另一块骨则相对地移动。通常把接近身体正中面或四肢部靠近近侧的附着点看作肌肉的起点或定点，把另一端看作肌肉的止点或动点。肌肉的定点和动点在一定条件下可以相互置换。例如，胸大肌起于胸廓，止于肱骨，收缩时使上肢向胸廓靠拢，但在做引体向上动作时，胸大肌的动点、定点易位，止于肱骨的一端被固定，而附着于胸廓的一端作为动点，收缩时使胸廓向上肢靠拢，故能引体向上。肌肉在关节分布的方式和多少方面与关节的运动轴一致。单轴关节通常配备两组肌肉，如肘关节，前方有屈肌，后方有伸肌，从而使这些关节完成屈和伸的运动。双轴关节通常配备四组肌肉，如桡腕关节和拇指腕掌关节，除有屈肌和伸肌外，还配备有内收肌和外展肌。三轴关节周围配备六组肌肉，如肩关节和髋关节，除围绕冠状轴和矢状轴排列有屈、伸、内收和外展肌外，还有排列在垂直轴相对侧的旋内（或旋前）和旋外（或旋后）两组肌。每一个关节至少配备两组运动方向完全相反的肌肉，这些在作用上相互对抗的肌肉称为拮抗肌。拮抗肌在功能上既相互对抗，又互为协调和依存。如果拮抗肌中的一组功能丧失，则该关节的有关运动也随之丧失。肌肉在不同情况下可以是主动肌，也可以是协同肌、拮抗肌或固定肌。在神经系统的支配下，各种肌肉相互协调配合，共同完成某种动作。

课题二 骨骼肌的调节与控制

人体完成的各个健身健美动作，即使是最简单的动作往往也不是由某一块肌肉单独工作完成的，而是由多块肌或多个肌群共同配合完成的，如上肢负重弯举过程中的屈肘动作就是由经过肘关节前方的肌群同时收缩的结果。在健身健美运动中，多个肌群共同参与、相互协调配合的关系称为肌间的协作。

每组肌群都具有独特的生物力学特征（力量、速度、运动范围），这就需要协调多个关节、多组肌群来完成运动功能。运动是一种感知，是骨骼肌肉系统对感觉和运动神经系统作用的协调反应。

每一块骨骼肌在关节完成不同的动作时均起不同的作用。例如，完成屈肘动作时，肱肌和肱二头肌是主要的，它们是原动力，称原动肌。前臂的肱桡肌、桡侧腕屈肌、旋前圆肌等协助屈肘，为协同肌（合作肌）；肱三头肌是拮抗肌。还有一些肌肉起着固定附近一些关节的作用，以防原动肌产生不必要的动作，例如屈肘时使肩胛骨固定于脊柱的斜方肌、菱形肌等，这些肌肉称为固定肌。

关节完成某一种运动，通常是几块肌共同配合的结果。例如，屈桡腕关节时，经过该关节前方的肌同时收缩，这些功能相同的肌称为协同肌。一块肌往往和两个以上的关节运动有关，可产生两个以上的动作。例如，肱二头肌既能屈肘关节，也能使前臂旋后。

一块肌肉的分布只跨过一个关节称为单关节肌，而一块肌肉的分布跨过两个或两个以上关节的肌肉有肱二头肌、股直肌等。多关节肌工作时，若仅作用于一个关节，具有收缩发力大、关节运动幅度大的优势。若作用于两个以上关节，则存在力量性“主动不足”和伸展性“被动不足”两个现象。

“主动不足”是指关节肌在其跨过的一个关节收缩，对其他跨过的关节不能再充分收缩的现象。例如，屈肘屈肩，肱二头肌用力屈肘后，存在屈肩无力的现象。

“被动不足”是指多关节肌在其跨过的一个关节被伸展拉长后，在其他关节不能被充分拉长的现象。例如：屈膝伸髋时，会出现股直肌在膝关节前被拉长后，在髋关节拉长的幅度受限的现象；直膝屈髋时，会出现大腿骨后肌群在膝关节后面被拉长，在髋关节后面拉伸幅度受限的现象。

现有的健身健美训练技术动作必须在多关节肌处于“两个不足”的状态下运动，实践中必须加强多关节肌在“两个不足”状态下的训练，进而适应健身健美专项技术动作的要求。

能力训练

1. 试述骨骼肌的结构与功能。
2. 试述骨骼肌的调节与控制。

任务四　健身健美运动营养学基础

活动场地 / 环境

多媒体教室。

任务要求

1. 了解增强肌力健身人群的营养需求；
2. 了解健身健美运动员的膳食营养安排。

能力训练

掌握增强肌力健身人群的营养需求以及健身健美运动员的膳食营养安排，能够运用健身健美运动营养学基础知识科学地指导健身健美训练。

课题一　增强肌力健身人群的营养需求

肌肉的质量与健康关系密切，增强肌力、提高肌肉的质量有助于提高日常生活和工作质量，健身健美训练的肌肉围度与力量（肌力）可以提升人体的活力和美感。这不仅需要合理有效地进行锻炼，更需要合理地补充营养。

锻炼水平越高，能量储备和运动耐受能力就越高，肌肉的血流量和新陈代谢加快，机体所需要的营养补充则随之增加。因此，长期坚持健身锻炼和合理的营养补充，是增加肌肉质量的必备要素。

一、增强肌力健身人群的物质代谢特点及营养需求

人体肌肉增长是随年龄增长而不断变化的，可分为快速增长、相对稳定增长和明显下降三个阶段。人类从出生时起，随着机体不断生长发育，肌肉逐年增长，男子 25 岁时达到最高值，女子 22 岁左右达到最高值，以后逐年缓

慢下降。青少年的肌肉含水量比成人高，而肌肉蛋白和能源物质等的储备比成人低，肌纤维较细。年龄越小，与成人的差异越大。所以，在增加肌肉的过程中要考虑到年龄因素，因人而异。

“超量恢复”学说认为，运动后在一定范围内不仅能使已经消耗的物质恢复，而且还能出现比原先水平更高的“超量恢复”现象。在肌肉运动停止之后，肌肉中蛋白质的强烈合成过程就开始进行，而且最后会使蛋白质含量超出原先的水平。肌力较弱的人蛋白质含量较正常值低，能源物资的储备值也较低，表现为肌力弱，耐力差，易于疲劳。增强肌力的关键是在保证能源物质的基础上，增加肌肉的蛋白质含量，减少脂肪含量。

（一）增强肌力健身人群的糖类代谢

糖类进入人体后有三种变化：一部分被氧化分解，最后生成CO_2和H_2O，并释放出能量；一部分被肌肉和肝等组织、细胞利用，生成能量物质——糖原暂时储备；一部分通过其他代谢途径合成脂肪和某些氨基酸，这也是人体多食糖类易发胖的原因之一。糖类在氧化过程中需要多种维生素和金属离子作为辅酶，如维生素B_1、B_2，以及铁、镁、锰等，这些物质严重缺乏时，可造成糖类代谢障碍。糖类代谢还受机体的摄氧量、代谢中间产物、激素和神经体液调节等多种因素的影响。

在增强肌力健身过程中，糖类是重要的能源物质。一般通过力量训练的方法增强肌力，而力量训练主要是通过糖无氧酵解和有氧氧化来进行供能的。

运动时物质代谢释放的能量大部分用于肌肉收缩，运动后则主要用于合成代谢或离子的转运过程。锻炼肌力时主要依赖无氧糖酵解进行供能，常常会出现乳酸的堆积，长时间的乳酸堆积会产生肌肉酸痛等症状。所以，对运动负荷强度的选择要循序渐进，适当延长恢复时间，以使乳酸代谢加快。此外，如果体内糖含量过多，会有一部分通过其他代谢途径转化成脂肪，因此在健身过程中一定要注意控制糖类的摄入量，既不能过多而转化成脂肪，也不能太低而影响正常的供能。

（二）增强肌力健身人群的脂肪代谢

脂肪的主要成分是三酰甘油，又称甘油三酯。在不同场所的脂肪酶作用下，三酰甘油被水解成脂肪酸和甘油，甘油和脂肪酸进入人体后，大部分又被重新合成为脂肪，其余部分则以磷脂化合物等形式被机体利用。体内脂肪的主要作用有：①参加构成组织成分，如磷脂参与细胞膜的构成；②储存在皮下等部位；③被各种腺体利用，生成各自的特殊分泌物；④再次被氧化分解生成CO_2和H_2O，并且释放出能量；⑤转变为肝糖原。

在增强肌力健身人群中，有一部分人体脂超标，这部分人需要特别控制脂肪的摄入量，增加脂肪的利用率。在健身过程中，增加肌力应当和减少脂肪联系在一起。减少脂肪含量可以通过减少脂肪的摄入、提高脂肪的利用率来实现。一般来说，运动强度越小，运动时间越长，依靠脂肪氧化供能占人体总能量代谢的百分率就越高。

还有一部分人是由于自我感觉瘦弱而选择增强肌力的，这部分人要注意脂肪的摄入量，既要保证能量的供给，也不能摄入过多而造成脂肪堆积。

（三）增强肌力健身人群的蛋白质代谢

生物体内的各种蛋白质更新包括蛋白质的分解代谢和合成代谢，前者是指蛋白质分解为氨基酸，以及氨基酸继续分解为含氮的代谢产物、CO_2和H_2O，并释放出能量的过程。蛋白质的合成是一系列十分复杂的过程，几乎涉及细胞内所有种类的RNA（核糖核酸）和几十种蛋白因子。蛋白质合成的场所在核糖体内，合成的基本原料为氨基酸，合成反应所需的能量由ATP（三磷酸腺苷）和CTP（三磷酸胞苷）提供。身体内蛋白质的合成受多种因素调控。机体蛋白质是一个动态平衡体系，儿童、青少年机体蛋白质合成率大于降解率，成年人两个过程的速率相等；蛋白质摄入严重不足的人群，体内蛋白质分解率则大于合成率。不同的组织器官，蛋白质合成和降解的速率不一样。

氨基酸进入人体后，一是被利用来合成组织细胞中的各种蛋白质，二是通过代谢转变成其他氨基酸或合成糖类和脂肪，三是通过分解代谢转变成尿素或氧化分解成CO_2和H_2O并释放出能量。

增强肌力健身人群健身的主要目的之一，就是增加机体蛋白质的含量，所以增强蛋白质的摄入量是关键，重点是补充优质蛋白质，促进机体蛋白质的合成率大于降解率。同时，要避免蛋白质的过度代谢。

（四）增强肌力健身人群的水、无机盐和维生素代谢

任何生物体都离不开水，水是机体进行生物化学反应的介质。水在人体内构成体液，维持电解质平衡，并且能够调节体温、润滑关节、维持长时间的运动。无机盐对于维持机体渗透压和体液的酸碱平衡以及神经肌肉的兴奋性起着重要作用。维生素是维持人体正常代谢和功能所必需的有机化合物，对于能量的代谢也起到一定的调节作用。通过健身锻炼排出的体液，带走了大量的水、维生素和无机盐，如果不及时补充，会导致体内代谢紊乱、酸碱失衡，对机体造成不利影响。因此，根据不同年龄和运动强度及时补充水、无机盐和维生素，是增强肌力效果和维护机体健康水平不可忽视的重要措施之一。

二、增强肌力健身人群的膳食营养安排

增强肌力健身人群的膳食营养安排应首先考虑个人的健康状况，如果有肾病或是其他健康问题，请先接受医生的建议，再从根本上改变饮食。为了增强肌力，应该寻求巧妙、科学和健康的方法——既可获得坚实的肌肉和增加的肌力，又不会使机体皮下脂肪堆积。

（一）增强肌力健身人群的膳食营养安排原则

若没有适宜的营养，任何锻炼都是无效的。因此，增强肌力健身人群的膳食营养安排要遵循以下原则。

（1）补充足够的热能。肌肉生长是要消耗能量的，没有足够的热量就不可能保证肌肉的正常生长。

（2）补充足够的糖类。增强肌力锻炼时所需的能量主要由糖原提供，摄入的糖类可以补充糖原、供给能量，并防止锻炼造成的肌肉分解。

（3）补充优质蛋白质原料。蛋白质是肌肉构成的基石，也是肌肉生长的基础。因此，每天必须摄入优质蛋白质以构建肌肉。

（4）促进合成，减少分解。当肌肉的合成大于分解时，肌肉增长；反之，则缩小。因此，增强肌力人群要注意抗肌肉分解，促进蛋白质合成。

（5）保持适宜的激素水平。人体内的生长激素、胰岛素和睾酮对肌肉蛋白质的合成至关重要。通过饮食与营养补充可调控激素水平，刺激肌肉的生长。

（二）增强肌力健身人群的膳食营养安排措施

1. 膳食比例与组成安排

增强肌力的健身人群采用“日食五餐法”较为合适，五餐总和达到每日应摄取的热量之和。五餐的比例为早餐占全天总量的 20%，上午加餐占 10%，午餐占 30%，下午加餐占 10%，晚餐占 30%。每日食谱配备组成为适度的优质蛋白质、较低含量的脂肪加高含量的糖类。其中，蛋白质、糖类和脂肪三

种主要营养素的比例应为 3 ： 2 ： 1。馒头、面条和米饭等主食及山芋、燕麦和土豆等的糖类含量较高，是增强肌力健身人群的首选食物。

增强肌力必须通过“超负荷”锻炼引起肌肉的“超量恢复”，使肌纤维增粗，肌肉体积增大。肌肉除去水分，80%的成分是由蛋白质构成的，蛋白质是肌肉增长最重要的营养源。因此，要增强肌肉，就必须补充优质蛋白质。但也不是蛋白质吃得越多越好，肌肉的形成和“运动—补充营养—休息”的过程关系密切。只摄取高蛋白食品或一味地进行肌肉锻炼，并不能取得增强肌力的良好效果，所以要有合理的营养补充和适当的肌肉锻炼。事实证明，在进行间歇性力量训练的前提下，有适宜的蛋白质营养支持才能使肌肉增长。增强肌力健身人群的蛋白质摄入应以非脂或低脂食品为主，如脱脂牛奶、蛋清、鱼、去皮家禽和牛排等。适量摄入必需脂肪酸（橄榄油、玉米油和大豆油等）既可满足机体需要，又不会增加心血管疾病的发生概率。

2. 多吃碱性食物

正常人的体液呈弱碱性，健身运动后体内的糖、脂肪和蛋白质等营养物质被大量分解，产生乳酸、磷酸等酸性物质，使人感到肌肉和关节酸胀，精神疲乏。此时应食用蔬菜、甘薯、柑橘和苹果之类的碱性食物，保持体内酸碱度的基本平衡，以尽快消除运动带来的疲劳。除了蔬菜水果之类的碱性食物，还可以补充多种必需的维生素，以补充机体代谢和出汗时维生素的损失，满足增加肌力健身运动的需要。

3. 合理使用营养补充剂

使用营养补充剂能够快捷、方便和高效地为机体提供各种营养素，促进肌肉生长和疲劳恢复。但是增强肌力健身人群在早期不宜使用更多的营养补充剂，当运动锻炼的量和强度达到一定程度后，可适当使用一些营养补充剂。

（1）肌酸。肌酸是在肉类和鱼类食品中存在的一种天然营养性质，正常人体中也含有。由肌酸和磷酸共同合成的磷酸肌酸是人体内主要供能量物质之一。正常人肌酸的日需要量为 2~3 克，其中一半从食物中获得，另一半可由精氨酸、甘氨酸和蛋氨酸在人体肝、肾和胰腺中合成。关于肌酸对运动能力影响的研究较多。补充肌酸可提高运动能力，促进训练后机体的疲劳恢复。有研究报道，每天服用肌酸 20 克或 0.3 克/千克体重，连续补充 4~7 天，肌肉内肌酸和磷酸肌酸的浓度可增加 10%~30%。肌酸能增加锻炼者瘦体重以及肌肉的爆发力和耐久力，同时，肌酸把水带进肌肉，使得肌细胞的体积增大，有利于肌细胞吸收氨基酸。当肌酸和糖同时使用时，瘦体重和力量的增加效果更明显。因此，对于初级锻炼者来说，服用含有配比糖的肌酸比服用单纯肌酸更为有效。

（2）乳清蛋白。乳清蛋白是从牛奶中提取的蛋白质，富含各种游离氨基酸和易于吸收的蛋白质，其生物价是 100，是所有蛋白质中最高的。乳清蛋白中脂肪含量很少，富含支链氨基酸和谷氨酰胺，同时还含有乳铁转运蛋白，它不仅容易消化，而且代谢率高，有效利用率高，水解以后吸收快，在几分钟内氮可在肌肉内达到峰值，并可提供大量的必需氨基酸，是锻炼后最佳的蛋白质补充剂，可以快速填充肌肉细胞。在一般的锻炼期间，乳清蛋白补充量维持在每天 20 克左右。许多研究认为，增强肌力的人群需要增加饮食中蛋白质的摄入量，应该每天摄入蛋白质 1.3~1.8 克/千克体重。国际运动营养食品学会建议，对于那些想增加肌肉体积的人来讲，每天蛋白质的摄入量一般为 1.5~2.0 克/千克体重。以 75 千克体重的运动者为例，每天需要摄入 110~150 克蛋白质，如果仅仅从食物中摄取，需要 30~50 个鸡蛋清或 500~750 克瘦牛肉。因此，选择一些优质的蛋白质补充剂作为饮食外的补充是非常必要的。

（3）大豆蛋白。大豆蛋白是植物蛋白中唯一的完全蛋白质，虽然吸收利用率要比乳清蛋白低，但是对于女性锻炼者非常有好处。经过浓缩加工的大豆蛋白粉，蛋白质含量较高，是一种良好的蛋白质补充剂。

（4）增重粉和增肌粉。增重粉和增肌粉是一类高热量的营养补充品，主要成分包括糖类、蛋白质、各种维生素和微量元素，有的还加有肌酸、谷氨酰胺、支链氨基酸、肉碱和甲基铬等，可最大限度地补充运动锻炼时所需的各种营养素。目前认为，凡是蛋白质含量在33%以上的属于增肌粉，33%以下的属于增重粉。

（5）谷氨酰胺。谷氨酰胺能够增加肌细胞体积，刺激肌蛋白和糖原的合成。因此，运动前或运动后补充谷氨酰胺（6~10 克）可促进蛋白质合成，从而获得更大的肌肉体积和力量。

（6）肌力皂苷。研究表明，从刺蒺藜中提取出的肌力皂苷能够有效地刺激人体垂体，促进性腺激素的分泌，进而促进人体内原睾酮的分泌，提高血睾酮的水平，并对增加肌肉体积、围度、饱满度及肌肉力量有重要作用。

此外，牛磺酸等一些氨基酸的补充也对增强肌力起着重要作用。

三、增强肌力健身人群的膳食营养策略及误区

（一）增强肌力健身人群的膳食营养策略

在增强肌力锻炼时，除了制定科学、规律的健身计划之外，膳食营养在达到锻炼目的过程中也起到非常关键的作用。

1. 根据运动水平、性别调整膳食营养

初级锻炼人群糖类的摄入量，一般女性为每天摄入 2~2.5 克/千克体重，男性为每天摄入 2.5~3.5 克/千克体重。为了最大程度地利用锻炼后合成代谢的机会，最好把每天糖类总量的 25%的摄入安排在锻炼后，即锻炼后立即食用。锻炼后按 3 ∶ 1 的比例摄入复合糖类和简单糖类，将有利于胰岛素快速而持久地释放，并可避免低血糖的发生。锻炼后的一餐应避免选择较难消化的蛋白质食物，如鸡肉、牛肉等，而应选择牛奶、鸡蛋等容易消化的高蛋白食物，目的是提供充足的氨基酸给肌肉，以其作为肌肉生长的原料。锻炼达到一定水平之后，为了取得更加理想的增加肌力的效果，有必要服用运动补充剂。为了达到增加肌力的目的，最好选用乳清蛋白。注意，由于蛋白粉摄入过多会增加肾的负担，所以它的摄入量应根据运动强度而定，一定不要服用过量。另外，有肾病的健身者应咨询医生是否可以服用蛋白粉。

2. 安排高蛋白晚餐

发达的肌肉可通过有规律的负重训练、高蛋白饮食以及睡眠来获得。日本营养学家发现，促进肌肉生长的生长激素是在人睡眠中分泌的，生长激素能将血液中的氨基酸导向肌肉组织，使其造出新的肌细胞并修复受到损伤的肌细胞。因此，在晚餐中适当增加高蛋白，有助于肌肉的有效生长。

3. 锻炼后进食高蛋白食物

饭后的 1~2 小时是蛋白质吸收的高峰阶段，所以，训练后进食高蛋白食品更有利于肌肉生长。

4. 采用多餐制

每日多餐，特别是锻炼后适当补充营养物质，能够及时补充所需营养，提高新陈代谢率。应根据锻炼阶段的改变，对饮食结构和餐次作不同程度的调整。合理摄入蛋白质、重视糖类的补充等一系列措施，是增加肌力的关键要素。

5. 不空腹吃甜食

理论上讲，人吃甜食以后，体内血糖浓度就会升高。这时，机体释放胰岛素使血糖转变为糖原，从而使血糖恢复正常。若空腹吃甜食，则会使胰岛素过度释放，使血糖快速下降，甚至形成低血糖，从而迫使机体释放肾上腺素，以便使血糖恢复正常。

此外，不少体型比较瘦弱的增肌者，为了使自己的肌肉迅速长起来，喜欢加餐。建议可在每次锻炼前的0.5~1小时吃一些蛋糕、香蕉等食品，以保证锻炼过程中的能量供应。此外，要抓住每次锻炼结束后30分钟内这段营养补充的“黄金时期”（这段时间是肌肉合成最旺盛的时期），补充1~2个鸡蛋或1勺蛋白粉，有助于受伤肌肉和组织的修复、重建及肌肉酸痛等症状的减轻。

6. 一日膳食营养安排

增强肌力健身人群的一日膳食营养安排如表3–4–1所示。

表3–4–1　增强肌力健身人群的一日膳食营养安排（以75千克体重为例）

三餐名称	食物名称	进食量
早餐	全麦切片面包或馒头 牛奶 蛋清 鸡蛋	5片，2个 1盒（500毫升） 3个 1个
午餐	米饭或馒头 蔬菜 鸡胸肉、鱼肉或牛肉 桃、苹果或香蕉 牛奶 左旋肉碱	250克 1份 200克 1个 500毫升 0.5 g
中加餐	运动饮料 乳清蛋白 肌酸	（运动前及运动中、运动后）500毫升 （运动后即可服用）25克 （运动后即可服用）5克
晚餐	米饭或面条 蔬菜 鸡胸肉、鱼肉或牛肉 苹果、桃或香蕉 牛奶	200克 1份 200克 1个 500毫升

注意：要根据个人工作强度、运动情况和身体状况进行调整。如果个体患有疾病，请遵医嘱。

（二）增强肌力健身人群的膳食营养误区

第一，不用自己准备膳食。要增强肌力，必须自己准备膳食。依赖食堂或快餐店是无法满足增强肌力健身人群的少食多餐和营养丰富的进食需求的。

第二，不用做营养记录。制定一个营养记录表，记录下什么食物有效吃下后的肌肉感觉等是非常必要的。以后就可根据以往的资料对食物进行调整，使营养摄取达到最佳状态。

第三，饮水多少无关紧要。水参与全身的新陈代谢，可使微血管保持清洁、畅通，通过清洗细胞使肌细胞得到再生。补水量可按锻炼前后的体重差值补充。

第四，多吃肉有助于肌肉生长。有些增强肌力的健身人群认为，多吃肉有助于肌肉生长，但事实上并非完全如此。为了满足肌肉的生长，蛋白质的摄取量需达到 1.6~2 克/千克体重，但如果单靠吃肉来获取，有可能摄入过量脂肪。所以，在日常膳食中应选择脂肪含量低的肉类食物，如去皮的鸡胸肉、瘦牛肉和鱼肉等肉类，鸡蛋白也是不错的选择。蔬菜水果对增肌者来说也是必不可少的，因为其中蕴含丰富的维生素和矿物质，如硼、锌和维生素C，具有促进睾酮分泌的作用，而睾酮有利于促进肌肉生长，充足的蔬果补充往往能使增加肌力达到事半功倍的效果。此外，蔬菜水果中富含的番茄红素、维生素C、维生素E等具有很好的抗氧化作用，能有效清除体内因力量训练堆积的氧化物质，促进疲劳恢复。

课题二　健身健美运动员的膳食营养安排

健身健美运动员普遍追求极高的肌肉量和极低的体脂水平。健身健美运动员需要通过高度清晰的肌肉线条来获取高分，体脂水平过高会影响肌肉的展示，因为皮下脂肪在全身脂肪中所占的比例约为 50%。为获得理想的肌肉量，健身健美运动员必须对每个肌群进行较高水平的重复刺激（通常是自由重量训练和肌肉阻力训练）。这种类型的训练不是有氧运动（长时间、力量水平较低的运动）。相反，针对单个肌群的高强度重复刺激很少持续 30 秒以上，而且从不超过 1.5 分钟。在备赛期间，健身健美运动员通过进行上述训练并结合额外的能量摄入来增加肌肉量或减少体脂重量。通常情况下，健身健美运动员的膳食应富含蛋白质，此外还应包括蛋白质相关补剂和肌酸。

肌肉量增加后，健身健美运动员将进入第二阶段的训练，该阶段以减少能量摄入为主，并结合少量的有氧训练。第二阶段的训练旨在降低体脂（尤其是皮下脂肪）水平，从而使肌肉线条变得更加完美。在比赛前一周，健身健美运动员通常会减少总能量摄入，并通过增加碳水化合物的摄入增加肌肉的糖原储备；另外，健身健美运动员通常还需限制液体和钠的摄入来协助塑造肌肉线条。有证据表明，限制液体摄入非常危险，特别是对于青少年健身健美运动员，在他们当中已经发现存在低钾血症和低磷血症的情况。还有证据表明，在比赛前限制能量摄入会导致瘦组织（肌肉）丢失。这些情况说明限制能量摄入会适得其反。与非运动员相比，从事体重相关运动的运动员出现呕吐、滥用泻药、服用利尿药及服用类固醇者的比例要高得多。

健身健美运动员追求的是高水平的肌肉量，这个目标给他们提出了更高的能量需求。对于需要增加肌肉量的运动员，虽然其蛋白质的需要量略高于肌肉量保持稳定的运动员，但是通常摄入的食物所含的蛋白质可能足以满足前者的需求。比较理想的情况是，健身健美运动员的每日蛋白质摄入量为 1.5~1.7 克/千克体重，但前提是总能量摄入足够，且总能量中的大部分来源于碳水化合物。

多项针对健身健美运动员的研究充分表明：蛋白质的摄入量通常远远高于身体进行合成代谢的需要量（即用于构建组织的需要量）。因此，多余的蛋白质只是作为能量被消耗，或者在总能量过剩的情况下，作为脂肪储存在体内。这一点已经在另外一项研究中得到了证实。该研究发现，健身健美运动员的蛋白质摄入量明显高于控重对照组的受试者，而且他们也更加依赖将蛋白质作为能量来源满足肌肉的能量需求。健身健美运动员普遍认为，构建肌肉组织需要大量额外的蛋白质，但事实上这部分额外的蛋白质只是作为所需热量的来源被消耗了，不含氮的能量底物能够更有效地提供热量。构建肌肉组织的关键是摄入足够的能量来支持较大的体重。如果一名体重现为 82 千克的健身健美运动员希望体重达到 86 千克，那么这名运动员应该摄入足够的能量来支持较大的体重。在此期间，热量的增加不能仅来自蛋白质，而应均衡地增加蛋白质、碳水化合物和脂肪的摄入（其中碳水化合物仍是热量的主要来源）。对成功的健身健美运动员进行的研究表明，理想的膳食应以碳水化合物为主（占总热量的 55%~60%），脂肪的摄入量相对较低（占总热量的 15%~25%），其余为蛋白质（占总热量的 25%~30%）。

健身健美运动员追求的是体脂重量极低的体重。体脂率在很大程度上是由一个人的遗传因素决定的，但是也会受到饮食和运动习惯的影响。从膳食的角度讲，摄入适量（既不过少，也不过多）的能量来满足生理需要十分重要，否则过多的能量将转化为脂肪储存在体内。膳食脂肪是能量密度最高的能量来源，因此摄入过量的脂肪可能最容易导致总能量摄入过多，使多余的能量轻易地转化为脂肪并储存在体内。碳水化合物能够更有效地作为能量底物进行供能，从而支持高强度的肌肉运动，而不是被有效地转化为脂肪储存在体内。由于这些原因，应该使脂肪的摄入量保持在相对较低的水平（总热量的 15%~25%）。该摄入量低于普通人群的推荐摄入量（在总热量中，脂肪提供的热量不应超过总热量的 30%）。少量多餐这种膳食模式能够通过降低胰岛素对食物的反应来抑制脂肪的堆积，因此少量多餐也是一个有用的策略。如果在一餐中摄入了 1 500 千卡[1]热量，在正常情况下，机体一次性处理这么多的能量将不可避免地导致其中很大一部分会被作为脂肪储存起来。如果这 1 500 千卡的热量是分两餐摄入的（每餐 750 千卡），且两餐之间相隔三个小时，那么这些能量就能够被更有效地处理，不至于其中很大一部分能量以脂肪的形式储存在体内。因此，摄入适量的热量以保持能量平衡状态（通过摄入适当低脂的饮食可比较容易地实现），以及少量多餐都是获得低体脂率的重要策略。

健身健美运动员通常要经历反复的体重增加和体重下降，以强化肌肉并降低体脂水平。根据多项研究报道，健身健美运动员在赛季期间平均减重 6.8 千克，平均增重 6.3 千克。这种循环节食模式会使运动员产生对食物的偏激行为，从而导致运动员在赛后暴饮暴食并出现心理应激。一种更合理且安全的构建肌肉的方法是，通过摄入复杂碳水化合物来获得适量的额外热量（较当前需要量增加 300~500 千卡），从而支持增加的肌肉量，同时通过充分的肌肉训练来促进肌肉增大。

① 1千卡≈4.19千焦。

健身健美运动员似乎过度依赖通过营养产品和准营养产品及强化剂来获得期望的身体成分。虽然亲自试用强化剂和营养产品以确定其效果的做法在许多运动中都很常见，但健身健美运动员仍然是营销人员的重点关注人群。安慰剂效应在营养产品中非常明显，这就使问题变得更为复杂。也就是说，即使没有生理学或生物学基础证实某种产品确实有效，但是如果一名运动员认为该产品会帮助他达到特定的目标，那么这种产品很可能会带来一些益处。比较理想的情况是，运动员应摄入经生理学和生物学研究证实有助于运动员实现其目标的产品和食品。如果运动员同时相信这些产品和食品对他们有帮助，那么他们可能会获得更大的益处（即安慰剂效应）。

健身健美运动员也经常通过增加体内水分的丢失来获得期望的、线条清晰的体型。脱水是一种危险的情况（在运动员和非运动员中，每年因脱水而死亡的案例很多），而且脱水会导致运动表现下滑。健身健美运动员拥有线条分明的体型固然重要，但不应为此而采取脱水的方法，因为这可能导致器官功能衰竭和死亡。健身健美运动员应该通过刻苦的努力，采用合适的方法来降低体脂率，从而获得理想的体型。

大多数健身健美运动员都存在营养摄入不足的情况。过度依赖于营养产品（蛋白粉和奶昔、氨基酸补剂和一水肌酸补剂等）并用其取代营养丰富的食物，会使健身健美运动员面临营养风险。摄入能提供足够能量（热量）的低脂、高碳水化合物和适量蛋白质的食物，可以保证良好的营养供应。过度依赖营养补剂会导致蛋白质摄入过多，这是不必要的，而且无法弥补运动员膳食中最缺乏的营养素的不足。盲目地摄入某一种维生素或矿物质补剂也不是一种有用的策略，因为运动员很少知道他们最需要哪些特定的营养素。摄入各种各样的食物才是最佳的办法，可确保运动员获得所需的各种营养素，而营养补剂仅在无法摄入足够的能量底物或营养素的情况下才能发挥作用。

训练检测

1. 增强肌力健身人群的膳食营养策略有哪些？
2. 健身健美运动员的膳食营养措施有哪些？

任务五　健身健美运动动力链分析

活动场地 / 环境

多媒体教室。

任务要求

1. 了解动力链的定义和分类；
2. 了解肌群的工作机制。

能力训练

掌握健身健美运动动力链的概念，能掌握人体相邻环节间形成完整有效动作的本质，能够在健身健美实践中纠正错误动作，更好地进行目的训练。

课题一　动力链的概念

相邻关节之间的骨性节段称为环节（如肱骨构成上臂环节），通过关节连接的相邻环节形成基本动力链单元（如肩关节—肱骨—肘关节构成上肢开放链）。

一、单动力链

两个相邻骨环节及其之间的可动连接构成了单动力链，包括相邻的两个环节和连接在这两个环节之间的关节，如上肢的上臂、肘关节和前臂构成一个单动力链，下肢的大腿、膝关节和小腿也构成一个单动力链。

二、双动力链（多动力链）

双动力链（多动力链）是两个或两个以上动力链串联而成的。例如，上肢多动力链由上臂、肘关节、前臂、腕关节和手构成，其中上臂、肘关节和前臂为一个单动力链，与腕关节和手构成了多动力链。

动力链根据其结构特点可以分为开放链和闭合链。末端为自由环节的动力链称为开放链，该自由环节又称终末环节。无自由环节的动力链称为闭合链。

开放链中，每个环节都能发生独立运动，当然开放链中的各个环节也可以同时运动，还可以按一定顺序依次运动，但这并不排除每个环节独立运动的可能性。

闭合链中，一个环节不可能独立运动，即环节的运动是互相牵连的，一个环节的运动必然引起链中其他环节的联动。

开放链的终末环节受到其他物体的约束即变成闭合链。例如，双手握单杠悬垂时两手受单杠约束，即变为闭合链。此时不能发生单个环节的独立运动，只能多个环节同时运动。

课题二　动力链分析

在动力链中骨骼是关节的基础，关节是运动的枢纽，肌肉收缩则为关节绕关节轴转动提供动力。

一、动力学分析

肌肉跨越关节收缩时肌力作用线不通过关节点，肌力可分解为沿着关节纵轴方向的法向分力和垂直于关节纵轴方向的切向分力，法向分力起着加固关节的作用，而切向分力对关节点产生力矩。关节的重力矩和外界的阻力也对关节产生力矩。一般跨越同一关节的有多块肌肉，这些肌肉收缩时的力矩与关节的重力矩和阻力矩的合力矩决定着关节的运动状态，使关节转动的角速度发生变化，或保持一定的关节角度。

二、运动能力分析

动力链的运动能力取决于关节的构造和肌肉的控制作用。在肌肉力量的作用下，相邻两关节可绕关节轴转动。关节的构造以及动力链的连接方式基本决定了动力链的运动能力，但是并不能完全决定其运动方向和运动幅度，因为肌肉参与对动作的控制从而构成了运动的多样性。

三、肌群的工作机制分析

动力链中有的肌肉只作用于一个关节，有的肌肉可以作用于两个或两个以上的关节。每块肌肉并非单独作用，肌肉总是以肌群的形式参与运动。在肌群之内各块肌肉之间以及各肌群之间都存在着复杂的相互作用，这种相互作用既包含着相互协同，也包含着相互对抗。这种相互协同对抗的作用使动力链的运动协调和完善。

动力链中关节周围的肌肉共同组成功能群而发挥功能作用。肌肉对关节的固定和解除固定，使动力链中活动关节的数量发生变化。有时整个动力链可以固定成一个关节，有时运动可以发生于部分关节，乃至于动力链的所有关节。肌群的协调工作可保证动力链中各关节的运动方向，控制运动速度，通过制动限制运动幅度大小，并且实现力学量的传递。

训练检测

1. 阐述动力链的定义和分类。
2. 阐述肌群的工作机制

项目四 健身健美运动课程系统化设计

项目描述

健身健美运动课程设计是健身健美教练乃至健身健美教师必须具备的基本能力，我们从课程教学目标、教学设计、教学大纲、教学进度、教学模式、教学方法、单节教学方案设计等方面进行阐述，旨在科学、系统地构建系统化教学设计框架，为健身美教练的教学工作提供科学的保障。

学习目标

了解健身健美运动课程教学目标制定、教学设计、教学大纲制定、教学进度设置、单节教学方案的开发，提高健身健美运动课程系统化设计的能力。

能力目标

能够运用所学知识，正确解决健身健美教练教学工作中所遇到的实际问题，熟练进行健身健美运动课程系统化设计，提高自己的从业能力。

任务一 健身健美运动课程教学目标与教学设计

活动场地 / 环境

多媒体教室。

任务要求

1. 了解健身健美运动课程教学目标；
2. 了解如何进行健身健美运动课程教学设计。

能力训练

掌握健身健美运动课程教学目标相关理论知识，能够准确有效地制定健身健美运动课程教学目标；初步形成对健身健美运动课程的设计能力。

课题一 健身健美运动课程教学目标

教学目标是指教学活动实施的方向和预期达成的结果，是一切教学活动的出发点和最终归宿，它既与教育目的、培养目标相联系，又不同于教育目的和培养目标。

健身健美运动课程教学目标可以分为知识目标、能力目标、素质目标（含课程思政育人目标）。

知识目标要求：通过本课程的学习，了解健身健美基本理论知识，掌握并熟练运用健身健美动作和器械进行练习。

能力目标要求：通过本课程学习，使90%以上的学生能够掌握健身健美教练所具备的基本条件，并能独立完成健身健美教练的工作。能够根据不同人群、不同需求，科学地、有针对性地制定各阶段的训练计划，并进行指导实施。

素质目标要求：通过本课程学习使学生了解健身健美教练所具备的基本素养，传承体育人精神，为人民服务，倡导全民健身，成为有责任心与自律性的体育教练。

课题二　健身健美运动课程教学设计

一、教学设计的概念

教学设计是指根据课程标准的要求和教学对象的特点，将教学诸要素有序安排，确定合适的教学方案的设想和计划，一般包括教学目标设计、教学重难点设计、教学方法设计、教学步骤与时间分配等环节。

二、健身健美运动课程教学设计的目的

健身健美运动课程教学设计的目的在于，为了提高健身健美运动课程的教学效率和教学质量，使学生在单位时间内能够学到更多的健身健美运动知识，更大幅度地提高学生各方面的能力，从而使学生获得良好的发展。

三、健身健美运动课程教学设计的原则

（一）系统性原则

健身健美运动课程教学设计是一项系统工程，它由教学目标和教学对象的分析、教学内容和方法的选择以及教学评估等子系统所组成，各子系统既相对独立，又相互依存、相互制约，组成一个有机的整体。各子系统的功能并不等价，其中教学目标起指导其他子系统的作用。同时，健身健美运动课程教学设计应立足整体，每个子系统应协调于整个教学系统，做到整体与部分辩证地统一，系统的分析与系统的综合有机地结合，最终达到教学系统的整体优化。

（二）程序性原则

健身健美运动课程教学设计诸子系统的排列组合具有程序性特点，即诸子系统有序地成等级结构排列，且前一子系统制约并影响着后一子系统，而后一子系统依存并制约着前一子系统。根据教学设计的程序性特点，健身健美运动课程教学设计应体现出其程序的规定性及联系性，确保健身健美运动课程教学设计的科学性。

（三）可行性原则

健身健美运动课程教学设计要成为现实，必须具备两个可行性条件。一是符合主客观条件。主观条件应考虑学生的年龄特点、已有知识基础和师资水平，客观条件应考虑教学设备、地区差异等因素。二是具有操作性。健身

健美运动课程教学设计应能指导具体的实践。

（四）反馈性原则

健身健美运动课程教学成效考评只能以教学过程前后的变化以及对学生作业的科学测量为依据。测评健身健美运动课程教学效果的目的是获取反馈信息，以修正、完善原有的教学设计。

四、健身健美运动课程教学设计的方法

首先，要从“为什么学”入手，确定学生的学习需要和学习目标。

其次，根据学习目标，进一步确定通过哪些具体的教学内容提升学生的运动能力、健康行为、体育品德，从而满足学生的学习需要，即确定“学什么”。

再次，要实现具体的学习目标，使学生掌握需要的教学内容，应采用什么策略，即“如何学”。

最后，要对教学的效果进行全面的评价，根据评价的结果对以上各环节进行修改，以确保促进学生的学习，获得成功的教学。

五、健身健美运动课程教学设计的特征

健身健美运动课程教学设计具有以下特征：

第一，健身健美运动课程教学设计是把教学原理转化为教学材料和教学活动的计划。健身健美运动课程教学设计要遵循教学过程的基本规律，选择教学目标，以解决教什么的问题。

第二，健身健美运动课程教学设计是实现课程教学目标的计划性和决策性活动。教学设计以计划和布局安排的形式，对怎样才能达到教学目标进行创造性的决策，以解决怎样教的问题。

第三，健身健美运动课程教学设计是以系统方法为指导的。教学设计把教学各要素看成一个系统，分析教学问题和需求，确立解决的程序纲要，使教学效果最优化。

第四，健身健美运动课程教学设计是提高学生获得知识、技能的效率和兴趣的技术过程。教学设计是教育技术的组成部分，它的功能在于运用系统方法设计教学过程，使之成为一种具有操作性的程序。

训练检测

1. 如何制定健身健美运动课程教学目标?
2. 如何进行健身健美运动课程教学设计?

任务二　健身健美运动课程教学大纲与教学进度

活动场地 / 环境

多媒体教室。

任务要求

1. 了解什么是健身健美运动课程教学大纲；
2. 了解如何制定健身健美运动课程教学进度。

能力训练

掌握制定健身健美运动课程教学大纲相关理论知识，能够准确有效地制定健身健美运动课程的教学重点和难点；初步形成撰写健身健美运动课程教学大纲和制定教学进度的能力。

课题一　健身健美运动课程教学大纲

一、健身健美运动课程教学大纲概述

健身健美运动课程是指根据教学计划，以纲要形式规定该门课程教学内容的文件，同时，它是以系统和连贯的形式，按章节和条目叙述该课程的主要内容的教学指导文件。它根据教学计划，规定每个学生必须掌握的理论知识、实际技能和基本技能，也规定了教学进度和教学方法的基本要求。其中包括课程的性质与任务、教学的目标与要求、课程的基本内容与教学要求、课程的学时分配（讲授和实习、实验、作业的时数分配等）、教学进度、课程习题或讨论要求、教学方法及教学手段、课程考核方式及成绩评定、课程教材及主要参考书目。列入教学大纲的教材的广度和深度，一般应是学生必须达到的最低标准。教学大纲是编写教科书和教师进行教学的主要依据，也是

检查和评定学生学业成绩和衡量教师教学质量的重要标准。

二、健身健美运动课程教学大纲制定的基本原则

（一）符合专业人才培养方案和教学计划的要求

健身健美运动课程教学大纲的制定应当考虑本门课程在整个教学计划中的地位和任务，在培养专门人才的目标上本门课程的作用以及通过学习要达到的目的和目标要求。教学大纲是专门人才培养规格在课程中的具体体现，因而选择的健身健美运动教学内容必须保证专业培养目标的实现。健身健美运动课程教学大纲的制定还应当遵循教学计划整体优化的原则。教学计划中的每一门课程都是互相联系的，在制定健身健美运动课程教学大纲时对教学计划内的其他课程的内容既要注意相互衔接，又要避免重复或遗漏。由于课程的教学内容有严谨的科学体系，同一专业的各门课程所牵涉的知识范围又往往相互交叉。为了保证科学体系的完整性，不可能绝对地避免重复。因此，在编制健身健美运动课程教学大纲时，要从教学计划的全局出发，明确课程内容的分工，处理好先修课与后续课的衔接与配合问题，并尽可能依据教学法要求，对于重复部分进行认真的技术处理，如从不同角度来阐述问题，或在课程与课程之间协调安排。

（二）体现科学性与思想性相结合、理论联系实际的原则

健身健美运动课程教学大纲的编制应当从学科内部处理好科学性与思想性、理论性与实践性的关系。

健身健美运动课程教学大纲要体现科学性和思想性相结合的要求，所列出的论点都应当是科学已经检验过的，符合客观规律的知识；在方法论上，应当是符合唯物辩证法的。对于各种非唯物主义的学术观点，应当以马克思主义的立场、观点、方法进行分析和批判。对于科学上尚不成熟的假设，应当引导学生独立思考，不轻易得出定论。教学大纲的科学性与思想性的结合，还表现在历史与逻辑的统一上。健身健美运动课程教学大纲所提出的纲要应便于教材的叙述，要反映出所研究的各种现象、事实和规律的认识发展过程。同时，教学大纲也要及时反映科学发展的最新成就，当然，这应当是具有比较重大理论意义和实践价值或典型性的新的研究成果。

健身健美运动课程教学大纲的编制应当遵循理论联系实际的原则，坚持理论与实践一致，观点与材料统一。在重视理论传授时，不能忽视实践的训

练，应使实验、实习、社会调查等教学形式在相应的学科教学大纲中占有重要的地位。

（三）结合科学体系和教学法特点，建立严谨的学科体系

健身健美运动课程教学大纲的编制应当建立在严谨的学科体系基础上，符合学科体系的内在逻辑结构，使学生掌握比较系统的学科结构体系。健身健美运动教学大纲必须考虑学生的学习心理，遵循教学原则，考虑教学法的要求。在处理教学内容时，健身健美运动教学大纲还要照顾到学科结构的整体优化及课程与课程之间相互联系的优化组合，处理好学科内部的科学性与思想性、理论与实践的关系等问题，考虑教学内容的完整性、系统性、统一性和灵活性，以建立优化的学科结构。健身健美运动课程教学大纲选择教学内容时，一方面要有重点地加大纵向跨度，以便使教学节奏适当加快，以解决学科发展迅速、信息量激增与教学时数有限的矛盾；另一方面又要有选择地加强横向联系，促进学科多方位地展开，以扩展学生的知识视野，并促进学生思维能力的发展。

（四）既要有相对的稳定性，又要不断更新

健身健美运动课程教学大纲要保持相对的稳定性，才能保证稳定的教学质量。但健身健美运动课程教学大纲也要及时反映现代科学技术的最新成就和当代科技发展的最新水平，保证教学大纲的先进性，实现教学内容的现代化。因此，健身健美运动课程教学大纲要不断更新内容。但是，不论更新教学内容还是补充新的内容，都应当从教学的目的和目标、任务以及学生的接受能力出发，切忌盲目、片面地求新求多，加重学生的负担，导致降低教学质量。所以，编制教学大纲、选择教材内容，包括更新和补充知识，都应当贯彻少而精、量力性原则。

健身健美运动课程教学大纲是该课程教学的指导性文件，教学检查及课程评估都要以教学大纲为依据。健身健美运动课程教学大纲明确规定本门课程在专业教学计划中的地位和作用，确定本门课程教学的基本任务和要求，依据学科的知识系统与有关先行课、后继课之间的联系确定各章、节的基本内容、重点和难点，并能反映出本学科的新成就和学科发展的方向；同时要提出本门课程教学组织实施的原则和学时数，并列明讲授课、习题课、实验课及其他实践性教学环节等的教学时数的分配。健身健美运动课程教学大纲不仅是讲授大纲，还是指导学生自学和培养学生能力的纲要。

总之，健身健美运动课程教学大纲是课程内容合乎逻辑的构架，是教学顺序、教学工作的指南，以及对该课程掌握程度的反映。

课题二　健身健美运动课程教学进度

一、健身健美运动课程教学进度的制定步骤和注意事项

（一）制定教学进度的步骤

教学大纲是制定教学进度的基础。因此，首先要明确课程的总体目标和教学大纲。

其次，分析课程以及学生的特点和需求。熟知课程的性质、特点、教学内容、目标要求等。同时，了解学生的年龄、学习能力、先前知识水平和兴趣爱好等方面的特点，以便调整教学进度和内容，确保教学进度与学生的实际情况相适应。

再次，划分教学单元和课时。将整个课程内容划分为若干个教学单元，并确定每个教学单元需要的课时数。根据课时数和教学进度进行课程的时间分配。

最后，确定教学内容和活动。在每个教学单元内，确定具体的教学内容和教学活动。这包括授课内容、作业布置计划、教学形式等。

（二）在制定教学进度时的注意事项

（1）合理安排教学进度。结合每个教学单元的内容和所需课时数，合理安排教学进度。考虑到学生的学习能力和课程目标的完成时间，尽量使教学进度紧凑但不过于拥挤。

（2）留出适当的弹性时间。在制定教学进度时，应该留出一定的弹性时间，以应对可能出现的意外情况，如学生理解困难、课堂讨论时间过长等。

（3）定期评估和调整。在教学过程中，定期评估教学进度的实施情况，根据评估结果及时调整教学进度和内容，确保教学目标的顺利达成。

（4）充分利用教学资源。在制定教学进度时，要充分考虑教学资源的利用，包括教材、场地器材、多媒体设备等，确保教学活动的顺利进行。

（5）与同事交流和分享。与其他教师进行交流和分享教学经验，了解他们的教学进度和方法，以便更好地制定和调整自己的教学进度。

（6）及时沟通与反馈。与学生保持良好的沟通，及时了解他们的学习情况和反馈意见，根据反馈意见调整教学进度和方法。

二、健身健美运动课程教学重点和难点

教学重点是指本节课主要讲授的和要求学生掌握的内容是什么，是依据教学目标，在对教材进行科学分析的基础上而确定的最基本、最核心的教学内容。

教学难点是学生在本节课中难以理解和接受的地方。每一节课的教学难点要根据教学的环境、学生的认知能力、理解能力、接受能力精心设计。

（一）健身健美运动课程教学重点、难点的区别与联系

教学重点和难点具有不同的性质。难点具有暂时性和相对性。难点一旦经过教学被学生理解和解决了，就不复存在了。这就是难点的暂时性。同一知识与技能对一些学生可能是难点，对一些身体素质好的学生就可能不是难点，这就是难点的相对性。而重点一般都具有一定的稳定性和长期性（只有少数的课时重点具有暂时性，如暂时重点）。它并不因为学生的理解和掌握就退避三舍，而是在一定的教学阶段会贯穿教学始终。这是由于重点内容大多在知识系统中和育人功能上具有重要的地位和作用。

教学重点和难点又有一定的联系。有些内容是重点而不是难点，有些是难点而不是重点，而有些则既是重点又是难点。例如：胸部的动作学习一堂课中，胸部训练动作形成肌肉的控制与发力就既是重点又是难点。

（二）健身健美运动课程教学重点、难点的选择

如何设置健身健美运动课程教学的重点和难点呢？有以下几种方法：

1. 地位作用分析法

根据重点的含义，教材知识体系中具有重要地位作用的知识、技能与方法是教学的重点。所以，可以从分析学习内容在教材知识体系中的地位和作用来确定是否为教学重点。例如："杠铃俯身划船"是背部肌肉训练的入门基础动作，同时是背部肌肉综合肌群参与最多的背部训练动作，而且它是后面其他动作进阶学习的基础，所以它必定是教学重点。

2. 课题分析法

很多情况下学习内容的标题（课题）就明确了将要学习的主要内容，由

此可以根据学习内容的标题（课题）来确定教学的重点。例如："腿部训练（蹲类系列）"是本节课的训练内容，也是课程的重点和难点。

3. 技术动作分析法

技术动作分析法是指根据健身健美运动学习技能的分析确定教学重点和难点。根据运动技能形成的规律，健身健美运动技术有时较为复杂，需要以某个单一动作为重点练习来帮助该技术动作的快速掌握。有些技术动作看似简单，但如果不理解其解剖学和生物力学原理，很难精准掌握，容易出现错误甚至引发运动损伤，因此，该部分的难点在于理解掌握其理论知识并应用于实践。例如："罗马尼亚硬拉"，该动作看似简单，实则需要清晰地了解生物力学的杠杆原理和肌肉解剖的功能才能把这个动作做准确。练习该动作时，身体自然站立，两脚与肩同宽，脚尖稍微外展。双手自然下垂，握住哑铃或杠铃，手心朝内。保持腰背挺直，收紧核心肌肉，保持身体稳定。然后，开始下拉哑铃或者杠铃，将上身前倾，同时保持腰背挺直。要求：

第一，在下拉过程中，要保持膝盖微微弯曲，杠铃尽量贴近大腿前侧，形成最短杠杆距离，让练习效果最大化。

第二，下拉幅度应该是大腿与小腿交界处，不要下拉得太低，以免对腰部造成过大的压力。

第三，下拉过程中，要注意保持腰背部挺直，不要驼背或者塌腰，否则会导致腰背部肌肉的损伤，甚至引起腰椎间盘突出等运动损伤。所以，该部分的难点就在于掌握其解剖学和生物力学原理。

4. 学情分析法

学情分析法又叫经验分析法，是指教师根据往届学生学习理解本节内容的困难程度或者根据知识和技能本身的难易程度，结合学生的理解水平来确定教学的重点和难点。以肩部训练当中的"站姿哑铃侧平举"动作为例，随着手机和电脑的普及，学生长期呈坐姿状态，导致做该动作时大部分人的斜方肌过分紧张和手臂肌肉缺乏力量，以致学生不易找到三角肌的发力点。所以，肩部训练当中的"站姿哑铃侧平举"的难点在于找到三角肌的发力点。

健身健美运动基础课程主要内容重点和难点示例如表4–2–1所示。

表 4-2-1 健身健美运动基础课程主要内容重点和难点

课程次数	课题名称	主要内容	重点、难点
1	健身健美知识概述一	1. 了解健身健美的专业术语与专项特点 2. 学习健身健美的基础理论知识 3. 掌握健身健美专业的知识点	重点：健身健美专业术语 难点：健身健美基础理论知识的运用
2	健身健美知识概述二	1. 学习精准训练体态评估与原则 2. 学生水平摸底和分组体态评估	重点：健身健美评估知识 难点：健身健美评估知识的运用
3	健身健美训练动作技能与身体部位拉伸	1. 学习胸部相关健美知识 2. 熟悉各种器械的名称和练习部位 3. 学习胸部肌肉锻炼动作与拉伸一： 哑铃仰卧推举、杠铃推举、史密斯推举、（上斜、下斜）哑铃（杠铃）卧推、机械架坐姿平推、俯卧撑 3. 拉伸练习：胸大肌的拉伸、胸小肌的拉伸	重点：胸部训练动作的准确掌握与拉伸 难点：胸部训练动作的准确掌握和胸部肌肉发力感觉的准确性与呼吸的配合
4	健身健美训练动作技能与身体部位拉伸	1. 复习胸部肌肉锻炼动作与拉伸一 2. 学习胸部肌肉锻炼动作与拉伸二： 哑铃飞鸟、上斜飞鸟、坐姿夹胸、双杠臂屈伸、拉力器夹胸、屈臂上拉 3. 拉伸练习：胸大肌的拉伸、胸小肌的拉伸	重点：胸部训练动作的准确掌握与拉伸 难点：胸部训练动作的准确掌握和胸部肌肉发力感觉的准确性与呼吸的配合
5	健身健美训练动作技能与身体部位拉伸	1. 学习背部相关健美知识 2. 学习背部肌肉锻炼动作与拉伸一：坐姿划船、杠铃俯身划船、单手哑铃俯身划船 3. 素质练习：15分钟计时跑，高抬腿跑 4. 拉伸练习：背部肌肉的拉伸	重点：杠铃俯身划船、背部训练动作的准确掌握与拉伸 难点：背部训练动作的肌肉发力感觉与呼吸的配合
……	……	……	……

训练检测

1. 如何制定健身健美运动课程教学大纲？
2. 如何制定健身健美运动课程教学进度？
3. 如何设定健身健美运动课程教学重点和难点？

任务三　健身健美运动课程教学模式与教学方法

活动场地 / 环境

多媒体教室。

任务要求

1. 了解什么是健身健美运动课程教学模式；
2. 了解如何选择健身健美运动课程教学方法。

能力训练

掌握健身健美运动课程教学模式和教学方法的相关理论知识，能够合理地选择有效的教学模式；初步形成灵活应用行之有效的教学方法的能力。

课题一　健身健美运动课程教学模式

一、健身健美运动课程教学模式的类型

健身健美运动课程的教学模式是教学理论的具体化，是教学实践概括化的形式和系统，具有多样性和可操作性。教学模式必须与教学目标相契合，要考虑实际的教学条件并针对不同的教学内容来加以选择。当然首先还是要了解有哪些教学模式，它们的特点是什么。

（一）传递 – 接受式

该教学模式源于赫尔巴特的四段教学法，后来由苏联凯洛夫等人进行改造传入我国，在我国广为流行。该模式以传授系统知识、培养基本技能为目标。其着眼点在于充分挖掘人的记忆力、推理能力与间接经验在掌握知识方面的作用，使学生比较快速有效地掌握更多的信息量。该模式强调教师的指导作用，认为知识是通过教师单向传递给学生的，非常注重教师的权威性。

1. 理论基础

根据行为心理学的原理设计，尤其受斯金纳操作性条件反射的训练心理学的影响，强调控制学习者的行为达到预定的目标，认为只要通过联系—反馈—强化这样反复的循环过程，就可以塑造有效的行为目标。

2. 教学基本程序

教学基本程序是：复习旧课—激发学习动机—讲授新课—巩固练习—检查评价—间隔性复习。

复习旧课是为了强化记忆、加深理解、加强知识之间的相互联系和对知识进行系统整理。激发学习动机是根据新课的内容，设置一定情境和引入活动，激发学生的学习兴趣。讲授新课是教学的核心，这个过程以教师的讲授和指导为主，学生一般要遵守纪律，跟着教师的教学节奏，按部就班地完成教师布置的任务。巩固练习是学生在课堂上对新学的知识进行运用和练习解决问题的过程。检查评价是指通过学生的课堂和课下作业来检查学生对新知识的掌握情况。间隔性复习是为了强化记忆和加深理解。

3. 教学原则

教师要根据学生的知识结构的认知水平对教学内容进行加工整理，力求使得所传授的知识与学生原有的认知结构相联系。要充分发挥教师的主导作用，教师在传授知识的时候需要很强的语言表达能力，同时要对学生在掌握知识时候常遇到的问题有所觉察。

4. 辅助系统

辅助系统包括课本、黑板、粉笔、挂图、模型、投影仪、健身器材等。

5. 教学效果

优点：学生能在短时间内接受大量的信息，能够培养学生的纪律性和抽象思维能力。

缺点：学生对接收的信息很难真正地理解，不利于学生创新性、分析性能力的发展，不利于培养学生创新思维和解决实际问题的能力。

6. 实施建议

在介绍讲解性的内容时运用比较有效，当期望学生在短时间掌握一定的知识去应试时比较可行。但是，教师不可在任何教学内容上都运用这种模式，长此以往必然形成“满堂灌”的教学模式，非常不利于学生的全面发展。

（二）自学－辅导式

自学–辅导式的教学模式是在教师的指导下由学生自己独立进行学习的模式。这种教学模式能够培养学生的独立思考能力，在教学实践中也有很多教师在运用它。

1. 理论基础

从人本主义出发，注意发挥学生的主体性，以培养学生的学习能力为目标。在这种教学模式下，教师先让学生独立学习，然后根据学生的具体情况进行指导。它承认学生在学习过程中试错的价值，有利于培养学生独立思考和学会学习的能力。

2. 教学基本程序

教学基本程序是：自学—讨论—启发—总结—练习巩固。

教师首先布置一些有关新教学内容的学习任务并组织学生自学，之后让学生交流讨论，发现学生所遇到的困难；然后根据这些情况对学生进行点拨和启发，总结出规律，再组织学生进行练习巩固。

3. 教学原则

自学内容难度要适宜，教师在教学过程中要适时点拨。先由学生进行自主学习，后由教师进行指导概括和总结。

4. 辅助系统

要提供必要的学习材料和学习的辅助设施，给学生自学提供有力的支持。

5. 教学效果

优点：有利于教师因材施教，能够培养学生分析问题、解决问题的能力，能够发挥学生的自主性和创造性，有利于培养学生相互合作的精神。

缺点：学生如果对自学内容不感兴趣，可能在课堂上一无所获；需要较长的时间；需要教师非常敏锐地观察学生的学习情况，必要时进行启发和调动学生的学习热情；针对不同学生进行讲解和教学，所以很难在大班教学中开展。

6. 实施建议

最好选择难度适宜且学生比较感兴趣的内容让学生进行自学，教师要有很高的组织能力和业务水平，并应避免讲解，要多启发。

（三）探究式教学

探究式教学以问题解决为中心，注重学生的独立活动，着眼于学生的思维能力的培养。

1. 理论基础

依据皮亚杰和布鲁纳的建构主义的理论，注重学生的前认知，注重体验式教学，培养学生的探究和思维能力。

2. 教学基本程序

教学基本程序是：问题—假设—推理—验证—总结提高。

首先创设一定的问题情境提出问题，然后组织学生对问题进行猜想和做假设性的解释，再设计实验进行验证，最后总结规律。

3. 教学原则

教师要建立一个民主宽容的教学环境，充分发挥学生的思维能力；要掌握学生的前认知特点，实施一定的教学策略。

4. 辅助系统

需要一定的供学生探究学习的设备和相关资料。

5. 教学效果

优点：能够培养学生的创新能力和思维能力，能够培养学生的民主与合作的精神，能够培养学生自主学习的能力。

缺点：一般只能在小班进行，需要较好的教学支持系统，教学需要的时间比较长。

6. 实施建议

在探究式教学中教师一定要尊重学生的主体性，创设一个宽容、民主、平等的教学环境；要对那些打破常规的学生给予一定的鼓励，不要轻易地对学生说对或错；要以引导为主，切不可轻易告知学生探究的结果。

（四）概念获得模式

概念获得模式的目标是使学习者通过体验所学概念的形成过程来培养他们的思维能力。该模式主要反映认知心理学的观点，强调学习是认知结构的组织与重组的观点。

1. 理论基础

概念获得模式的理论基础是布鲁纳、古德诺和奥斯汀的思维研究理论。他们认为，分类是把不同的事物当作相等看待，是将周围的世界进行简化和系统化的手段，从而建立一定的概念来理解纷繁复杂的世界。布鲁纳认为，所谓的概念，是根据观察进行分类而形成的思想或抽象化。在概念形成过程中非常注重事物之中的一些相似成分，而忽略那些不同的地方。在界定概念的时候需要五个要素：名称、定义、属性、例子以及与其他概念的相互关系。

2. 教学基本程序

教学基本程序是：教师选择和界定一个概念—教师确定概念的属性—教师准备选择肯定和否定的例子—将学生导入概念化过程—呈现例子—学生概括并定义—提供更多的例子—进一步研讨并形成正确概念—概念的运用与拓展。

3. 教学原则

帮助学生有效地习得概念是学校教育的基本任务之一。概念获得模式采取的是“归纳—演绎”的思维形式。教师应通过一些例子让学生发现概念的一些共同属性，掌握概念区别于其他概念的本质特征。学生在获得概念后还需要进行概念的理解，即教师要引导学生从概念的内涵、外延、属、种、差别等方面去理解概念。为了强化学生对概念的理解，教师还应该对与概念相关或相似的概念、逻辑相关概念、相对应的概念等进行辨析。学习的目的在于运用，在运用过程中教师可以发现学生对概念的掌握程度，可以及时采取补救措施。

4. 辅助系统

概念获得模式需要大量正反例子，课前教师需要精心的准备。

5. 教学效果

概念获得模式能够培养学生的归纳和演绎能力，能够形成比较清晰的概念，能够培养学生严谨的逻辑推理能力。

6. 实施建议

概念获得模式针对概念性很强的内容实施教学，课前教师要对概念的内涵与外延做很好的梳理。

（五）巴特勒学习模式

20 世纪 70 年代美国教育心理学家巴特勒提出教学的七要素，并提出七段教学论，在国际上影响很大。

1. 理论基础

它的主要理论依据是信息加工理论。

2. 教学基本程序

教学基本程序是：设置情境—激发动机—组织教学—应用新知—检测评

价—巩固练习—拓展与迁移。

情境是指学习的内外部的各种情况，内部情况是指学生的认知特点，外部情况是指学习环境。情境的构成要因素有个别差异、元认知、环境因子。动机是学习新知识的各种诱因，它的构成要素有情绪感受、注意、区分、意向。组织是将新知识与旧知识相互关联起来，它的构成要素有相互联系、联想、构思、建立模型。应用是对新知识的初步尝试，它的构成要素有参与、尝试、体验、结果。评价是对新知识初步尝试使用之后的评定，它的构成要素有告知、比较、赋予价值、选择。重复是练习与巩固的过程，它的构成要素有强化、练习、形成习惯、常规、记忆、遗忘。拓展是把新知识迁移到其他情境中去，它的构成要素有延伸、迁移、转换、系统、综合。

3. 教学原则

巴特勒从信息加工理论出发，非常注重元认知的调节，利用学习策略对学习任务进行加工，最后生成学习结果。教师在运用这种教学模式的时候，要时常提醒学生反思自己的学习行为。要考虑各种步骤的组成要素，根据不同情况有所侧重。

4. 辅助系统

一般的课堂环境，掌握学习策略的教师。

5. 教学效果

马特勒学习模式是一个比较具有普适性的教学模式，根据不同教学内容可以转化为不同的教学法，只要教师灵活驾驭就能取得理想的教学效果。

6. 实施建议

只要教师是一位研究型的教师，具有一定的教育学和心理学的知识，掌握元认知策略，就可以灵活运用这种教学模式。

二、健身健美运动课程教学模式的选择

选择或设计健身健美运动课程教学模式需要考虑到学生的需求、课程目标、教学资源以及教学环境等因素。应在充分考虑现实因素的基础上合理选择教学模式，从而设计出更为适宜的教学模式。

（一）课程目标确定

在制定课程教学模式之前，需要明确课程的整体目标，包括身体素质的提高、健身技能的掌握、健康意识的培养等。

（二）学生需求调查

了解学生的健身需求和目标，包括身体素质状况、健身目的、个人偏好等，有针对性地设计课程内容和教学方法。

（三）教学内容设计

根据课程目标和学生需求，设计合适的教学内容，包括基础健身知识、健身器械使用技巧、健美动作训练等。

（四）教学方法选择

采用多种教学方法，如讲解、示范、实践操作、小组讨论、个性化指导等，以满足不同学生的学习需求。

（五）课程结构安排

设计合理的课程结构，包括热身、基本动作训练、器械练习、拉伸放松等环节，确保课程内容的完整性和系统性。

（六）教学资源准备

准备好必要的教学资源，包括健身器械、音乐设备、教学材料等，保障课程的顺利进行。

（七）个性化指导

根据学生的个体差异，提供个性化的指导和辅导，关注学生的身体状况和健康安全，确保每名学生都能够得到有效的指导和关怀。

（八）实践操作和反馈

鼓励学生在课堂上积极参与实践操作，及时给予反馈和指导，帮助他们掌握正确的健身技能和方法。

（九）课程评估与调整

定期对课程进行评估，了解学生的学习情况和课程效果，根据评估结果及时调整课程内容和教学方法。

（十）课后延伸与辅导

在课后为学生提供延伸学习和辅导服务，包括个人训练计划制定、健康生活指导、健身技能提升等方面的支持。

课题二　健身健美运动课程教学方法

学无止境，教无定法。教学的方法从理论上讲应当有无数种。

在课堂教学过程中，通常以讲授法为主，不能事事都要学生去活动、去体验。同时还有讨论法、发现法、读书指导法、演示法、实验法、导学法、辅导法、谈话法、陶冶法、任务驱动法、交流法、互动法、练习法、开放方式教学法等。在教案中可以写出本节课中使用的几种主要教学方法。

教学方法论由教学方法指导思想、基本方法、具体方法、教学方式四个层面组成。教学方法包括教师教的方法（教授方法）和学生学的方法（学习方法）两大方面，是教授方法与学习方法的统一。教授方法必须依据学习法，否则便会因缺乏针对性和可行性而不能有效地达到预期的目的。但由于教师在教学过程中处于主导地位，所以在教授方法与学习方法中，教授方法处于主导地位。

教学方法的内在本质特点如下：

第一，教学方法体现了特定的教育和教学的价值观念，它指向实现特定的教学目标要求。

第二，教学方法受到特定的教学内容的制约。

第三，教学方法受具体的教学组织形式影响和制约。

一、健身健美运动课程常用的教学方法

（一）讲授法

讲授法是教师通过简明、生动的口头语言向学生传授知识、发展学生智力的方法。它通过叙述、描绘、解释、推论来传递信息、传授知识、阐明概念，论证定律和公式，引导学生分析和认识问题。运用讲授法的基本要求是：

第一，讲授既要重视内容的科学性和思想性，同时又要尽可能地与学生的认知基础发生联系。

第二，讲授应注意培养学生的专业思维。

第三，讲授应具有启发性。

第四，讲授要讲究语言艺术。语言要生动形象、富有感染力，清晰、准确、简练，条理清楚、通俗易懂，尽可能音量、语速适度，语调抑扬顿挫，适应学生的心理节奏。

讲授法的优点是教师容易控制教学进程，能够使学生在较短时间内获得大量系统的科学知识。但如果运用不好，学生学习的主动性、积极性不易发挥，就会出现教师满堂灌、学生被动听的局面。

（二）示范法

示范法是教师通过展示实际操作来向学生传授知识和技能的方法。教师在运用示范法时会直接进行动作示范，让学生观察、模仿和学习正确的动作或技巧。示范法注重观察和模仿，能够使学生直观地理解和掌握所学内容，加强学生的视觉记忆和动作协调能力。

在健身健美运动课程中，讲授法和示范法常常结合使用，以达到更好的教学效果。教师可以先通过讲授法向学生介绍知识和技能的理论基础和操作要点，然后通过示范法进行实际动作演示，让学生观摩、模仿和练习，从而全面提高学生的理论水平和操作能力。

（三）讨论法

讨论法是在教师的指导下，学生以全班或小组为单位，围绕教材的中心问题，各抒己见，通过讨论或辩论活动，获得知识或巩固知识的方法。其优点在于，由于全体学生都参加活动，可以培养合作精神，激发学生的学习兴趣，提高学生学习的独立性。运用讨论法的基本要求是：

第一，讨论的问题要具有吸引力。讨论前教师应提出讨论题和讨论的具体要求，指导学生收集阅读有关资料或进行调查研究，认真写好发言提纲。

第二，讨论时，要善于启发引导学生自由发表意见。讨论要围绕中心，联系实际，让每个学生都有发言机会。

第三，讨论结束时，教师应进行小结，概括讨论的情况，使学生获得正确的观点和系统的知识。

（四）演示法

演示法是教师在课堂上通过展示各种实物、直观教具或进行示范性演示，让学生通过观察获得感性认识的教学方法。演示法是一种辅助性教学方法，要和讲授法等教学方法结合使用。运用演示法的基本要求是：

第一，目的要明确。

第二，现象要明显且容易观察。

第三，尽量排除次要因素或减小次要因素的影响。

（五）任务驱动法

教师给学生布置探究性的学习任务，学生查阅资料，对知识体系进行整理，再选出代表进行讲解，最后由教师进行总结，这就是任务驱动法。任务驱动教学可以以小组为单位进行，也可以以个人为单位进行，它要求教师布置任务要具体，其他学生要积极提问，以达到共同学习的目的。任务驱动法可以让学生在完成任务的过程中，培养分析问题、解决问题的能力，培养学生独立探索及合作精神。

（六）参观教学法

组织或指导学生到实践基地进行实地观察、调查、研究和学习，从而获得新知识或巩固已学知识的教学方法称为参观教学法。进行参观教学一般由校外实训教师指导和讲解，要求学生围绕参观内容收集有关资料，质疑问难，做好记录，参观结束后，整理参观笔记，写出书面参观报告，将感性认识升华为理性知识。参观教学法可以使学生巩固已学的理论知识，掌握最新的前沿知识。

（七）现场教学法

现场教学法是以现场为中心，以现场实物为对象，以学生活动为主体的教学方法。本课程现场教学在校内外实训基地进行，主要应用于健身器材的使用、健身运动指导等项目的教学。

（八）自主学习法

为了充分拓展学生的视野，培养学生的学习习惯和自主学习能力，锻炼学生的综合素质，通常给学生留思考题，让学生利用网络资源以自主学习的方式寻找答案，提出解决问题的措施，然后进行讨论和评价。

二、健身健美运动课程教学方法的选择运用

科学、合理地选择和有效地运用教学方法，要求教师能够在现代教学理论的指导下，熟练地把握各类教学方法的特性，综合地考虑各种教学方法的各种要素，合理地选择适宜的教学方法并能进行优化组合。

（一）选择教学方法的基本依据

1. 依据教学目标选择教学方法

不同特点学生的教学目标侧重点不同，教师可依据具体的可操作性目标来选择和确定具体的教学方法。

2. 依据教学内容特点选择教学方法

健身健美运动课程在不同阶段、不同单元、不同课时的教学内容与要求是不一致的，这些都要求教学方法的选择具有多样性和灵活性的特点。

3. 根据学生的实际特点选择教学方法

学生的实际特点直接制约着教师对教学方法的选择，这就要求教师能够科学而准确地研究分析学生的特点，有针对性地选择和运用相应的教学方法。

4. 依据教师的自身素质选择教学方法

任何一种教学方法，只有适应教师的素养条件，并能为教师充分理解和把握，才有可能在实际教学活动中有效地发挥其功能和作用。因此，教师在选择教学方法时，应当根据自己的实际优势，扬长避短，选择与自己最相适应的教学方法。

5. 依据教学环境条件选择教学方法

教师在选择教学方法时，要在时间条件允许的情况下，最大限度地运用和发挥教学环境条件的功能与作用。

（二）教学方法的运用

教师选择教学方法的目的，是要在实际教学活动中有效地运用教学方法。

首先，教师应当根据具体教学的实际，对所选择的教学方法进行优化组合和综合运用。

其次，无论选择或采用哪种教学方法，要以启发式教学思想作为运用各种教学方法的指导思想。

最后，教师在运用各种教学方法的过程中，还必须充分关注学生的参与性。

训练检测

1. 如何选择健身健美运动课程教学模式？
2. 如何选择健身健美运动课程教学方法？

任务四　健身健美运动课程教案设计

活动场地 / 环境

多媒体教室。

任务要求

1. 了解什么是健身健美运动课程教案；
2. 了解如何撰写健身健美运动课程教案。

能力训练

掌握制定健身健美运动课程教案的相关理论知识，掌握健身健美运动教学评价的要求；初步形成撰写健身健美运动课程教案的能力。

课题一　什么是健身健美运动课程教案

一、健身健美运动课程教案的内涵

健身健美运动课程教案，也称为健身健美运动课程课时教学计划，是教师根据特定的教学目标、综合考虑学生状况、教学条件环境和自身因素，精心设计的课堂教学的具体实施计划。它实际上是一种教学论上的预见和根据。通常由教师通过了解学生，在通晓教学内容全局的基础上，设计恰当的问题情境，如：选择什么样的突破口？新旧知识如何发生联系？采用什么样的教学策略和步骤？需要进行哪些课堂练习？需要达到什么样的教学目标？这些问题都是要在备课中精心设计和细微考虑的。课堂教学的成功与否与教案的设计有联系，教案的设计又与教师的教学理念、教学经验、专业水平和敬业精神密切相关。

健身健美运动课程教学大纲指导全年教学工作计划，全年教学工作计划指导学期教学工作计划（教学进度），学期教学工作计划（教学进度）指导课时计划（教学方案）。所以，教案是实施课堂教学、落实教学目标和教学工作计划最直接的反映。

二、健身健美运动课程的类型与结构

（一）理论课

理论课是指按照健身健美运动课程教学纲要规定的教材和教学计划，在室内讲授健身健美的专业术语与专项特点、健身健美的基础知识、健美运动营养摄入的科学方法、健美运动欣赏、健美竞赛规则等知识的课。

（二）实践课

实践课是指在健身健美训练场馆进行技术和身体练习的课。

分为新授课、复习课、综合课、考核课四种类型。

1. 新授课——学习新内容的课

组织时应注意的主要问题：

（1）要使学生对新教材内容形成正确、完整的概念。

（2）根据教材的性质和学生特点以及场地器材等实际情况科学地安排教学步骤。

（3）掌握动作的基本环节，并着重解决普遍存在的问题。

（4）要有适当的重复次数和运动负荷。

2. 复习课——以复习旧教材为主的课

组织时应注意的主要问题：

（1）应对复习内容提出明确具体的要求。

（2）应在集体指导的基础上，做好区别对待和个别指导工作。

——较好学生应逐渐提高要求；

——较差学生应帮助其树立信心；

——对大多数学生提出一般要求。

（3）要精讲多练。

3. 综合课——两种以上不同性质的教材组成的课

组织时应注意的主要问题：

（1）注意新旧教材和不同性质教材的合理搭配。

（2）科学合理地安排新旧教材顺序和教学分组。

（3）根据教材的不同性质、特点和难易程度，合理分配时间，密度和负荷。

4. 考核课——以检查学生成绩为主的课

组织时应注意的主要问题：

（1）除安排测验项目外，可安排一些复习教材。

（2）充分做好准备活动，加强安全措施。

课题二　健身健美运动课程教案的编写

一、编写健身健美运动（实践课）课时计划的步骤

（一）确定课时教学目标

（1）知识目标。

（2）能力目标。

（3）素质目标（含课程思政目标）。

要求：全面、明确具体、切实可行。

（二）安排课的内容、组织教法与学练法

1. 内容的构思

（1）考虑基本部分的教材，如果一堂课安排两个以上教材，则应确定其先后次序。

（2）分析研究各项教材的重点、难点、动作要领、完成的方法，以及必要的辅助练习、诱导练习。

（3）针对基本部分的内容再构思准备部分的准备练习（包括队列练习、慢跑或游戏的内容与方法、徒手操的内容等）。

（4）针对基本部分的内容再构思结束部分的放松练习或放松游戏的内容与方法，以及准备部分与结束部分的常规等。

2. 组织教法与学练法的构思

（1）考虑分组教学的形式。

（2）各项内容教师如何活动，学生如何活动及其步骤。

（3）如何运用教法和学练法，如何组织学生练习，使学生既掌握了知识、技术技能，又发展了身体，培养了运动能力。

（4）怎样通过学生队伍的组织和调动，使得课的各个部分紧密衔接。

（5）学生练习时教师如何指导。

（6）场地器材的分配和使用。

（7）安全措施。

（8）教学比赛或游戏的规则。

（9）要求和注意事项等。

（三）合理安排课的各部分时间、各项内容教学时间和练习次数

各部分时间是根据各部分在全课所处的地位和作用来确定的（参看课的结构）。

各项内容教学时间是指课的内容一栏内，各项教学内容的时间安排（包括准备与结束部分的常规）。

练习次数是指每项练习中一个学生的练习次数。练习次数应根据各项内容的教学时间、课的组织等来确定。

（四）预计课的生理负荷和练习密度。

为了更好地实现教学目标，教师应根据教学内容、学生情况以及场地器材与气候条件，预计出本课的生理负荷和练习密度。

（五）计划本课所需的场地、器材和用具

根据教学内容和学校场地器材等具体情况合理安排。

注意事项：

第一，场地的使用相对集中，以利于教师指导和节省掉队时间，并尽可能充分利用学校的器材，以便让学生有更多的练习机会。

第二，如果在同一时间内有几个班级上课，事先应与其他教师协商，妥善解决。

第三，构思成熟后可画上场地布置图并在场地器材栏内填上本课所需的场地器材和用具的名称、数量、规格，以便做好课前准备。

（六）课后小结

课后小结虽然是每节课后完成的，但这是一份完整的教案所不可缺少的一部分。教师应在每次课后将本次课教学目标的完成情况、主要优缺点以及改进的方法等简明扼要地填写在课后小结栏中。

为把教案写得更完善，还增加了生理负荷（时间、次数、强度）一栏，并在预计部分预计出生理负荷曲线，以利于进一步加强上课的计划性。

二、编写健身健美运动课（实践课）课时计划的格式与基本要求

（一）课时计划的格式

主要有表格式和文字叙述式两种。

1. 表格式教案的优缺点

优点：一般按表格规定的内容填写，比较清楚，既便于自己看，又便于别人检查。

缺点：书写比较复杂。

2. 文字叙述式教案的优缺点

优点：一般按上课的顺序依次书写完，书写较容易。

缺点：不如表格式一目了然。

为了较规范、全面地了解编写健身健美运动课（实践课）课时计划的内容与方法，这里提出两种较为详细的、规范的教案示例作参考。在实际工作中，可根据教师经验，以便于指导上课为原则，自行调节详略。

示例一：表格式（见表4–4–1）。

表 4–4–1 健身健美运动课程教案

班级： 人数： 课次： 日期： 月 日 教师：

教学目标	要求： 1. 全面：目标应包括上面所述的三个方面，包括知识目标、能力目标、素质目标（含课程思政目标）。 2. 明确。 知识目标：该节课需要掌握哪些知识，达到什么程度。 能力目标：所学的知识该如何运用，达到什么水平。 素质目标（含课程思政目标）：运用本节课知识需要哪些素质，通过学习本节课的内容可以发展哪些素质。 3. 具体。目标定得不笼统、不繁琐，要具体到细节。 4. 实际。目标符合教学进度的要求和学生的实际水平，使大多数学生经努力能完成所定教学目标

续表

部分	时间	课的内容	运动负荷		组织教法和学练法
			次数	时间	
准备部分	10%至20%	一、整队集合，报告人数，等等。 二、教师宣布本课内容、目标和要求。 三、集中注意力（队列、队形）练习：（一）具体名称；（二）具体名称；（三）…… 四、热身运动。可采用走跑练习、游戏、舞蹈等形式。 五、准备活动（可分别安排一般性准备活动，专门性准备活动）：（一）具体名称；（二）具体名称；（三）…… 要求写出动作做法	×× ×× ××	×× ×× ××	一、说明在什么地点，成什么队形，面向何方集合，并绘出示意图。 二、说明成什么队形，都提出哪些要求。 三、说明成什么队形，由谁指挥进行：（一）具体要求；（二）具体要求；（三）…… 四、说明采用什么队形，分几组；在什么地点，利用何种（地形）器械，由谁指挥进行。 五、说明采用什么队形，是分组还是全班进行，利用何种器械，在什么地点，由谁指挥进行：（一）提出具体要求；（二）提出具体要求；（三）……

续表

部分	时间	课的内容	运动负荷		组织教法和学练法
			次数	时间	
基本部分	70% 至 80%	一、写出第一教学内容：（一）动作要领：新授课说明动作的要领，复习课说明复习的重点；（二）技术动作要点： 二、写出第二教学内容：（一）动作要领：新授课说明动作的要领，复习课说明复习的重点；（二）复习技术动作要点：	×× ××	×× ××	说明采用何种分组教学形式（分组轮换，分组不轮换） 一、说明采用何种队形教学 （一）教学方法、手段与步骤：1.……2.……3.…… 要求：准确合理有效地运用各种诱导性练习，必要时亦可绘图加以说明。 （二）组织措施：1. 说明分组还是不分组练习，分组时分几组以及采用何种队形，合班练习时采取何种具体组织措施；2. 全班（分组）练习时由谁（大排头，小排头）开始练习，练习后站在何处（由谁保护和帮助，由谁去归置器械，如何轮换，等等）；3. 教师指导方式。 （三）提出相关要求。 二、说明采用何种队形教学 （一）教学方法、手段与步骤：1.……2.……3.…… 要求：准确合理有效地运用各种诱导性练习。必要时亦可绘图加以说明。 （可将保护和帮助方法写在此处） （二）组织措施：1. 说明分组还是不分组练习，分组时分几组以及采用何种队形，合班练习时采取何种具体组织措施；2. 全班（分组）练习时由谁（大排头，小排头）开始练习，练习后站在何处（由谁保护和帮助，由谁去归置器械，如何轮换，等等）；3. 教师指导方式。 （三）提出相关要求。

续表

部分	时间	课的内容	运动负荷		组织教法和学练法
			次数	时间	
结束部分	10%	一、整理（放松）活动 （一）采用各种轻松自然的走的练习，使运动负荷逐渐变小，且使人体生理机能逐渐恢复的练习。 （二）放松操或使人体生理机能逐渐下降的各种练习：1.……2.……3.……（要求写出各节操的名称或练习动作的名称） 二、见习生入列，总结本课情况 三、布置作业，预告下节课内容 四、布置收回器材 五、宣布下课	**	××	一、组织形式 （一）说明何种队形，由谁指导：1.……2.……（提出具体要求）3.…… （二）组织措施：1. 说明分组还是不分组练习，分组时分几组以及采用何种队形，合班练习时采取何种具体组织措施；2. 全班（分组）练习时由谁（大排头，小排头）开始练习，练习后站在何处（由谁保护和帮助，由谁去归置器械，如何轮换，等等）；3. 教师指导方式。 （三）提出相关要求。 二、说明排成何种队形，何时完成知识、技术技能作业 三、由哪组，由谁收回哪些器材 四、解散
场地器材		场地： 器材：	总结与反思		1.……2.……3.……

示例二：文字叙述（笔记）式。

——课时计划

班级：　　　人数：　　　课次：　　　日期：　月　日　　　教师：

教学内容：

教学目标：

教学重点与难点：

场地器材与教具：

一、准备部分（时间）

（一）整队集合、报告人数等（时间）

说明在什么地点，成什么队形，面向何方集合，并绘出示意图。

（二）教师宣布本课内容、目标和要求（时间）

说明成什么队形，都提出哪些要求。

（三）集中注意力（队列、队形）练习（时间）

说明成什么队形，由谁指挥进行。

1. 具体名称，具体要求。

2. 具体名称，具体要求。

3. ……

（四）热身运动（时间）（可采用走跑练习、游戏、舞蹈等形式）

说明采用什么队形，分几组；在何地点，利用何种（地形）器械，由谁指挥进行。

（五）准备活动操（时间）［可分组（集中）安排一般性活动，专门性活动］

说明采用什么队形，是分组还是全班进行；在什么地点，利用何种器械，由谁指挥进行。

1. ××运动，提出具体要求、次数。

2. ××运动，提出具体要求、次数。

3. ××运动，提出具体要求、次数。

4. ……

要求：写出各节操名称，画出单线，或写出动作做法

二、基本部分（时间）

采用何种分组教学形式（分组轮换，分组不轮换）

（一）写出第一教学内容（时间）

1. 动作要领：新授课说明动作要领，复习课说明复习重点。

2. 动作要点。

3. 教与学过程：说明采用何种队形教学（亦可绘图）。

4. 教学方法、手段与步骤（时间）：

（1）次数/时间。

（2）次数/时间。要求：准确合理有效地运用各种诱导性练习。

（3）次数/时间。必要时亦绘图说明。

…………

5. 组织措施（时间）：

（1）分组还是合班练习。

（2）分组时说明分几组，采用何种队形；合班练习时采取何种具体的组织措施。

（3）全班（分组）练习时，由谁（大排头，小排头）开始练习，练习后站在何处（如由谁保护和帮助，由谁负责归置器械，如何轮换等）。

（4）教师指导方式。

提出相关要求。

（二）写出第二教学内容（时间）

1. 动作要领。新授课说明动作要领，复习课说明复习重点。

2. 动作要点。

3. 教与学过程。说明采用何种队形教学（亦可绘图）。

4. 教学方法、手段与步骤（时间）：

（1）次数/时间。

（2）次数/时间。要求：准确、合理、有效地运用各种诱导性练习。

（3）次数/时间。必要时亦绘图加以说明。

…………

5. 组织措施（时间）：

（1）分组还是合班练习。

（2）分组时说明分几组，采用何种队形；合班练习时采用何种具体的组织措施。

（3）全班（分组）练习时，由谁（大排头，小排头）开始练习，练习后站在何处，如何轮换等。

（4）教师指导方式。

提出相关要求。

三、结束部分（时间）

（一）整理（放松）活动（时间）

说明全班、分班，采用何种队形（绘图）。

1. 使运动负荷逐渐变小，使人体生理机能活动能力逐渐恢复的练习（时间）。

说明采用何种队形，由谁指导。

2. 放松操或使人体生理机能活动能力逐渐下降的各种练习（时间）。

说明成何种队形，由谁指导。

（1）次数

（2）要求：写出轻松自然的走和各种（各节）操、放松动作、次数。

（3）动作的名称、次数。

…………

（二）见习生入列，总结本课

说明成何种队形（时间）。

（三）布置作业，预告下节课内容

说明在何时完成课下作业（时间）。

（四）布置收回器材

说明由哪组，由谁收回哪些器材（时间）。

（五）宣布下课

解散（时间）。

课题三　健身健美运动课程教案的执行

一、健身健美运动课程教案的评价与反思

根据学生课后学习的效果进行填写。

课前教学设计中预期的教学目标是否达到？

采用的教学方法和手段是否适合（这些）学生？是否达到了最佳效果？是否需要进行适当的改进？

教学难点设置是否准确？应当如何修正和改变？

教学重点是否突出？教学难点是否突破？

对教学过程中可能出现的问题准备得是否周全？对于遇到的不定因素处理是否合情合理？

对于课堂上意外的突发事件处理是否及时恰当？

二、健身健美运动课程教学是如何进行的

健身健美运动课堂教学的三个环节（准备部分、基本部分、结束部分）缺一不可。

（一）准备部分：占总时间的 10%~20%

主要目的是为基本部分做准备，宣布课的目的、任务，安排见习生，检查出勤情况，做好准备活动。

1. 准备部分任务

（1）迅速将学生组织起来，明确内容和任务。调动学生的学习积极性，集中注意力，使学生精神饱满地开始学习。

（2）做好准备活动，使身体各器官系统机能迅速进入工作状态，为基本部分做好准备。

（3）培养学生形成正确的身体姿势。

（4）兼顾提高学生身体素质和发展各个机能。

2. 准备部分内容

组织教学必需的课堂常规活动，开展一般性准备活动和专门性准备活动。

（1）组织教学必需的课堂常规活动。

任务：把学生迅速地组织起来，明确任务要求。

内容：集合整队，体委向教师报告人数……

（2）一般性准备活动。

任务：使全身各主要肌肉群、关节、韧带都得到充分活动。

内容：走跑，徒手或持轻器械操，基本动作，运动负荷较小的游戏，等等。

（3）专门性准备活动。

任务：使与完成基本部分有关的肌肉群、关节、韧带、器官以及各主要系统做好充分的准备。

内容：采用模仿练习、辅助练习和大纲中规定的发展相应素质的练习。

专门性活动的性质和结构要与基本部分的教材相似。

（4）选用准备活动内容的要求。

· 全面性：有效地促进学生全面发展。

· 针对性：根据主要教材选配专门性活动。

· 多样性：根据课的任务、学生的特点，合理变换练习内容。

（二）基本部分：占总时间的 70% ~80%

1. 基本部分的任务（健身健美运动课程教学任务）

内容略。

2. 基本部分的内容（教学大纲和教学进度所规定的教材；辅助性练习，诱导性练习）

诱导性练习是指促使练习者迅速掌握动作和建立正确的动力定型而采用的与技术动作相适应的过渡性练习。

辅助性练习是指学习某一类型动作或某一项目时所需要的专门身体素质练习。

3. 组织基本部分内容应注意的问题

（1）合理地安排好主要教材的学习顺序。

不同身体部位的练习应交替进行。

认识活动的特点：先新后旧，先复杂后简单。

生理机能活动的特点：先速度后力量，再柔韧和耐力。

产生矛盾时，应以有利于提高课教学质量为原则。

先考虑新旧、难易，再考虑其他。

尽可能先安排发展速度的教学内容，后安排发展力量、柔韧和耐力的教学内容。

（2）正确选配与安排好必要的辅助练习、诱导练习和发展素质练习。

（3）合理地安排好密度与运动负荷，使练习和休息合理交替。

以俯身杠铃划船为例：

可以让学生先模拟俯身单手徒手划船的动作，同时提问："该动作用到了哪块肌肉发力？如何划船让动作效率最大化？"通过问题导入引发思考，可以以两个同学为一组，其中一个同学观察练习者发力点是否准确，找到背阔肌参与这个动作的发力感，为顺利进入课堂教学做好铺垫。

（三）结束部分：占总时间的 10%

1. 结束部分任务

（1）有组织地结束教学活动。

（2）使学生逐渐恢复到相对安静状态。

（3）小结，作业。

2. 结束部分内容

（1）根据基本教材的性质，选择一些降低运动负荷的练习，如简单的舞蹈练习，动作较缓的游戏，等等。

（2）小结课上情况。

（3）布置课后作业，预告下节课内容。

（4）收回器材。

（5）宣布下课。

例如：根据教学分组，每组派出一名同学出列，指导同学完成本节课所学内容，并说出每个动作练习的肌肉和发力点。其余同学观摩，共同指出问题，总结出本节课的重点与难点。

课后作业主要有三个方面的内容：

一是根据本节课所学知识和技能，进行拓展性、迁移性的探究性学习和实践，既要达到复习巩固所学知识和技能的目的，又要培养学生主动学习的兴趣。

二是检测学生在本节课中的学习效果。

三是为下一节课的教学内容作铺垫，也可以以其作为下一节课复习提问的内容。

课题四　健身健美运动课程教学评价

健身健美运动课程教学评价是依据教学目标对教学过程及结果进行价值判断并为教学决策服务的活动，是对教学活动现实的或潜在的价值作出判断的过程。教学评价是研究教师的教和学生的学的价值的过程。教学评价一般包括对教学过程中教师、学生、教学内容、教学方法与手段、教学环境、教学管理诸因素的评价，但主要是对学生学习效果的评价和教师教学工作过程的评价。教学评价包括两个核心环节：对教师教学工作（教学设计、组织、实施等）的评价——教师教学评估（课堂、课外），对学生学习效果的评价——考试与测验。评价的方法主要有量化评价和质性评价。教学评价的方法有测验、征答、观察提问、作业检查、听课和评课等。

一、健身健美运动课程教学评价的分类

（一）根据评价在教学活动中发挥的作用不同分类

1. 诊断性评价

诊断性评价是指在教学活动开始前，对评价对象的学习准备程度做出鉴

定，以便采取相应措施使教学计划顺利、有效实施而进行的测定性评价。诊断性评价的实施一般在课程、学期、学年开始或教学过程中需要的时候。其作用主要有二：一则确定学生的学习准备程度，二则适当安置学生。

2. 形成性评价

形成性评价是在教学过程中，为调节和完善教学活动，保证教学目标得以实现而进行的确定学生学习成果的评价。形成性评价的主要目的是改进、完善教学过程，步骤是：

（1）确定形成性学习单元的目标和内容，分析其包含要点和各要点的层次关系。

（2）实施形成性测试。测试包括所测单元的所有重点，测试进行后教师要及时分析结果，同学生一起改进、巩固教学。

（3）实施平行性测试。其目的是对学生所学知识加以复习巩固，并为后期学习奠定基础。

3. 总结性评价

总结性评价是以预先设定的教学目标为基准，对评价对象达成目标的程度即教学效果做出评价。总结性评价注重考查学生掌握某门学科的整体程度，概括水平较高，测验内容范围较广，常在学期中或学期末进行，次数较少。

（二）根据评价所运用的方法和标准不同分类

1. 相对评价法

相对评价法是从评价对象集合中选取一个或若干个对象作为基准，将余者与基准做比较，排出名次、比较优劣的评价方法。相对评价法便于学生在相互比较中判断自己的位置，激发竞争意识。

2. 绝对评价法

绝对评价法是在被评价对象的集合以外确定一个客观标准，将评价对象与这一客观标准相比较，以判断其达到程度的评价方法。

绝对评价法设定评价对象以外的客观标准，考察教学目标是否达成，可以促使学生有的放矢，主动学习，并根据评价结果及时发现差距，调整自我，具有明显的教育意义。

二、健身健美运动课程教学评价的要求

首先，明确多次评价的目的和评价对象，以解决评价的方向性问题。

其次，明确每次评价的内容和评价的具体目标。

再次，明确为评价而准备的条件。

最后，对评价资料进行客观、科学的判断。

三、健身健美运动课程教学评价的原则

（一）客观性原则

客观性原则是指在进行教学评价时，从测量的标准和方法到评价者所持有的态度，特别是最终的评价结果，都应该符合客观实际，不能主观臆断或掺杂个人情感。

（二）整体性原则

整体性原则是指在进行教学评价时，要对组成教学活动的各方面做多角度、全方位的评价，而不能一概而论。

（三）指导性原则

指导性原则是指在进行教学评价时不能就事论事，而要把评价和指导结合起来，并要对评价的结果进行认真分析，从不同的角度找出因果关系，确认产生的原因，并通过及时、具体、启发性的信息反馈，使被评价者明确今后的努力方向。

（四）科学性原则

科学性原则是指在进行教学评价时，要从教与学相统一的角度出发，以教学目标体系为依据，确定合理、统一的评价标准，认真编制、预试、修订评价工具。在此基础上，使用先进的测试手段和统计方法，依据科学的评价程序和方法，对获得的各种数据进行严格的处理，而不是依靠经验和直觉进行主观判断。

（五）发展性原则

教学评价是鼓励师生、促进教学的手段，因此教学评价应着眼于学生的学习进步和动态发展，着眼于教师的教学改进和能力提高，以调动师生的积极性，提高教学质量。

四、健身健美运动课程教学评价的功能

（一）导向功能

教育方针，课程计划规定的学校培养目标，教学大纲规定的教学目的、

任务、内容，是教学评价的基本依据。在评价过程中，把师生的活动分解成若干部分，并制定出评价标准。根据这些标准判定师生的活动是否偏离正确的教学轨道，是否偏离教育方针和教学目标，有无全面完成教学大纲规定的目的和任务，从而保证教学始终沿着正确的方向发展。

（二）强化功能

教学评价可以调动教师教学工作的积极性，激起学生学习的内部动因，维持教学过程中师生适度的紧张状态，使教师和学生把注意力集中在教学任务的某些重要部分。实验证明，适时地、客观地对教师教学工作作出评价，可使教师明确教学中取得的成就和需要努力的方向，促使教师进一步研究教学内容、教学方法，从而提高自己的教学水平。对于学生来说，教师的表扬、鼓励、学习成绩测验等，可以提高学习的积极性和学习效果。

（三）鉴别和选择功能

教学评价可以衡量教师教学的效果和水平、优点、缺点、矛盾和问题，以便对教师考察和鉴别。这有助于学校和教育行政领导决定教师的聘用和晋升，有助于在了解教师状况的基础上安排教师的进修与提高。教学评价能对学生在知识掌握和能力发展上的程度作出区分，同时也是向家长、社会、有关部门报告和阐释学生学习状况的依据。

（四）反馈和调节功能

教学评价能使教师和学生知道教学过程的结果，及时提供反馈信息。反馈信息在教学中具有重要的调节作用。信息工程学表明，只有通过反馈信息来调节行为，才有可能达到一定的目标。教师获得评价的反馈信息，能及时地调节自己的教学工作，了解自己的教学方法和教学过程组织中的某些不足，诊断出学生在学习上存在的问题与困难；可以明确教学目标的实现程度，明确教学活动中所采取的形式和方法是否有利于促进教学目标的实现，从而为改进教学提供依据。学生获得反馈信息，能加深对自己当前学习状况的了解，确定适合自己的学习目标，从而调整自己的学习。此外，反馈信息还能起到激发学生学习动机的作用。研究表明，经常对学生进行记录成绩的测验，并加以适当的评定，可以有效地激发并调动学生的学习兴趣，推动课堂学习。

（五）竞争和激励功能

教学评价结果的类比性是客观存在的，通过学生的学习成果评价，就能进行任课教师之间、学生之间、班级之间、学科之间的横向比较，客观上能起到竞争的作用。

五、健身健美运动课程教学评价的发展趋势

首先，在评价主体上，更加强调学生的自评。

其次，在评价功能上，更加注重发挥评价的教育功能。

再次，在评价类型上，更加重视实施形成性评价。

最后，在评价方法上，更多采用相对评价法。

训练检测

1. 如何编写健身健美运动课程教案？
2. 如何组织健身健美运动课程教学？
3. 为何要进行健身健美运动课程的教学评价？

项目五
健身健美运动训练理论

项目描述

健身健美运动是塑造个体健康形象和提升整体素质的重要途径。本项目旨在通过深入研究健身健美运动训练的核心理论，使学员将理论知识与实际健身相结合，更全面的理解健身健美运动，将其运用于个人健康水平的提升和教练职业技能的提升。

学习目标

了解健身健美运动训练的基本概念和任务。掌握健身健美运动训练的状态诊断与目标建立，将理论应用于实际训练中。了解健身健美运动训练的原则，以有效引导健身实践。了解健身健美运动周期性训练的概念与计划制定，使个体能够在长期健身过程中持续进步。

能力目标

掌握健身健美运动训练原则，能够运用所学知识将健身健美运动训练归纳分类，识别不同身体素质的特点并为个体制定相应的周期性训练计划。具备评估和调整健身健美训练计划的能力，根据个体反馈、身体状况及监测结果进行灵活调整，以确保健身目标的持续达成。能够向他人传授和分享健身健美运动训练理论，促使更多人受益于健康生活方式，形成良性的交流环境。

任务一　健身健美运动训练的任务要求与原则

活动场地 / 环境

多媒体教室。

任务要求

1. 了解健身健美运动训练的任务要求；
2. 了解健身健美运动训练的原则。

能力训练

掌握健身健美运动训练的任务要求与原则，能够提高对健身健美运动训练的认知水平。

课题一　健身健美运动训练的任务要求

一、适应性

负荷应逐渐增加，以刺激肌肉生长，但避免太大的负荷导致受伤。

二、技术

正确的姿势和技术动作对于避免受伤和实现最佳效果至关重要。

三、目标

根据运动员的目标选择适合的负荷。增加力量需要较重的负荷，而增加肌肉质量可能需要适度的负荷。

四、个人能力

考虑自己的健康状况和身体适应性。如果是初学者，应从较轻的负荷开始，并逐渐增加负荷，反之则设置适合的负荷。

五、变化

定期改变负荷及训练方式，以防止身体适应性降低。通过调整负荷和训练方式，运动员可以不断挑战肌肉的极限阈值。

课题二　健身健美运动训练的原则

一、适应性原则

适应性原则是指身体会对持续的训练刺激作出适应反应，导致它变得更为强壮。然而，随着时间的推移，相同的训练刺激会产生较小的效果。因此，需要定期地改变训练者的训练计划，引入新的训练动作、不同的强度水平和变化的训练模式，以保持进展和提高适应性。

二、超负荷原则

超负荷原则的关键在于：要使身体产生积极变化，训练的强度必须超越身体已经适应的水平。这可以通过逐渐增加训练的重量、次数、强度和时间来实现。适度增加负荷，可以刺激肌肉生长、力量增加和体能提升。

三、特异性原则

特异性原则强调训练的效果与选择的训练方法紧密相关。例如：如果目标是增加肌肉质量，那么应该进行以重量为主的训练；如果目标是提高心肺耐力，那么应该注重有氧运动。通过选择与目标相关的训练方式，可以更有效地实现自己的期望。

四、变化原则

变化原则强调定期改变训练方法和内容，以避免身体对相同刺激的适应性降低。不断引入新的动作、变化训练顺序、练习组合动作和调整训练模式等，可以激发新的肌肉刺激，保持训练的新鲜感、挑战性和效果。

五、个体差异原则

个体差异原则强调每个人的身体状况和需求都是独特的。因此，训练计划必须根据个人的健康状况、目标、遗传特点和个人的进展情况进行调整。这可以确保训练既安全又有效。

六、恢复原则

肌肉的生长更多是在休息恢复中完成的，所以恢复对于健身健美训练至关重要。恢复原则强调合理的休息和恢复的安排要符合个人生理特征，适当的休息可以帮助防止过度训练、促进肌肉修复和提高适应性。

七、连续性原则

连续性原则强调持续的训练是获得持久效果的关键。坚持定期锻炼、保持稳定的周期训练计划，可以确保健身目标得以实现。

八、个人化原则

个人化原则强调根据个人的需求调整训练计划。因为每个人的目标、健康状况和限制条件都不同，所以训练计划必须根据个人情况进行定制，以提供最适合的训练刺激。

九、适度原则

适度原则强调避免过度训练，以防止疲劳、受伤和适应性降低。合理平衡训练强度和休息是确保健康和进展的重要因素。

十、营养原则

营养原则强调合理的饮食和营养支持。为身体提供足够的能量、蛋白质和其他必要的营养素，可以促进肌肉生长、修复和恢复，提高训练效果。

将这些运动原则融入健身健美运动中，可以帮助使用者建立科学合理的训练计划，实现目标，并保持健康和进展。

训练检测

1. 健身健美运动训练的任务要求是什么？
2. 健身健美运动训练的原则是什么？

任务二　健身健美运动员状态诊断与训练目标

活动场地 / 环境

多媒体教室。

任务要求

1. 了解健身健美运动员状态诊断；
2. 了解如何建立健身健美运动员的训练目标。

能力训练

能够诊断健身健美运动员的身体状态，为健身健美运动员制定个性化的训练目标，以实现更好的训练效果。

课题一　健身健美运动员状态诊断

在开始进行健身健美训练之前，要对身体进行全面的测试和评估。这些评估内容涵盖多个方面，包括身高、体重、肌肉围度、身体成分以及肌肉力量素质。完成所有测试后，将测试结果与推荐值进行对比，以此为基础对肌肉形态和体能状况进行综合评估。通过这些测试指标，可以获取关于健身健美运动员健康状况和体能数据的重要信息，为制定科学合理的健身健美训练计划提供基础依据。这个过程有助于确保训练计划的个体化，能够更好地满足运动员的需求。

一、身体形态测量

进行身体形态测量是为了获取有关个体身体特征的信息。身高是在人体站立时测量的总高度，它反映了骨骼生长和发育情况。通过分析身高与其他身体部位的围度和长度（例如胸围、腰围等）之间的关系，可以间接了解个体的身体形态特征。这些测量数据对于评估个体的生长发育状况和身体形态变化非常有价值。

（一）体重

体重为人体总重量，在一定程度上表示骨骼、肌肉、脂肪和脏器的发育情况，在健身健美运动员中可反映肌肉的发达程度。体重是衡量一个人体型体态的重要指标，过胖或过瘦都会影响一个人的身体形态及健康水平。在身高一定的情况下，每个人的体重也有一定的指导范围。

男性体重（千克）=身高（厘米）-100

女性体重（千克）=身高（厘米）-105

（二）肌肉围度测量

肌肉围度是健身健美训练评估中的一个重要指标，能够反映肌肉的发达程度和饱满度。在健身健美训练过程中，可以通过定期的围度测量来判断自己的进步情况，对计划的调整提供科学依据。如果结合身体成分指标，则可以更加客观地判定肌肉的增长情况。以下是常用肌肉围度的测量指标：

· 肩围：反映三角肌等肩带肌群的发达程度。

· 上臂围：反映肱三头肌和肱二头肌的发达程度。

· 前臂围：反映前臂伸肌群和屈肌群的发达程度。

· 胸围：反映胸大肌、背阔肌以及胸廓肌肉群的发达程度。

· 腰围：反映腰腹肌的发达程度。

· 臀围：反映臀大肌、臀中肌以及臀小肌的发达程度。

· 大腿围：反映股四头肌、腘绳肌以及内收肌群等大腿肌肉群的发达程度。

· 小腿围：反映小腿腓肠肌、比目鱼肌以及胫骨前肌等小腿肌肉群的发达程度。

二、身体成分测试

（一）身体成分的概念

身体成分指的是在人体总重量中，各种不同的身体成分所占的比例。目前存在三种不同的身体成分模型，分别为化学模型、解剖模型和两元素模型。从化学的角度来看，身体成分由脂肪、蛋白质、碳水化合物、水和矿物质等构成。从解剖的角度来看，身体成分则包括脂肪组织、肌肉、器官、骨骼以及其他类型的组织。而两元素模型将身体成分简化为两种成分：脂肪重量和去脂体重。通常以相对体脂的形式来表示脂肪重量，即脂肪组织的重量在整体体重中所占的百分比，而去脂体重则简单地指除脂肪之外的所有其他组织。精准的身体成分测评能够提供比单纯体重更为有价值的信息，这将有助于为健身健美运动员制定更加有效的训练计划。

（二）皮褶厚度测试

皮褶厚度是一项用来估算全身脂肪含量，评估皮下脂肪分布情况的重要指标。影响皮褶厚度测试准确性的因素众多，其中一个关键因素是选择合适的测量部位，该部位必须能够反映主要脂肪沉积的区域。此外，仪器的选择也至关重要，多次测试时应使用同一仪器，以确保测量结果的一致性。同时，不同的测试者可能会影响最终的测量结果。最终，使用同一台测试仪器测得的结果可以用于建立相关的测试公式，这也是至关重要的。对于正常范围内的体型，通过精细的皮褶厚度测量，可以观察皮下脂肪和脂肪分布情况是否发生变化。然而，由于儿童和青少年的体脂含量增长迅速、变化较大，因此在这些人群中应用皮褶厚度法测试存在一定局限性。

（三）新型生物电阻抗分析

生物电阻抗分析是一种无创、安全、相对简便和可靠的测量身体成分的方法。生物电阻抗分析仪以人体电阻为基本数据，能够准确测量身体脂肪重量、水分、瘦体重比例、体脂百分比以及各部分的相对重量和基础代谢。经验证，此分析仪设计精密，数据准确可靠，整个测试过程只需几分钟，屏幕有操作提示，使用方便。分析仪为手提式，内置可充电电池，可随时开始工作，而且数据重复性极高，避免了人手操作误差。分析仪可即时打印多项测试结果，可提供专用软件进行数据管理，分析记录非常方便。生物电阻抗分析仪为健身健美运动员提供了最直接、最简单、最便捷的体成分分析途径，在现代健身健美训练中已经得到了广泛的应用。随着科学技术的发展，体成分测试的准确性也越来越高，该测试成为健身健美运动员日常训练或备赛中最得力的监控手段。

（四）男女体脂百分比分类

体脂百分比是衡量一个健身健美运动员水平非常重要的指标，在赛季和非赛季进行体脂监控是非常有必要的，它可以为我们提供一个最直接的效果参考。然而，不同的国家、不同的种族、不同的职业所设立的体脂百分比分类也各不相同。根据运动员脂肪含量的多少，可以将其分为过瘦、偏瘦、正常、偏胖、肥胖及过胖六个不同脂肪含量的体脂百分比分类（见表 5-2-1）。过瘦者应该增加肌肉，肥胖及过胖者应该减脂，而正常体脂百分比的运动员，可以通过健身健美锻炼获得健身塑形的效果。

表 5-2-1　男女体脂百分比分类

	过瘦	偏瘦	正常	偏胖	肥胖	过胖
男 女	≤7 ≤11	8~13 12~17	14~19 18~24	20~24 25~29	25~29 30~35	≥30 ≥35

三、肌肉力量测试

（一）最大力量测试（见图 5-2-1）

肌肉力量测试在评估运动员基础体能水平时具有重要意义。绝对力量是指能够一次性举起的最大重量，在运动科学中被称为 1RM，即一次反复最大重量。在日常训练中，将运动员的训练负荷以 1RM的百分比来安排是常见的做法。对于那些具有健身健美训练经验、属于中级或高级水平，并且具备良好技术的练习者，这种测试是非常适合的。

在测试运动员的 1RM时，通常会选择一个特定的动作。在测试过程中，负荷逐渐增加，直至运动员无法再完成动作。然而，并非所有运动员都能够适应这种逐渐增加的负荷过程，有些运动员在接近 1RM负荷之前就可能感到疲劳，从而影响测量的准确性。

然而，对于那些没有健身健美训练经验、受伤或在医疗监护下的练习者，直接进行 1RM测试是不恰当的。因此，采取直接测试 1RM的方法需要谨慎。

（二）健身健美训练水平分类

健身健美训练水平分类是一项关键指标，用于评估健身健美运动员在力量训练方面的水平。它不仅可以区分不同阶段的训练水平，还为制定科学的训练计划提供了前提。在进行健身健美训练之前，必须考虑练习者的力量水平。若运动员的系统训练时长不够，肌肉力量不足，可能无法完成一些高难度的动作，甚至可能会有风险。

图 5-2-1

力量水平的评估在制定训练计划的过程中起着重要作用。教练需要收集关于运动员初始状态以及健身健美训练方法和技术掌握情况的信息，根据这些个人信息和实际测试水平，为运动员制定科学的健身健美训练计划。同时，运动员也可以根据自己的训练时长、训练水平来确定适合自己的训练等级。

综上所述，健身健美训练水平分类对于指导个体的训练进程至关重要。通过精准的力量水平评估，教练能够根据个体的实际情况，为个体量身定制合适的训练计划，以最大程度地提升训练效果，并确保训练的安全性。

课题二　健身健美运动员的训练目标

在为健身健美运动员制定训练计划之前，了解他们的初始训练目标或预期效果至关重要。明确具体的目标，可以帮助运动员获得明显的训练效果。然而，在取得显著效果之前，运动员需要制定并执行一个明确的训练计划。

健身健美运动员通常有以下几个方面的健身目标：①增加肌肉体积；②矫正体形；③减脂瘦身；④提高健康体能和竞技体能；⑤运动损伤及功能康复。了解这些目标后，制定一个明确的、个性化的训练计划变得至关重要。该计划应根据个体目标和现状，选择适当的训练方法、负荷和频率，以确保运动员能够逐步实现他们的健身目标。同时，运动员需要坚持执行计划，只有经过一段时间的训练，才能够获得明显的训练效果。

一、增大肌肉体积，提高肌肉力量

通过外部的负荷刺激，肌肉和神经系统产生适应性改变，肌肉横截面积增加，力量提升，最终呈现出发达的肌肉轮廓和清晰的肌肉线条。当明确训练计划的具体目标时，一些像“我想让我的胳膊变得更粗”“我想增加肌肉体积”“我想变得更强壮”这样的表述，通常表示训练者希望通过执行健身健美训练计划来增加自身的肌肉质量。然而，更有效的训练计划更加注重方案的具体性，而不是模糊和笼统的健身目标。因此，更合适的目标描述应该是：在两个月内，我希望将大臂围度增加 2 厘米；在三个月内，我希望体重减少 5 千克并增加瘦体重；在六个月内，我希望我的卧推重量增加 10 千克。这样的目标描述使训练计划的评估更加具体和实际。

二、矫正体形，塑造优美身材

通过健身健美训练，不论是青少年、成年人、老年人还是上班族，都有可能实现自己的理想体态目标。因为种种原因导致的体态问题，如含胸驼背、上身发达下身薄弱、溜肩高低不均、两腿粗细不均、大腿发达小腿过细、O 形腿、膝关节内扣、肩窄腰粗等都可以通过有针对性的健身健美训练计划获得明显的改善效果。当一个人的体形和体态出现问题并需要进行矫正时，可以选择特定的训练动作，通过锻炼来弥补可能存在的先天不足，以实现体态矫正的目标。例如，针对四肢不成比例的情况，可以通过有针对性的训练来优先加强薄弱部位的肌肉，从而逐渐实现四肢的协调和匀称。健身健美运动的特殊作用使得许多练习动作不仅可以用于提升身体的美感和功能，还可以用于医疗体育领域。因此，通过科学合理的健身健美训练，运动员可以根据个体的需要，有效改善体态问题，提升自信和健康，并取得明显的训练效果。

三、减脂瘦身

健身健美训练被视为最为有效的减脂手段之一，可有效应对身体过胖和体重过重等问题。健身健美运动员低脂肪百分比的事实也证明了该训练在减脂方面的重要作用，这进一步凸显了其在促进人体基础代谢方面的显著优势。通过健身健美练习，能够实现身体成分的优化，增加肌肉组织，提高基础代谢率，迅速燃烧大量热量，从而有效地实现减脂。然而，在追求健身减肥的过程中，最常见的错误之一是仅仅依赖节食。虽然节食可以在短期内减轻体重，但过度削减热量可能会导致肌肉组织分解供能，降低基础代谢率，从而让减肥变得更加困难。相反，增加肌肉组织可以提高基础代谢率，加强减脂效果。对于健身健美教练而言，最关键的是与运动员共同制定具体、可行的训练目标。这时，“我要减轻 20 千克”和“我希望胳膊再细 2 厘米”这样的表述，意味着需要精心设计更具体的健身训练计划。健身健美训练可以帮助运动员增加肌肉质量，提高基础代谢率，从而在减肥过程中取得更加持久和有效的成果。

四、提高健康体能和竞技体能

健康体能和竞技体能是两个方面的体能素质，其中，健康体能包括肌力、肌耐力、心肺功能、柔韧性和身体成分这五项素质，而竞技体能则涵盖了力量、耐力、速度、心肺功能、柔韧性、功率、平衡、协调、灵敏性和精准性这十项公认的技能。在追求这些体能素质的过程中，健身健美训练成为其中最为有效的手段之一。通过参与健身健美训练，不论是在发展健康体能还是竞技体能方面，都能获得显著的收益。健身健美训练可以促进体能素质的快速提升，同时也能够提高运动能力，改善身体机能，使人在日常生活和竞技运动中都能表现得更为出色。不同的体能素质可以通过不同的训练计划要素组合来加以提升。举例来说，如果一个训练者的目标是提高肌肉耐力，那么在力量训练过程中，注重的是每组的练习重量不能过大，但需要增加练习的次数，同时减少间歇时间。这种方式有助于增强肌肉的耐力，使其能够在较长时间内持续发挥力量。总之，进行健身健美训练，不仅可以在健康体能和竞技体能方面取得显著的进展，还能够为个体提供更加突出的身体表现。

五、运动损伤及功能康复

健身健美运动在康复训练中扮演着重要角色，其独特的训练方法在康复领域受到了患者的认可和赞赏。康复训练的重点是通过健身健美的多种训练手段和方法，对受损部位的肌肉、韧带、软骨和肌腱施加适度而有效的刺激，以促进局部组织的代谢，加强本体感知，提高关节的稳定性，从而改善运动功能障碍。健身健美运动在康复中具有独特的优势。通过精心设计训练方案，进而有针对性地对受损组织进行治疗和强化，可以促进其恢复和重建。这种训练不仅能够促进局部组织的血液循环和新陈代谢，还有助于恢复受损区域的本体感知，从而提高身体的自我感知和控制能力。此外，适当的训练还能够增强关节的稳定性，降低受损区域再次受伤的风险。

综合而言，健身健美运动在康复训练中已被证明是一种有效的训练方法。通过这种训练，患者可以得到定制的治疗和锻炼方案，从而促进损伤部位的康复和功能改善，提高生活质量和身体健康水平。

训练检测

1. 如何进行健身健美运动员状态诊断?
2. 健身健美运动员的训练目标是什么?

任务三　健身健美运动周期性训练

活动场地 / 环境

多媒体教室。

任务要求

1. 了解健身健美运动周期性训练的概念和原则；
2. 了解健身健美运动训练内容组合安排的理论依据。

能力训练

掌握健身健美运动周期性训练的概念和原则，为训练计划提供科学依据，同时掌握健身健美运动训练内容组合安排的理论依据。

课题一　健身健美运动周期性训练的概念和原则

健身健美运动周期性训练是一种有组织的训练方法，旨在通过合理安排训练的时间和内容，最大程度地提高体能、力量和整体健康水平。这个概念基于以下几个原则。

一、分阶段规划

周期性训练将整个训练过程分为不同的阶段或周期，每个周期有其特定的训练焦点和目标。这意味着不会一直做同样的练习，而是根据计划逐渐提高训练难度。

二、明确的周期目标

每个训练周期都有明确的目标，如增加肌肉质量、提高力量、增强耐力或减脂。这有助于保持动力，因为你知道自己在努力实现什么，并且可以在周期结束时评估自己的进展。

三、强度和体积的变化

周期性训练会调整训练的强度和体积。有些周期可能会侧重于更高的强度，以增加肌肉力量和质量，而其他周期可能会增加训练的体积，以提高耐力。这种变化有助于避免训练的单调性，刺激身体不同方面的适应性。

四、重视恢复

周期性训练非常注重恢复。每个周期结束后，通常都有一个恢复期，这段时间允许身体修复和超补偿，以便在下一个周期开始时处于最佳状态。这有助于减少受伤和过度训练的风险。

五、监测和评估

周期性训练包括监测和评估过程，通过测量进展、记录训练成绩和身体变化，来确保训练计划的有效性。

六、营养的重要性

不同的训练周期需要不同的饮食策略，以满足能量需求和特定目标。

总之，周期性训练方法是一种有策略性的方式，通过合理的计划和变化，帮助运动员达到健身和健美的目标，同时确保身体得到充分的恢复和适应。这个方法可以提高训练的效果，减少训练中的单调感，并降低过度训练的风险。

课题二 健身健美运动训练内容组合安排的理论依据

一、基础力量的重要性

尽管健身健美运动训练与力量举训练不同，但要实现肌肉体积的增长，仍然需要具有坚实的基础力量。可以将这个原理类比为盖楼房，一个坚固的地基是必不可少的，因为地基越深越坚固，楼房建得就越牢固。同样，要在健身健美运动训练中增加肌肉质量，必须首先注重基础力量。

健身健美运动训练初级阶段的关键是将复合的训练动作，如卧推、深蹲和硬拉，视为基础训练动作。这三个基础力量动作是至关重要的，因为训练力量的大小与最终的肌肉体积增长息息相关。因此，必须逐步提高这三个基础力量的水平。通常建议在健身健美运动训练中选择自身能够负担的最大重量的65%~85%进行训练，每次重复8~12次为宜。

此外，基础力量训练应该定期穿插到常规的健身健美运动训练中，以确保基础力量的逐步提高。这个阶段性的穿插有助于建立坚实的基础，为后续的专项训练提供支持。通过这种方法，可以综合发展肌肉质量和力量，从而获得更好的体能。

二、动作节奏的重要性

在健身健美运动中，关键的训练要点是离心收缩。离心收缩意味着在每个动作的还原阶段，要专注地感受目标肌群的肌纤维如何收缩和发力，以实现对目标肌肉的最大刺激和破坏。这个概念强调在动作的还原阶段要特别留意肌肉的工作，以确保在整个运动中都得到充分的训练。此外，遵循宁慢勿快勿爆发的动作节奏原则也非常关键。这意味着在进行动作训练时，应该保持控制的动作速度，不要过于急躁或猛烈。这样可以确保肌肉在每个动作的各个阶段都得到适当的负荷，从而最大程度地激发肌肉的生长和发展。同时，保持适度的动作速度有助于确保训练的效果，并降低受伤的风险。

三、柔韧性与关节灵活度的重要性

柔韧性和关节灵活度在健身健美运动训练中起着非常重要的作用。柔韧性和关节灵活度的水平直接影响了肌肉增长的潜力，以及在训练过程中受伤的风险。柔韧性好的人在训练中具有一些优势，他们可以更有效地避免受伤，因为柔韧的肌肉和关节能够更好地吸收冲击和应对突发的运动负荷，使他们在训练期间更不容易拉伤或扭伤肌肉和关节。关节灵活度好的人能够更高效地完成更多的训练动作，因为他们的关节范围更大。这对于完成长距离的肌肉拉伸和加大肌肉收缩行程非常重要。通过具备良好的关节灵活度，练习者可以确保肌肉在训练中得到更全面的刺激，从而有助于促进肌肉增长。因此，柔韧性和关节灵活度是健身健美训练中的关键因素。它们有助于降低受伤风险，同时也能够帮助练习者更好地完成训练动作，实现肌肉的更大增长和发展。因此，练习者应该重视并积极培养这两个方面的身体素质。

四、训练前目标肌激活的重要性

很多健身健美练习者在训练之前，通常都没有一个好的热身习惯，在目标肌群没有充分被激活的前提下，就开始了大重量的训练，这样做的结果就是目标肌肉容易在训练中受伤及目标肌肉泵血感差。所以，在我们开始正常训练之前，要对相应的关节做好充分的热身，然后再对目标肌群进行有目的的激活及拉伸。在开始大重量训练前要进行一到两组的小重量训练，从而达到激活目标肌肉群的目的。按照以上顺序进行训练，可以获得最佳的训练效果，同时收益率也是最高的。

五、多样化刺激的重要性

在健身健美运动训练中，要不断改变重量、组数、次数和休息时间等因素，以给肌肉提供多样化的刺激。只有这样，肌肉才能够经历不同程度的应激和挑战，从而实现最大程度的生长和改善。这一原则需要通过长时间的实践和经验来理解，因此需要练习者具备耐心和毅力。

六、适当休息和营养补充的重要性

在健身健美训练中，建议每次训练的时间保持在45到60分钟之间。这是因为人体的肝糖原和肌糖原储备是有限的，不足以支持长时间的抗阻力训练。因此，更重要的是关注每次训练的质量。

高水平的训练意味着在相对短的时间内追求最大程度的肌肉疲劳，以促进肌肉的增大，然后迅速进入营养补充和休息阶段。这种高效的训练方法可以保证肌肉的增长，但练习者应特别注意不要过度训练，因为这可能会适得其反，导致肌肉退化而不是增长。因此，要确保在合理的时间内进行高质量的训练，并在每次训练后进行适当的休息和营养补充。

训练检测

1. 健身健美运动周期性训练的原则是什么？
2. 健身健美运动训练内容组合安排的理论依据是什么？

任务四　健身健美运动训练的类型、方法与手段以及训练计划的结构和训练课的负荷量

活动场地 / 环境

多媒体教室。

任务要求

1. 了解健身健美运动训练的类型、方法与手段；
2. 了解健身健美运动训练计划的结构；
3. 了解健身健美运动训练课的负荷量。

能力训练

掌握健身健美运动训练的类型、方法与手段，掌握健身健美运动训练计划的结构以及训练课的负荷量，以便更科学地指导健身健美运动训练。

课题一　健身健美运动训练的类型、方法与手段

一、健身健美运动训练的类型

（一）力量训练

力量训练的主要目标是增加肌肉的力量，使运动员能够承担更重的负荷。力量训练通常采用高重量和低重复次数的训练方法，如深蹲、卧推、硬拉和卧推。这些训练方法是复合性的，涵盖多个肌肉群。力量训练强调负荷的重量，通常在每组进行较少的重复次数，如 1 到 6 次；休息时间相对较长，以使肌肉充分恢复。力量训练通常通过逐渐增加重量来推进，这可以通过递增训练中的负荷或增加重量来完成。

（二）肌肉质量训练

肌肉质量训练的目标是增加肌肉体积，从而改善身体的外观。肌肉质量

训练通常采用中等重量和中等重复次数的训练方法，如杠铃推胸、哑铃飞鸟、坐姿划船等。这些训练方法有助于刺激肌肉生长。训练强度在力量训练和耐力训练之间，通常每组进行 8 到 12 次的重复，休息时间适中。为了增加肌肉质量，逐渐增加重量和逐渐增加训练量都是重要的。

（三）耐力训练

耐力训练的目标是提高肌肉的耐力和持久力。这对于运动员和需要长时间持续运动的人特别重要。耐力训练通常采用较低重量和高重复次数的训练方法，如体重训练、循环训练和跳绳。每组进行较多次的重复，通常在 12 次以上；休息时间相对较短，以保持心率较高。提高耐力通常通过增加重复次数、增加训练时间或增加训练强度来实现。有氧运动如跑步、骑车和游泳也是增加心肺耐力的有效方法。

（四）功能性训练

功能性训练旨在提高身体的功能性，包括平衡性、协调性、灵活性和关节稳定性，训练方法包括各种身体重心的训练，如平衡球、单腿深蹲、匍匐前进等，强度因训练方法不同而异，但通常强调正确的运动技巧和身体控制。功能性训练通过逐渐增加训练的难度和增加复杂性来推进，这有助于提高日常生活中的运动能力。

（五）减脂训练

减脂训练的主要目标是通过燃烧卡路里和减少体脂肪百分比来实现减重和塑造身体的目标。这种训练适合那些想要瘦身和改善体型的人。减脂训练的方法通常包括有氧运动，如跑步、骑自行车、游泳和跳绳。高强度间歇训练也是常见的减脂方法。训练强度通常是中等到高强度，但它依赖于个体的体能水平和训练目标。减脂训练可以通过逐渐增加运动时间、增加运动强度和改善饮食来推进。坚持有规律的锻炼和饮食管理是成功减脂的关键。

（六）核心训练

核心训练的主要目标是加强腹部、腰部和背部肌肉，提高身体的稳定性和平衡性。这对于改善体姿和减少腰背疼痛特别重要。核心训练采用一系列训练方法，如仰卧起坐、平板支撑、俯卧撑、桥式运动和旋转动作。这些训练方法强调核心肌肉的力量和耐力，强度因训练方法不同而异，但通常侧重于正确的运动技巧和身体控制，而不是极端的重量。核心训练可以通过逐渐增加重复次数、增加训练难度和尝试不同的核心训练来推进。定期训练核心肌肉可以提高其力量和稳定性。

（七）运动康复训练

运动康复训练的目标是帮助受伤的人康复并恢复运动能力。这包括运动伤害的康复和手术后的康复，强度因伤势轻重而异。康复训练的重点是逐渐增加受伤区域的负荷，以恢复正常功能。

（八）循环训练

循环训练是一种结合多种训练类型和动作的高强度训练方式。它的目标是全面提高身体的力量、耐力和心肺健康水平。循环训练采用一系列不同的训练方法，通常包括有氧运动、力量训练和耐力训练的元素。训练按时间或轮次组织，强度因训练方法不同而异，但通常在高强度区域，因为它要求在相对较短的时间内进行多种训练。循环训练的进展可以通过增加练习的难度、增加练习时间或增加循环的轮次来推动。这种训练方法有助于全面的身体发展和心肺健康水平提高。

二、初级健身健美运动训练的方法

（一）多组数训练法

1. 定义

多组训练法是指同一块肌肉采用两组或两组以上的动作进行训练，使其达到巩固技术动作和刺激不同类型肌纤维的目的，这样能够使肌肉更快生长。如果每个部位只进行一组练习，无论是采用大重量、中等重量还是小重量，一组训练只能刺激到一种肌纤维类型，也只能促使一种类型的肌纤维生长。但是，这种训练无法刺激到具有生长潜力的其他类型肌纤维，被训练的肌肉难以发挥最大的生长潜能。多组训练全面刺激肌纤维的所有生长成分，其结果是肌肉力量和体积增加。

2. 适用范围

根据不同的训练阶段和不同的训练课程，以及自身的体力和所锻炼部位安排合适的训练组数。

3. 举例说明

训练的阶段将决定训练组数的结构。例如，在训练初级阶段，整个训练系统的组数会相对少一些，一般每个动作训练组数为1、3组，而到中级阶段，训练的组数增加为3、4组，高级阶段训练的组数为4、6组。健身健美运动员接近比赛期训练的组数和次数都会有比较大的变化，这完全取决于运动员的体能水平和既定目标。

（二）渐增超负荷训练法

1. 定义

渐增超负荷训练法是指机体通过增加训练负荷使身体发生适应性改变，逐渐提高人体机能和肌肉形态的训练方法。只有当训练的负荷超过了习惯的水平，训练的适应才会发生。如果长时间使用同样的负荷进行训练，身体逐渐适应了这种刺激，那么这种刺激引起的反应会越来越小。为了突破已经形成的适应，必须不断提高运动负荷水平，打破机体对原有负荷的平衡状态，使机体达到一个新的负荷水平，进而促使身体的机能进一步提高。任何超负荷都是逐渐增加的，过度的负荷使身体难以承受，过小的负荷不能给肌肉创造良好的生长条件，只有把握规律，对机体给予适宜的负荷刺激，才能逐渐提高机能水平。逐渐增加负荷的方法在任何体育训练中都适用，渐增超负荷训练法是健身健美训练的基石。

2. 适用范围

适用于平时发展肌肉力量和体积的训练。

3. 举例说明

如果现在的卧推重量是 60 千克，按照负荷增加的理论，下一阶段的训练负荷重量要在此基础上增加 5%，而不应盲目增加过多的负荷，以此类推。此外，如果是初级水平者，就不能采用高级水平的训练负荷进行训练，那样会导致身体不适或运动损伤。

（三）金字塔训练法

1. 定义

金字塔训练法是指在一次训练过程中，逐渐增加每组重量而减少次数的训练方法。这种通过增加重量来逐渐提高训练负荷的方式，一方面能够使肌肉产生更好的适应，防止运动损伤，另一方面还可以有效促进肌肉和力量的发展。

2. 适用范围

适用于平时发展最大力量和增加肌肉体积的训练。

3. 举例说明

如在进行平卧杠铃卧推时，练习组数随着重量的升高慢慢减少，在最大力量80%的重量时设置8组练习，85%时设置6组练习，在100%的最大力量时只设置1组练习。

（四）孤立训练法

1. 定义

孤立训练法是指在一个动作练习中，通过最大限度减少协同肌的用力来促使主动肌承担最重要的角色，使主动肌受到专门的刺激。其主要作用在于能专门刺激目标肌肉，提高不同肌肉之间的分离度和改善肌肉形态。

2. 适用范围

适用于需要重点发展的肌肉的力量训练或塑造肌肉形态训练。

3. 举例说明

以三角肌作为例子，如果采用坐姿杠铃上举进行练习，在动作练习中涉及关节和肘关节，而在肩关节活动中有三角肌的参与，在肘关节活动中有肱三头肌的参与，这样不能很好地孤立训练三角肌。如果采用哑铃侧平举练习，只有肩关节的活动，参与肌群也只有三角肌，这样有利于对三角肌进行有针对性的训练。

（五）分部训练法

1. 定义

分部训练法是指将身体各部位肌肉根据不同阶段和不同目标的要求分成两部分、三部分、四部分、五部分、六部分或更多部分，然后对每个肌肉部位进行科学设计，形成课程计划，再在不同的训练日或者一天中的不同时段进行练习的一种训练方法。分部训练法对每个部位肌肉的锻炼强度会更大，将会对特定部位产生更大的刺激。

2. 适用范围

适用于初级、中级以及高级阶段的健身健美运动训练。

3. 举例说明

例如，将身体分为上肢肌肉和下肢肌肉两个部分，每次只训练其中一部分。每周的第一次训练可以用10个动作来锻炼上身，这10个动作都可以采用很高的强度，因为刚开始时体能水平较高。然后，在下一个训练日中，集中训练下肢，用相同的强度采用10个动作来锻炼下身的肌肉。同样，随着身体素质的进步和发展，还可以进一步实施更详细的划分方法，如三部分、四部分、五部分、六部分等。

（六）阈值训练法

1. 定义

阈值训练法是指为全面发展不同类型肌纤维而变化负荷强度的一种练习方法。一块肌肉是由许多不同类型的肌纤维构成的，而且每条肌纤维的兴奋性是不同的，每一种类型的肌纤维都有自身的阈值范围，有的阈值低，有的阈值高，因此，给予肌肉较小的刺激强度，只能刺激那些兴奋性较高的肌纤维，这时参加收缩的肌纤维数量较少，肌肉收缩力量也较小。如果逐渐加大刺激强度，兴奋并参与收缩的肌纤维逐渐增多，肌肉产生的力量也越来越大。肌纤维的这种特性决定了对外界压力的不同响应。大重量、少次数、快速的训练动作能充分调动高阈值的白肌纤维。小重量、多次数和较持久的训练动作能充分调动阈值相对较低的红肌纤维。这种全面的训练方法使骨骼肌的红肌纤维、白肌纤维、中间型肌纤维以及其他肌纤维均能得到适宜的专门刺激，从而能够提高其生理生化适应水平，促进肌肉力量和肌肉体积全面发展。

2. 适用范围

适用于平时发展肌肉体积和力量的训练。

3. 举例说明

以胸大肌练习动作杠铃卧推为例，充分热身活动后，第一组做20次，第二组做16次，第三组做12次，第四组做8次，第五组做4次。

（七）全程张力训练法

1. 定义

全程张力训练法是指在健身健美运动训练中，动作全过程都必须保持肌肉的持续张力，也就是要将肌肉在用力做动作时始终不松懈作为要点。无论是在向心阶段还是在离心阶段，要求动作在缓慢、流畅、有控制的前提下完成，不使用冲劲或猛力起动，动作过程无悠摆，不借助惯性，不使用爆发力，不论向心或离心收缩都要慢慢地完成，保证肌肉在动作全过程中始终受到刺激。

2. 适用范围

适用于平时增长肌肉的训练或提高肌肉耐久力的训练。

3. 举例说明

在练习的初级阶段，大部分练习者对肌肉的控制较弱，速度过快，利用惯性完成动作。为了增加肌肉的张力和控制，可以让练习者在动作的离心阶段以 4~10 秒的时间下降，然后在动作的向心阶段以 4~10 秒的时间做向心收缩，这种练习对初学者非常有效。随着控制能力的增强，应该在自身能控制的前提下提高离心收缩和向心收缩的速度。

（八）周期训练法

1. 定义

周期训练法是指将健身健美运动的训练时间分成不同的训练阶段，根据不同阶段的目标、任务和个体的差异，通过周期性地调整训练强度和训练量，逐步提高力量和增加肌肉体积而采取的训练方法。科学研究已证实，周期训练法是健身健美运动训练中身体适应应激的最佳方法，是让练习者获得更大力量、更多肌肉的最佳方法。

2. 适用范围

适用于初级、中级、高级各阶段的健身健美训练。

3. 举例说明

在一年的一部分时间里，可以采用大重量、大强度、少次数，以增大肌肉体积和力量为目标的练习。而在其他训练周期里，减少重量，增加次数，并减少组与组之间的间歇时间，进行以加大肌肉清晰度等细节雕琢为主的练习。合理安排大周期、中周期和小周期才能使运动员在合适的时候达到生理和心理的高峰状态。小周期是针对近期训练做出的训练计划，大周期是预先几周制定的大致的训练计划。因此，可以认为大周期是为了完成训练目标的总的训练结构，而小周期是实现既定目标的具体方法。

建议全年训练分成 4 个主要周期，称之为大周期。每个大周期被分为多个 3~6 周的中周期，并进一步分为由个人训练单元组成的小周期）。每个周期不仅要有逐渐增加的训练刺激，还要安排适宜、及时、量化的减量或恢复周期，以保证恢复。中周期一般持续 3 周，前 3 周需要增加训练量和训练强度，第 4 周主要是恢复周。小周期一般持续 1 周，前 3 天逐渐增加训练负荷，第 4 天减小训练负荷，第 5、6 天达到最大负荷，第 7 天停训休息。

三、中级健身健美运动训练的方法

（一）变换训练法

1. 定义

变换训练法是指通过改变动作技术的细节，或改变重量、组数、次数、间歇时间、动作速度以及肌肉受力角度来促使肌肉产生新的生物适应，从而更加有效地挖掘肌肉的生长潜能，促进肌肉快速增长的训练方法。

2. 适用范围

适于在平时发展肌肉体积的训练周期中使用。

3. 举例说明

三角肌根据不同的位置可分为前束、中束和后束，而前束根据整个肌束可分为上、中、下三部分。在执行三角肌训练计划过程中，可以在一段时间的训练之后变换动作角度来有侧重地刺激肌肉的不同部分，也可以变换重量进行练习，这样可以使肌肉产生新的刺激并形成新的生理学适应。

（二）优先训练法

1. 定义

优先训练法是指在训练过程中通过集中强化身体薄弱部位，把最薄弱、较薄弱或需要首先改善的身体部分，放在身体能量水平最高、精力最充沛的训练前半段进行集中训练，使薄弱部分获得更快进步的一种训练方法。优先训练法实际上就是一种纠偏和强化训练法，是针对肌肉生长缓慢和肌肉发展不均衡而创立的。

2. 适用范围

适用于每次训练课需要重点强化的肌肉部位。

3. 举例说明

某些青少年的上身显得单薄而下肢较发达，大腿前侧发达而后群薄弱，需要通过优先训练法进行矫正。由于认识上的偏差和训练中的疏忽，有些人到了中级阶段身上会出现多处薄弱、失衡、不匀称的细节，如胸背失调、躯干与颈项失衡、躯干与四肢不成比例，特别是上下肢的反差较大，若不及时纠正，身体就会失衡，严重违背健身健美运动的目标。这时，即可用优先训练法逐一突破薄弱环节，使身体全面均衡地发展。在高级阶段和赛前阶段强调精雕细琢，对平时训练较少的小肌肉群（如前锯肌、缝匠肌等）进行重点突破等。

（三）折中（兼顾）训练法

1. 定义

折中（兼顾）训练法主要是指把发展肌肉力量、体积、减脂和提高心血管机能结合在一个课程中进行练习的一种训练方法。通常把复合动作和孤立动作，把轻重量和大重量，把杠铃、哑铃、固定器械和拉力器的训练组成一个特殊训练课程，通过对训练过程各元素（重量、组数、次数、间歇时间、动作速度等）的改变，使力量、肌肉以及心血管机能得到全面的发展。

2. 适用范围

适用于平时训练周期的调整训练。

3. 举例说明

训练初期，可以通过设计不同的训练课程来全面发展体能。在训练的高级阶段，在制定健身健美训练计划时，需要考虑基本动作和孤立动作的比例、大重量和轻重量的比例、固定器械和自由重量器械的比例。此外，在安排课程时还应该考虑发展肌肉和减脂之间的比例。所有的课程安排都必须符合训练目标的需求，也就是在获得肌肉围度的同时其他身体机能也获得同样的发展。

（四）局部集中训练法

1. 定义

为了加强局部肌肉的刺激强度和深度，在练习过程中要通过 3~4 个动作从不同角度对局部肌群进行连续的刺激，直到这些动作全部练完，中间不穿插锻炼其他部位的动作，即集中时间只锻炼一个部位的肌群。这种不间断连续的收缩和伸展会使大量的血液流向肌肉，促使局部肌肉处于充血、膨胀的状态，有利于肌肉的发展。

2. 适用范围

适用于需要重点发展或强化的肌肉部位。

3. 举例说明

在锻炼胸部时，课程中安排的 3~4 个动作要连续进行，可以用杠铃卧推、上斜哑铃卧推、仰卧飞鸟和坐姿蝴蝶夹胸练习动作来进行单独训练，直至这些动作全部练完，中间不休息或只有短暂休息。

（五）组合训练法

1. 定义

组合训练法是指运用两个或两个以上不同性质的练习动作连续刺激同一肌群的练习方法。它是针对局部肌肉的一种训练手段，也是挖掘肌肉潜力、提高训练强度、加深刺激、达到充血效果的一种训练方法。组合训练法除完善发展主练肌群外，同时能强化肌肉辅助结构的功能，增粗血管，使肌肉的形状和线条更加清晰明显。

2. 适用范围

双组合适用于初级水平阶段，多组合适用于中级和高级水平阶段。

3. 举例说明

健身健美运动训练法中最常见的有双组合和多组合两种形式。

第一种方法：双组合训练法。

同一部位的肌肉群采用两个动作进行组合训练，中间不休息或短暂休息。如坐姿颈后臂屈伸和凳后反屈伸同时练习。

第二种方法：多组合训练法。

例一：三组合训练法（增肌周期）。这是指同一块肌肉采用三个不同的动作进行组合训练，中间不休息或短暂休息。该方法可以使训练部位大量充血，使大量血液快速集中到所训练的肌肉，加深刺激强度，迅速膨胀局部肌肉，是一种有效的发达肌肉的训练方法，一般在发展肌肉体积的训练期使用。例如，三角肌三组合训练就是以坐姿哑铃推举—直立划船—站姿哑铃侧平举这样的组合方式进行的训练。

例二：四组合训练法（赛前周期）。这是指把锻炼同一肌肉部位的 4 个动作进行组合练习，其间不休息或短暂休息。这种训练方法可以使所练肌肉部位得到全面均衡的发展。

四、高级健身健美运动训练的方法

（一）超级组训练法

1. 定义

超级组训练法是指将位置相近、功能相反的两部分肌肉放在同一时间内交替循环练习的训练方法，即一个部位一个动作，交替进行练习，两个动作之间没有休息。

2. 适用范围

适于高级水平练习者在高强度训练周期使用。

3. 举例说明

站姿杠铃弯举和站姿绳索下压就是超级组训练。此外，可以使用超级组的肌肉还有：肱三头肌与胭绳肌，胸部肌肉与背部肌肉，腹肌与下背部肌肉，腕屈肌与腕伸肌。

（二）助力训练法

1. 定义

助力训练法是指在训练中按正确、规范的动作要求做到力竭时，采用稍加变化动作结构或借助协同肌群和其他部位肌肉的力量来增加 1~2 次试举的一种训练方法。

2. 适用范围

适于对重点肌肉和针对肌肉生长缓慢而突破平台期时使用。

3. 举例说明

假设做一组站立杠铃弯举，在完成最后几次动作时有些困难，如果使用一些身体的动作来帮助越过最困难的那一点，能多做 1~2 次，这是正确地采用了助力训练法。为了多做几次，在做杠铃卧推时将臀部抬离凳面，这显然不是采用助力训练法。前者增加了肌肉所受的压力，后者增加了受伤的危险。

以站姿杠铃弯举为例，用 85% 的重量弯举 6 次后，至多只能举到动作全程的 1/3 或 1/2，此时，可利用腰背和腿的助力及前摆力量摆动躯干，以使器械冲越“黏滞点”，再向上收缩至最大幅度，然后缓慢回到开始位置。该方法破坏了动作的技术规范，因此用此方法可增做练习 1~2 次，但至多 3 次，不宜过多。

（三）先期疲劳训练法

1. 定义

先期疲劳训练法是指在进行局部肌肉训练时，先用一种专门动作（孤立动作）将一块肌肉训练至疲劳状态，中间不休息，然后马上进行一项多关节的一般动作（复合动作）的训练方法。

2. 适用范围

通常在肌肉训练的平台期，重点需要加强的肌肉部位训练时使用。

3. 举例说明

以平卧杠铃卧推为例，它是一个锻炼胸大肌的主要动作，但又必须依靠肱三头肌的协助把杠铃举起来，常见的情况是肱三头肌已经力竭而胸大肌还未感到酸胀。在这种情况下，可以在做卧推之前，做一个不需要肱三头肌参与的单关节动作，如仰卧飞鸟动作，以使胸大肌预先疲劳，接着再做平卧杠铃卧推。

（四）休息－暂停训练法

1. 定义

休息–暂停训练法是指在一组抗阻力量练习过程中采用不同间歇时间的方式来保证每组试举更多次数的方法，这是一种非常先进的发达肌肉的训练方法。

2. 适用范围

通常适用于增长力量和发展肌肉体积的训练。

3. 举例说明

第一种方法是发展最大力量，选择的重量为最大重量的85%以上，其形式为：3次+30秒休息+3次+45秒休息+2次……第二种方法是发展肌肉体积，选择的重量为最大重量的70%、80%，其形式为：6次+30秒休息+6次+45秒休息+4次+60秒休息。

（五）抗重力训练法

1. 定义

抗重力训练法是指举起重物后，在放下重物阶段用力抵抗下降重物，使肌肉进行退让性被动收缩的训练方法。正确完成退让工作的时间应为4~5秒。一般情况是，重量下降的速度每次低于4秒便是终止本次练习的信号。

2. 适用范围

它只适用于有经验的训练者或高级水平练习者，通常在平时的训练周期中发展力量或突破平台期时使用。

3. 举例说明

抗重力训练法主要有以下几种方式：

第一种：超大重量训练法。

在卧推练习中，使用单次最大重量的110%~120%的负荷，在训练伙伴的帮助下把重量抬起，然后练习者利用自身的力量缓慢地、有控制地将杠铃下降至离胸部5厘米处，如此反复1~2次。

第二种：最大重量训练法。

在卧推练习中，使用100%最大重量的负荷，在训练伙伴的帮助下把重量抬起，然后练习者利用自身的力量控制着将杠铃下降至离胸部5厘米处，如此反复2~3次。

第三种：次最大重量训练法。

在卧推练习中，使用80%最大重量的负荷进行练习，做到力竭时，在训练伙伴的帮助下抬起杠铃至顶点，然后练习者利用自身的控制力做退让收缩训练，如此反复3~4次。

（六）强迫次数训练法

1. 定义

强迫次数训练法是指在一次力竭训练结束之后通过训练伙伴的协助再完成1~2次额外练习的训练方法，以此突破普通疲劳的极限，加强对肌肉、肌腱及韧带的刺激，是一种具有强制性质的训练方法。

2. 适用范围

适用于体能较好的训练者或高级水平练习者。初练者以及一度中断过训练的练习者，以及在治疗训练损伤期间的练习者，不宜在整个训练课程的每组中使用。

3. 举例说明

选择做一组8次的杠铃卧推，目前卧推的最大重量是100千克。按照重量和次数的关系可知，完成8次的负重应该是100千克的80%，也就是用80千克进行训练，一般情况下只能做到8次，没有足够的能量做完9次和10次，这时，训练伙伴立即协助练习者从力竭点举起重量，能顺利做完另外的1~2次。确定运用助力是否恰到好处的一个方法是，让训练伙伴计算推起杠铃需用的时间。例如，如果重量在不到两秒内推到了顶点位置，那么训练伙伴帮助的力量过大。同样，推起的时间用了10秒以上，那么训练伙伴协助力量不足。

（七）膨胀训练法

1. 定义

膨胀训练法是指在以正确的姿势尽力做完一组的最后一次动作后，以致不能进行全程动作的试举时，再做2~3次局部短促的不完全动作，使正在活动的肌肉进入更多的血液并产生超量乳酸的训练方法。这种由增加血液和乳酸堆积引起的肌肉局部膨胀会导致肌肉产生强烈的灼烧感，能有效促进肌肉中毛细血管增多和肌肉组织增生。

2. 适用范围

适用于训练课中的重点需要强化的肌肉部位。不宜经常使用。

3. 举例说明

在做引体向上动作时，当一组练习已经做到无力再完整地重复一次时，再连续做2~3次的不完全动作。

（八）部分动作训练法

1. 定义

部分动作训练法是指将训练动作控制在完整动作范围内的某一部分进行练习的训练方法，用以加强局部肌群的刺激效果，避开肌肉训练的盲区，满足练习者专门化的要求。而部分动作可以是运动轨迹的开始部分、中间部分和结束部分，也可以只占完整动作幅度的1/2、1/3或1/4。

2. 适用范围

适用于平时训练周期发展肌肉力量的训练课程，以针对薄弱部位的环节加以强化，或者在雕琢肌肉形态的细节部分时使用。

3. 举例说明

选择能完成8~12次的练习重量。以站立杠铃弯举为例，开始时，从起始位置至肘关节90度时做10次。完成后，立即从肘关节90度位置弯举到小臂垂直于地面时做10次，最后做完整动作10次。

（九）快速收缩训练法

1. 定义

快速收缩训练法是指在进行肌肉负荷训练的过程中，在保证动作规范的同时，在肌肉收缩的瞬间尽可能地移动重物的训练方法，要求动作快速用力。这种爆发式的快速用力方式，能够最大限度发挥白肌纤维的作用，使肌肉力量和体积快速增长。

2. 适用范围

不宜在初级水平阶段使用，通常在发展最大力量训练课程以及在功能训练课程中使用。

3. 举例说明

这种训练方法不能用于任何轻重量的练习，只能使用超过最大重量80%以上的负荷训练时才能采用这种方法。要求是保持正确姿势，整个过程集中注意力，使用爆发力来完成动作。

（十）质量训练法

1. 定义

质量训练法是指在进行与以前相同参数训练的同时，即在同一训练条件下，包括重量、组数、次数不变，利用组与组之间减少休息时间的方式来提高训练强度，在肌肉能量系统不完全恢复的前提下进行下一组练习的训练方法。这种训练方法增加了训练密度，提高了肌肉输出功率，促使肌纤维产生更强的生理适应。质量训练法对增加肌肉的清晰度和血管的显现度有较好的效果。

2. 适用范围

适于赛前提高肌肉质量或提高肌肉清晰度训练中使用。

3. 举例说明

在进行三角肌训练时，可以采用 50%、60%、70%的重量进行练习，间歇时间为 1~2 分钟，在质量训练法阶段逐渐减少组间休息时间，可以从 120 秒、90 秒、60 秒逐渐过渡到 30 秒钟。

（十一）递减组训练法

1. 定义

递减组训练法是指当采用一定重量完成规定的次数时，由两旁的训练伙伴立即从两端各取下一片杠铃，继续举到力竭时再各取下一片，再举至力竭，如此进行下去，以一个长组的练习达到力竭为止。若没有训练伙伴或教练帮助，则可将不同重量的哑铃（如 20 千克、18 千克、16 千克、14 千克等）一字排开，进行由重到轻的连续调换试举，中间不休息。

2. 适用范围

适用于提高肌肉清晰度或赛前减脂训练，但每次训练时只在一种动作中可以使用这种技巧。

3. 举例说明

在每一组的递减重量中，可以进行 1~3 次减量组训练，中间不休息。不同的减量组的效果略有不同。

（十二）静力紧张训练法

1. 定义

静力紧张训练法是指在一个负重或不负重的练习动作中，收紧相关肌肉，使其固定在某个位置上，肌肉做等长收缩，保持最大的紧张度 6~15 秒钟，甚至更长时间，然后重复 4~8 次的一种静力训练方法。这种持续不变的肌肉收缩练法可提高神经系统对肌肉的控制能力以及比赛的造型表现能力，同时使在动力性练习中不易募集到的肌肉也相应地受到刺激。此外，还能使肌肉线条突出，皮下脉管显现，造成强烈的视觉效果。

2. 适用范围

适宜动作造型训练课或发展最大力量时使用。

3. 举例说明

在赛前造型动作训练中，可采用静力紧张训练法对运动员进行集体或个人造型训练，增强运动员的神经肌肉控制能力，提高运动员在赛台上的表现。

课题二　健身健美运动训练计划的结构

健身健美运动训练计划的结构可以根据个体的目标、水平和训练周期的不同而变化。然而，一般来说，它们通常包括以下几个关键要素。

一、目标设定

每个训练计划的开始都应该有明确的目标。这个目标可能是增加肌肉质量、提高力量、改善耐力、减脂等。设定明确的目标有助于制定合适的计划。

二、热身

每个训练都应该以热身开始。热身的目的是提高心率、增加体温、润滑关节和准备肌肉，以应对更高强度的训练。热身方式通常包括有氧活动、轻柔的伸展和关节动作。

三、主要训练部分

主要训练部分是整个训练计划的核心。在这一部分将进行特定的训练动作，以实现训练目标。这可能包括举重、器械训练、有氧运动等。通常，这部分的训练会按照一定的次数和组数进行，以确保适度的肌肉刺激。

四、冷却和拉伸

在主要训练部分之后，应该包括冷却和拉伸阶段。这有助于降低心率，减少肌肉酸痛，并增加肌肉的柔韧性。冷却方式通常包括轻松的有氧活动，而拉伸可以涵盖全身的肌肉群。

五、饮食和营养

饮食和营养在健身健美运动训练中同样重要，它能确保在训练前和训练后获得适当的营养和能量。这可以包括蛋白质摄入、碳水化合物补充、水分摄入等。

六、休息和恢复

休息和恢复也是关键的组成部分。合理的休息时间和足够的睡眠对于肌肉生长和训练效果至关重要。训练计划应该包括适当的休息，以允许身体恢复并减少过度训练的风险。

七、监测和调整

每个训练计划都应该包括监测和调整的步骤。应该定期评估自己的进展，根据需要调整目标、训练强度和计划。这有助于确保训练一直保持有效性。

总之，健身健美运动训练计划的结构是多样的，但上述要素通常都包括在内。通过合理的规划和坚持执行，运动员可以实现自己的健身健美目标。

课题三　健身健美运动训练课的负荷量

一、初级训练

初级健美训练者建议采用自重式分化训练，上肢一天，下肢一天，每周循环两次。

（一）上肢训练

采用宽窄结合的俯卧撑进行上肢训练。

目标肌肉：胸大肌、三角肌前束、肱三头肌。

动作要领：俯卧，双臂与脚趾支撑于地面，肩胛骨缩回下沉，屈肘拉伸胸大肌，此时核心及臀部处于收紧状态，保证身体在同一水平面上保持支撑下放时吸气，支撑起来吐气，整个节奏保持两秒起两秒落的节奏，充分感受三大目标肌群的收缩。宽、窄距各两组，每次共四组，每组 15~20 次，力量弱者或者女性可以采取跪姿进行。

（二）下肢训练

采用宽窄结合的徒手深蹲进行下肢训练。

目标肌肉：股四头肌、臀大肌、股二头肌。

动作要领：外八字脚站立，核心收紧，宽于肩为宽站位，窄于肩为窄站位。吸气下蹲，直至大小腿折叠成 90 度，同时屈髋，上肢脊柱保持正直，不要圆肩及含胸。起身吐气至初始位置，节奏为上下各 2~3 秒。宽窄站位各两组，每组 20~25 次，共四组。充分感受三大目标肌群的收缩。

以上为初级训练的自重训练，持续 3~6 个月，充分感受肌肉的发力，在能高质量地完成更多的次数后可以进行第二阶段（中级）的器械训练。

二、中级训练

初级训练者进入中级训练后首先要注重训练重量的阶段性提高，所以要融入卧推、深蹲、硬拉三大力量举的训练科目，每月至少训练两次，融入每块肌肉的分化训练里。

具体操作：受训者单独一天集中训练这三大科目，选择自己极限重量的 90%作为训练重量，进行 2~3 次的训练，每个项目完成 3~4 组的训练，半个月安排一次。这对于阶段性提高力量可以起到至关重要的作用。（见表 5–4–1~表 5–4–10）

表 5–4–1　胸大肌训练

动作	组数（组）	次数（次）
平板卧推	3~4	8~10
上斜哑铃推胸	3~4	8~10
平板哑铃飞鸟	3~4	8~10
双杠臂屈伸	3~4	8~10

表 5–4–2　背阔肌练习

动作	组数（组）	次数（次）
俯身单臂哑铃划船	3~4	8~10
高位下拉	3~4	8~10
直臂下压	3~4	8~10
绳索坐姿划船	3~4	8~10

表 5–4–3　股四头肌练习

动作	组数（组）	次数（次）
史密斯深蹲	3~4	8~10
倒蹬肌	3~4	8~10
负重箭步蹲	3~4	8~10
坐姿腿屈伸	3~4	8~10

表 5–4–4　股二头肌练习

动作	组数（组）	次数（次）
小角度屈膝硬拉	3~4	8~10
哑铃半程直腿硬拉	3~4	8~10
俯卧腿弯举	3~4	8~10
自重跪姿弯举	3~4	8~10

表 5–4–5　三角肌练习

动作	组数（组）	次数（次）
坐姿哑铃推举	3~4	10~12
史密斯颈后推举	3~4	10~12
哑铃侧平举	3~4	10~12
反向飞鸟	3~4	10~12

表 5–4–6　肱二头肌练习

动作	组数（组）	次数（次）
杠铃弯举（宽距）	3~4	10~12
屈奥杆（窄距）	3~4	10~12
坐姿哑铃斜板弯举	3~4	10~12

表 5–4–7　肱三头肌练习

动作	组数（组）	次数（次）
仰卧臂屈伸	3~4	10~12
坐姿颈后臂屈伸	3~4	10~12
绳索下压	3~4	10~12

表 5-4-8　臀大肌练习

动作	组数（组）	次数（次）
坐姿髋外展	3~4	8~10
屈髋硬拉	3~4	8~10
山羊挺身	3~4	8~10

表 5-4-9　小腿练习

动作	组数（组）	次数（次）
史密斯提踵	3~4	10~12
哑铃负重坐姿提踵	3~4	10~12

表 5-4-10　腹直肌练习

动作	组数（组）	次数（次）
负重卷腹	3~4	15~20
负重悬垂举腿	3~4	15~20

以上是 10 个大肌肉的中级训练计划，这种训练计划的基本逻辑是教会每个人自己给自己制定真正符合自己的训练计划，这样的训练才能更加高效。

中级训练者可以选择一个大肌肉带一个小肌群的训练作为单日的计划安排，然后每个肌肉群选择 2 ~ 3 个动作进行训练，每个动作做 3 组，每组 10 ~ 12 次。这个阶段的训练者刚从初级训练的节奏中升级到中级，对于设备抗阻力训练的发力感还处于磨合跟熟练阶段，所以每次训练中募集神经的能力需要一步步提升。发力感越好，肌肉的回馈越明显，肌肉在新的刺激下耐乳酸能力及肌力、肌耐力都会有明显的提升。从中级训练开始，受训者就要注重肌肉发展的全面性，而不是光练自己喜欢的肌肉群，忽略发展其他不爱练的肌肉群。如果长时间不规范，会导致体态不美观，因功能缺陷而引发伤病等，而且后续再想弥补之前的不足会非常困难，极容易出现肌肉代偿的现象，即出现习惯性发力的肌肉群代替薄弱肌肉群发力的现象。所以，中级训练一开始就要有效避免这种错误现象的发生。

三、高级训练

进入高级训练的第一门课就是重新审视自己的身体。通常在进入高级训练之前每个受训者起码要有之前两年的训练基础，身体各个部位的肌肉群都有了一定程度的发展。在这个阶段，要通过比赛或者找到高级别的训练者对自己当下的身材做出准确的判断和评估，这样才能更好地持续发展自己的体格。只有准确客观地了解自己的身材，进入高级训练后才能少走弯路，让自己尽快摆脱平台期，让肌肉不断地增长，同时远离伤病。

有些典型的身体结构情况，给大家简单列举一下：

· 上肢强、下肢弱。

· 三角肌肉中前束发达，后束薄弱。

· 背阔肌发达，中下斜方肌薄弱。

· 下胸发达，上中胸薄弱。

· 臀大肌发达，臀中肌弱。

· 肱二头肌发达，肱三头肌弱。

· 股四头肌发达，股二头肌弱。

每个训练者在进阶过程首先要了解自己的身体结构及自身比较薄弱的地方，有的放矢地进行训练。在充分了解自己的身体结构后，就知道有些部位的肌肉群是通过优先训练和长期积累可以改善的。每个人的先天条件是不一样的，在比赛中必须接受胜负，但你可以更多地去关注自己是否还在进步。

进入高级训练阶段后可以采取上面制定的训练方案进行一周 4 ~ 5 次的训练，每次一块肌肉群，训练时间控制在 45 ~ 50 分钟，切记不要拉长战线。优秀的健身健美运动员能够敏锐地察觉到自己的身体是否处于疲劳状态，或者是否将要发生疲劳。如果受训者一味地追求训练次数和单次训练时间，身体就会分泌大量皮质醇，无论你怎么饮食、怎么训练都是徒劳的，肌肉会一直处于分解状态。所以，科学的休息是非常必要的。

训练检测

1. 健身健美运动训练的类型、方法与手段是什么？
2. 健身健美运动训练计划的结构是什么？
3. 如何安排健身健美运动训练课的负荷量？

项目六
健身健美运动心理训练理论

项目描述

健身健美运动是强调肌肉健壮与美的运动，其中心理因素在比赛中起到至关重要的作用，因此，健身健美运动员的心理训练是必不可少的。

学习目标

了解健身健美心理训练的概念与分类，掌握健身健美心理训练的基本原则和方法。掌握教练工作性质、工作内容及各项职责，熟练运用健身健美心理暗示。

能力目标

能够运用所学知识，正确认识健身健美运动心理训练的工作性质，熟练运用心理训练的方法和手段开展工作，提高自己的从业能力。

任务一　健身健美运动心理训练的概念与分类

活动场地 / 环境

多媒体教室。

任务要求

1. 了解健身健美心理训练的概念；
2. 了解健身健美心理训练的分类。

能力训练

掌握健身健美心理训练的概念，能够有意识地选择合适的健身健美心理训练方法；初步形成健身健美心理训练的概念。

课题一　健身健美运动心理训练的概念

健身健美心理训练，从广义上来讲，是指有目的、有计划地对健身健美运动员的日常心理和个性心理施加影响的过程；从狭义上来讲，是指采用特殊手段使健身健美运动员学会调节和控制自己的心理状态，进而调节和控制自己行为的过程。

健身健美心理训练是训练和竞技运动的重要组成部分，它与技术训练、身体训练、比赛训练一样，是现代竞技体育运动科学化训练系统中不可缺少的一部分。它影响和制约着运动员身体、技术、比赛水平的改善和发挥，可以促进运动员心理过程不断完善，使运动员形成专项运动所需的良好个性心理特征，获得高水平的心理能量储备，使运动员的心理状态适应训练和比赛的需要，为达到最佳竞技状态和创造优异成绩奠定良好的心理基础。

从运动员成长和发展的角度来说，心理技能训练不以运动员某些技能受到损害为代价，而是使运动员终身受益。它的出发点包括使运动员以最佳的心理状态投入比赛，也包括使运动员形成良好的个性，在人生的各个阶段适应环境和创造生活。心理能力和个性心理品质薄弱会影响和制约运动员运动技能的学习、掌握和发挥。因此，通过有效的心理技能训练提高运动员的心理品质，是提高运动技能水平和改善运动表现的重要途径。

课题二　健身健美运动心理训练的分类

根据心理技能训练的内容与专项需要的关系，可将心理技能训练分为一般心理技能训练和专项心理技能训练。一般心理技能训练法主要培养和发展运动员普遍需要的心理技能，即适应于参加运动训练和竞技比赛的心理特征，以及健康、稳定的心理过程，如目标训练、放松训练、表象训练、注意训练、暗示训练和模拟训练等。专项心理技能训练则集中发展从事艰苦的专项训练和成功地参加专项竞赛特别是高水平竞赛所需要的专门化知觉、专门化意识和个性心理特征及心理过程，如球类项目所需的球感，团体运动项目所需的人际交往和沟通技巧、心理相容能力和适应能力等，健身健美项目则需要在竞技舞台上表现出自身的肌肉质感。

根据心理技能实施的复杂程度，心理技能训练的方法又可以分为单一的心理技能训练方法（如渐进放松训练法、生物反馈训练法）和成套的心理技能训练方法（如系统脱敏训练法、应激接种训练法等）。

根据心理技能训练的周期，可以分为长期心理技能训练（也称训练期心理技能训练，即运动员在整个训练和比赛周期的每次训练中都要进行的心理技能训练）和短期心理技能训练（即比赛期心理技能训练，即针对既定的比赛任务进行的心理技能训练）。

训练检测

1. 什么是健身健美心理训练？
2. 健身健美心理训练是如何进行分类的？

任务二　健身健美运动心理训练的基本原则与方法

活动场地 / 环境

多媒体教室。

任务要求

1. 了解健身健美运动心理训练的基本原则；
2. 了解健身健美运动心理训练的方法。

能力训练

掌握健身健美运动心理训练的基本原则与方法，能够有意识地选择适合的健身健美运动心理训练方法并应用于训练实践中；初步形成健身健美运动心理训练的方法体系。

课题一　健身健美运动心理训练的基本原则

一、专项性原则

不同的运动项目，在运动训练和竞技比赛中所需要的心理素质不同，进行心理训练时应分析健身健美运动项目对运动员心理状态的特殊需求，只有这样才能设计出合理且高效的训练方案，才能使运动员的竞技能力在训练和竞赛中获得稳定的发挥，从而取得优异的运动成绩。

二、实战型原则

在健身健美运动心理训练中应尽可能模拟和还原重大比赛中的实战场景，在与比赛条件相似的环境中训练，是使运动员获得实战能力的一种训练方法。越是贴近实战场景，越能起到有效的心理训练效果。

三、循序渐进原则

健身健美运动心理训练遵循运动技能学习的一般规律，即它需要长期的、系统的、有计划的刻意训练才能获得较好的心理训练效果。因此，在进行心理训练时，应遵循循序渐进原则。

四、区别对待原则

每名运动员都是独立的个体，进行心理训练时应充分考虑运动员的身心特点和原生成长环境，这样方可制定具有针对性的心理训练方案。

课题二　健身健美运动心理训练的方法

一、目标训练法

目标训练法是指根据训练或比赛需求，提前为训练或竞赛设置将要达到的最终结果来开展训练的方法。合理的目标设置能够有效激发运动员的积极性并调动其在训练或比赛中的潜能，因此，教练在建立体能心理训练目标过程中，应将长期目标和短期目标相结合，以客观的具体目标和现实目标为依据进行长期且循序渐进的心理训练。

（一）目标设置的原则

首先，制定的体能心理训练目标要具体、明确、可量化，如力量训练的单次训练时长，训练内容，周训练、月训练、年训练频次。其次，训练目标要具有实现性，比如健身健美运动员通过一定的努力能够获得明显进步和改善，而非无论通过多大努力都无法实现。再次，在目标心理训练法的实施过程中，要及时反馈，获知训练效果，并进行适当调整。

（二）学习新的技术动作的三个阶段

第一个阶段：认知阶段，类似于技术动作形成的泛化阶段。此阶段的心理特点是以整体动作为主，对动作细节关注较少。

第二个阶段：关联阶段，类似于技术动作形成的分化阶段。此阶段的心理特点是以具体任务和动作细节为主，很大程度上减少了对整体动作的关注力度。

第三个阶段：自主阶段，类似于技术动作形成的动作自动化阶段。此阶段的心理特点是运动员身心放松，在不经过刻意思考的情况下就能自如地完成技术动作。

二、自生训练法

自生训练法又称自主训练法、自律训练法、自我训练法或自发训练法。它是在催眠术的启发之下加以发展完善的一种自我调节方法，是利用言语、手势、表情以及其他刺激物等信息，采取间接、含蓄的方法，对人的心理状态和行为施加影响，实现行为调控的训练方法。大量的体育心理学研究发现，自我暗示能够提高技术动作的稳定性和成功率。例如，在进行健身健美正面造型展示时，心里可反复默念“身体放松”，顺利通过呼吸肌肉发力做出造型动作，则可以提高肌肉的神经控制性和肌肉发力的准确性。为减少开始时的紧张，使内心安静下来，可以默念“我现在状态不错，很放松，可以顺利完成技术动作”，这样也可以增加成功率。

（一）自生训练法的使用要求

首先，要使运动员充分感受到对身体的支配和活动。其次，要让运动员在训练或比赛中尽量放松，同时将注意力集中在身体肌肉的控制上。再次，及时与运动员沟通，让运动员使用特殊方法来诱发对技术动作的反应，有效运用自我暗示语言将注意力引导到展示动作上。以积极语音提示为主，如“放松”、“加油”、“大家都期待我表现得更好”、“有信心”等。尽量避免消极语言的出现，如“我不能完成动作”、“不要紧张，不要着急”、“千万别失败，千万别出现失误动作”等。最后，经常重复使用积极词语，培养积极态度和良好习惯。

（二）自生训练法的使用程序

运动员依靠自生训练法对四肢和肌肉相关感觉进行语言暗示，达到对植物性神经系统的控制，进而缓解身体和心理的紧张状态，如四肢僵硬、转动无力等。自生训练的基本步骤如下：

第一，采用一种舒适练习方法，如语言暗示：“我的手臂慢慢舒展。”

第二，以深缓的方式呼吸，并且专注于自我呼吸。

第三，交替地紧张和放松所有肌肉。

第四，专注于某部分躯体的运动，并且感受肌肉动作。

第五，体会四肢和腹部的温暖感觉，以及前额的冰凉感觉。

三、表象训练法

表象训练法是指在脑海中反复想象健身健美动作或比赛场景，从而提高健身健美训练动作技能和情绪控制能力的过程。表象训练法是专业运动员常用的心理训练方法，也是极具代表性的心理训练方法，它是健身健美心理训练的重要环节。

（一）运用表象训练法的基本程序

第一步：自然放松5分钟。

第二步：暗示自己已经得到了充分的休息。此刻头脑清晰，注意力集中，全身精力充沛，准备投入新的状态中。

第三步：进行表象训练。从姿势准备开始，进而稳定情绪，平稳步伐，身体展示。

（二）运用表象训练法的注意事项

1. 良好的身体状态和心理准备

良好的身心状态可以提高表象训练的效率。在进行表象训练时，健身健美运动员应保持身心放松，持有积极的态度并坚持长期的系统练习。

2. 从视觉表象过渡到动觉表象

开始训练时，健身健美运动员可以通过想象完整的示范动作来建立清晰的视觉表象，同时也要积极想象不同阶段肌肉的控制感觉。要逐渐从视觉表象过渡到动觉表象。为了提高动觉表象的训练效果，可以采用不同重量的器械、不同的动作速度和不同的训练环境来完成健身健美展示动作。

3. 采用精炼语言提高表象训练的效果

在进行表象训练时要选择清晰且简练的语言说明动作特点、肌肉运动特点和中枢神经系统特征。这样可使运动员在理解肌肉发力的身体肌肉感觉基础上快速掌握相关的展示技术动作。

四、模拟训练法

模拟训练法是心理训练中的重要训练方法。它是专门针对竞赛中可能出现的问题进行模拟实战并进行反复训练的过程。其主要目的是使运动员的身心适应竞赛环境中的心理状态，以促使技战术在特殊的竞赛环境中得到正常稳定的发挥。

（一）模拟训练的类型

根据被模拟的实现方式，可将模拟训练分为言语图像模拟训练和实战情景模拟训练两类。言语图像模拟训练是指通过录像、电影、图片、录音、语言等手段，结合暗示、想象等，进行健身健美比赛情景模拟的训练。进行此类训练时，要求运动员具有比较强的语言和表象能力。实战情景模拟，就是在健身健美心理训练中，特别是在比赛前的训练中，尽可能地创设或选择与比赛条件相同或类似的情境，包括模拟比赛形式、赛程安排、场地设备、对手的技术、观众行为或裁判的误判等各种与正式比赛相关的因素。由于实景模拟要求健身健美运动员提供各种仿真条件，所以训练效果比较好。实景模拟需要确保运动员进入角色，只有这样才能获得好的训练效果。

根据被模拟系统的不同，可将模拟训练分为比赛对手的模拟训练、比赛状态的模拟训练和比赛环境的模拟训练。在模拟训练实施过程中，具体包括对手、裁判、关键情境等各因素的模拟。

（二）模拟训练的作用

1. 提高比赛的适应性

一方面，对健身健美比赛的模拟可以加强神经活动的耐力；另一方面，刺激物多次重复出现，会弱化或消退探究反射，即司空见惯、习以为常，不再能引起注意了，从而使健身健美运动员在参加比赛前，对可能出现的问题有预备，头脑中建立起合理的动力定型结构，能够在各种比赛中保持适度的、稳定的情绪，确保竞技水平正常或超常发挥。

2. 提高比赛的抗干扰能力

在遇到强敌或面对复杂而又陌生的健身健美比赛环境时，运动员常常会感到紧张和不安。通过人为地制造或模拟比赛环境，让运动员在这种情境下系统地进行模拟训练，能使其逐步适应这种情境，并产生对某些消极因素的抗干扰能力，从而更加有效地将注意力集中到比赛的过程中，注重竞技水平的发挥，淡化或过滤与竞技发挥无关的环境因素，以确保在正式比赛中保持比较稳定的情绪。

3. 提高训练质量

模拟训练既是针对性训练，又是赛前备战的重要手段，它可以提高健身健美运动员的应激程度和训练强度，也可以及时发现健身健美运动员在赛前体能素质、竞技水平和心理状态等方面的问题，并使之得到及时解决。同时，模拟训练可以增强健身健美运动员参加比赛的信心与斗志，改善其自我控制能力。

（三）模拟训练的具体实施

1. 模拟训练的一般程序和要求

模拟实战训练通常由 4 个步骤组成，即定向（设置模拟主题和主体）、准备（拟定模拟的方案与应对策略）、操作（实施与体验具体的模拟过程）和总结（评价模拟训练并交流经验）。对这 4 个步骤的相应要求是主题明确、方案（含策略）周全、模拟逼真和评价得当。此外，要求健身健美运动员切实树立“从比赛出发”的思想，认真对待模拟训练。

2. 模拟训练的具体方法

在模拟训练的实践过程中，总结出了很多独具特色、效果明显的好方法，在实施模拟训练时，应根据健身健美特点及其比赛规则、比赛的实际情况和运动的特点来选择使用，也可以结合使用。下面介绍几种常用的模拟训练方法：

（1）对手特点的模拟。观察国内外比赛对手的身体特点以及他们的比赛风格、气质表现，模拟对手的各种活动，以便更深入细致地了解对手的特征。演习各种有效的对策，可以增加运动员对比赛对手的适应性。

（2）观众的模拟。观众的态度和立场通过呼喊声和激烈的表情动作表现出来，会给运动员带来极大的压力和干扰。在这种情况下，即便是最有经验的运动员也可能分心或过于激动、紧张。如果在模拟比赛中组织一些“特殊观众”，有意识地给运动员制造一些困难等，可以培养运动员在不安静或不公正的气氛中正常比赛的能力，有助于减少比赛时因为观众干扰产生的应激反应。

（3）比赛关键情境的模拟。比赛关键情境包括固定比赛情境（比赛的固定造型、比赛的评判）和动态比赛情境（比赛的造型变化、比赛的赛场会出现的变化情况等）。比赛关键情景模拟的目的就是使运动员克服紧张情绪，提高舞台技术动作的稳定性，增强夺取胜利的信心，并对比赛进程的不同情况产生适应性。

（4）裁判判罚的模拟。通过模拟裁判在场上所有可能出现的判罚情况，一方面可以让运动员做到尊重裁判并适应裁判的各类判罚，包括错判、误判和漏判；另一方面，也可以培养运动员注意力分配的能力，将注意力集中在竞赛技术等可以控制的事情上，而忽略那些裁判行为等难以控制的事情。

（5）地理、气候模拟。地理、气候条件往往对运动员的比赛状态有重要影响，可以通过地理、气候模拟训练，提高运动员对不同地区气候环境的适应性。

五、放松训练法

放松训练法是通过调节呼吸来调节中枢神经系统兴奋性和缓解肌肉紧张状态的一种训练方法，也是通过腹式呼吸来缓解肌肉和精神紧张状态的一种简单可操作的方法。放松训练法常用于调节赛前心理准备以及缓解训练和比赛中的心理紧张状态，也是稳定心理状态的重要措施。

（一）放松训练的作用

众所周知，在健身健美竞赛中，紧张、焦虑等心理状态会极大影响健身健美运动员竞赛水平的发挥。采用恰当的放松训练方法，有利于运动员竞赛水平的稳定发挥。合理的放松训练可以适当降低中枢神经系统的兴奋水平，可以使身心得到一定的休息并促进疲劳恢复。当前已有大量研究显示，放松训练可以明显缓解运动员的紧张、焦虑状态，也可以提高运动员的自信心。

（二）腹式呼吸放松训练法

腹式呼吸放松训练法能够通过呼吸使生理和心理达到高水平放松的效果，是改善压力的有效手段。健身健美运动员专注于腹式呼吸的过程，可使大脑供氧更充沛，注意力更集中，思维更清晰。健身健美运动员应学会通过特定节奏的呼吸模式放松身心状态。从人体生理反馈机制上看，大脑的呼吸系统、心脏的控制系统和全身的肌肉系统互相影响，互相制约。特定频率和节奏的腹式呼吸可以改善心率的速度和肌肉的张力，也可以降低骨骼肌和脏器的神经刺激，以满足深度放松的需求。

训练检测

1. 健身健美运动心理训练的基本原则是什么？
2. 健身健美运动常用的心理训练方法有哪些？

任务三　健身健美训练动作技能形成

活动场地 / 环境

多媒体教室。

任务要求

1. 了解健身健美训练动作技能的概念与基本特征；
2. 了解健身健美训练动作技能形成的过程。

能力训练

掌握健身健美训练动作技能形成的概念与基本特征，能够有意识地针对健身健美训练动作技能形成的各个阶段进行正确的训练；初步形成健身健美训练动作技能形成的训练体系。

课题一　健身健美训练动作技能的概念与基本特征

一、健身健美训练动作技能的概念

健身健美训练动作技能是通过后天学习和刻意训练获得的一种运动行为。它是在大脑神经皮质的主导下，通过练习而巩固下来的，自动化的、完善的动作方式，是由此建立起来的复杂的连锁的肌肉本体感受性的运动条件反射。

二、健身健美训练动作技能的基本特征

（一）动作技能是后天习得的

健身健美训练动作技能是后天习得的，并通过练习能相当持久地保持下来。它是以感知系统与运动系统间的密切协调为必要条件的动作活动方式，要通过艰苦训练和意识性努力才能达到既定目标。

（二）动作技能的学习从意识性向无意识过渡

动作技能的操作具有随意性。在健身健美动作技能形成的初期，神经过程处于泛化阶段，内抑制尚未形成，但随着反复练习，控制技能的神经系统逐步形成分化与自动化，操作的控制逐渐由意识性向自动化方向发展。自动化是熟练技能水平的标志，但并不是不需要意识的控制，如果技能操作环境发生变化，意识会很快参与到对新情境的决策中。例如，使用划船机的初期，要求其将动作做到连续是有一定困难的，但随着练习次数的增加，运用会更自如。

（三）动作技能的程序化

健身健美训练动作技能的学习有一个从动作呆板、不协调、肌肉发力不准确和易出错，到逐步熟练，直至动作操作自动化的过程，是由运动操作程序来控制的。最初的程序可能仅能控制几个动作，随着练习的进行，程序逐步能控制越来越多的动作，并且变得更精确，直至发展到对高阶动作技能进行控制的程序。

（四）动作技能的自动化

健身健美训练动作技能是通过练习从低层次的感知系统与运动系统的协调关系向高层次的协调关系发展，最终达到高度完善和自动化程度的。健身健美训练动作技能的获得过程就是动作的自动化形成过程，动作技能的熟练程度越高，自动化程度也就越高。

（五）能量消耗的减少

完成相同的健身健美训练动作技能，初学者往往要消耗更多的能量，而熟练者则能较经济地完成动作，从而能进行更加长时间的有效锻炼。与锻炼过程有关的能量消耗有：技能操作时的生理能量消耗，可以通过测量技能练习时的热量消耗确定生理能量的消耗量；个体锻炼时的一些无意识能量消耗；机械能量消耗，可以通过计算个人新陈代谢率而测定；知觉消耗率，即对能量消耗的主观感觉。例如，有研究指出，对被试进行为期 6 天的划船练习后，结果发现其动作完成的心率、氧气消耗量和知觉消耗率都显著降低，并且新陈代谢中的能量消耗也具有经济性。

（六）觉察和纠正错误能力的逐步提高

健身健美训练动作技能学习不仅能使技能操作更有效，而且能提高觉察和纠正错误的敏感性，即形成自身觉察错误的能力。

课题二　健身健美训练动作技能形成的过程

健身健美训练动作技能从开始学习到熟练掌握是一个连续的、循序渐进的过程。根据生理学和心理学变化特点，可将健身健美训练动作技能形成的阶段分为泛化阶段、分化阶段、巩固与自动化阶段。

一、泛化阶段

（一）动作特点

在健身健美训练动作技能学习的初期，通过教师讲解、示范和实践，能够对健身健美训练动作技能获得一种感性认识，但初学者的神经过程仍处于泛化阶段，没有建立精准的抑制过程。在这个过程中，初学者的注意力范围较窄，知觉准确性低，动觉感受性差，肌肉紧张与放松的配合度不高，多余动作较多，会导致动作之间的练习不协调，也容易出现受伤的情况。

此阶段的练习者以观察整体的示范动作为主，并进行模仿练习，但动觉感受性较差，动作的控制力不强，难以发现动作的不足。

（二）教学训练要求

1. 强化直观教学

针对健身健美训练动作技能初学者泛化阶段的教学应以直观教学和模仿练习为主，可通过示范、影像、图片以及对镜子练习等直观教学法来加强视觉与本体感觉之间的相互联系，加深对完整技术动作的神经肌肉感觉。

2. 遵循循序渐进的原则

健身健美训练动作技能的学习应遵循由简到繁、由分解到整体的循序渐进的原则。根据健身健美训练动作技能的难易程度，可适当采用先分解再综合的教学方法进行逐步学习，这不仅可以降低初学者学习的难度，还能减轻因复杂技术产生的恐惧心理对学习带来的干扰。在进行较难技术动作练习时，可恰当地采取保护帮助措施，使练习者建立对目标动作的正确肌肉感觉。

在泛化阶段，应抓住该阶段教学中动作的主要环节，如健身健美硬拉的发力顺序、转髋时机等，重点攻克运动员在掌握动作中存在的主要问题，但不宜过多地强调动作的细节，如转髋的幅度，力量的大小，手腕的动作，等等。

二、分化阶段

初学者经过反复练习，初步掌握了部分重要动作，并开始把各部分的分解动作有机联系起来。在分化阶段，大脑皮质中枢的兴奋、分化和抑制过程日臻完善，这标志着健身健美训练动作技能学习的条件反射活动由泛化阶段正式进入分化阶段。

（一）动作特点

在分化阶段，练习者的注意力范围增大，且注意力主要集中于技术细节，肌肉感觉越来越清晰，紧张程度大幅降低，动作之间的干扰减少，多余动作慢慢消除，动作准确性进一步提高，初步形成一定的专项技能。与此同时，与动作技能相关的肌肉控制得到加强，不该收缩的肌肉得到放松，多余动作逐渐消失，练习者能够顺利且连贯地完成技术动作，并初步形成技术动力定型，但这种动力定型不够稳定，遇到新异刺激或较强刺激时，动作还会出现间断、停顿和不协调等问题。

（二）教学训练要求

1. 建立完整的健身健美技能概念

通过教练的讲解和练习者的实践，强化练习者对动作的正确认识和动作各环节间的内在联系的理解来形成正确的动作概念。

2. 纠正不规范动作

此阶段教练应在建立完整动作的基础上及时纠正错误动作，以免错误的动作形成动力定型。

3. 加大动作完成难度

为了使关键技术动作建立更稳定的分化抑制，可以通过增加动作的难度和人为制造障碍物、对抗方式进行训练，这样可以加速动作技能的熟练掌握。比如：增加手臂的力量，限制身体转动幅度，在不稳定的环境中进行技能训练，等等。

三、巩固与自动化阶段

练习者通过进一步的反复训练之后，会在大脑中建立起稳定的动力定型，神经的兴奋与抑制将更加集中，各个动作可以以连锁的形式表现出来。在这个阶段，动作技能将日趋巩固和完善，标志着技术的学习已进入巩固与自动化阶段。

（一）动作特点

练习者在环境变化的信息加工上注意范围进一步扩大，对动作本身的注意力减少，视觉控制作用减弱，动觉控制作用加强，动作更加协调连贯、稳定准确。通常情况下，大脑皮质不需要有意识地进行控制就能顺利完成动作，动作的完成能进入“无意识”状态，也能及时发现和纠正动作的错误。

（二）教学训练要求

1. 促进动作自动化形成

健身健美训练动作技能达到巩固程度时，教练应加强练习者的技术理论学习，使其加深对动作内在规律的认识和理解，应增加在复杂多变环境下的练习，不断加强动作的质量和稳定性，进一步强化动作自动化的形成。

2. 预防动作变形

由于自动化动作是在无意识的状态下完成的，所以动作发生少许改变时往往不易被练习者察觉，若是发生改变的动作不被提醒，经过多次重复练习，不规范的动作也会出现动力定型，这样会造成动作质量的下降。因此，在动作自动化后，教练和练习者仍要加强动作检查的力度和频次，做到精益求精。

3. 巩固练习

运动技能进入巩固和自动化阶段仍要不断强化、坚持练习。如果不持续进行强化训练，已经获得的良好动作技能还会消退，动作技能难度越大、越复杂，越容易消退。因此，应注重动作自动化后的巩固练习。

训练检测

1. 健身健美训练动作技能形成的概念与基本特征是什么？

2. 健身健美训练动作技能形成的过程是什么？

项目七
健身健美运动体能训练理论

项目描述

健身健美运动训练中的体能是竞技能力的重要构成部分，良好的体能水平是保证高效能训练、比赛中创造优异成绩的基本保障。因此，体能训练是健身健美运动训练的重要组成部分，需得到高度重视，同时需注意要根据健身健美运动项目的特点进行针对性、专门性的体能训练。

学习目标

了解健身健美运动中体能训练的基本概念、分类，掌握健身健美体能训练的基本素质要求。能够针对不同的健身健美运动员制定相应的体能训练计划，熟练运用相关专业术语。

能力目标

具备能够运用所学知识对健身健美运动员及爱好者进行科学的专项体能训练指导的能力。

任务一　健身健美运动体能训练概述

活动场地 / 环境

多媒体教室。

任务要求

1. 了解健身健美运动体能训练的概念与要求；
2. 了解健身健美运动体能训练的分类。

能力训练

掌握健身健美运动体能训练的概念，能够有意识地提高对健身健美训练体能训练的认知水平；初步形成健身健美运动体能训练的知识体系。

课题一　健身健美运动体能训练的概念与要求

一、健身健美运动体能训练的概念

运动员体能是指运动员机体的基本运动能力，是运动员竞技能力的重要构成部分。运动员的体能发展水平是由其身体形态、身体机能及运动素质构成的。健身健美运动体能是指健身健美运动员机体的基本运动能力，是健身健美运动员竞技能力的重要构成部分，其由健身健美运动员的身体形态、机能及运动素质构成。

健身健美运动体能训练就是结合项目的需求，运用科学的负荷和手段，使其身体形态、机能和运动素质产生与健身健美运动相适应的变化，提高机体适应健身健美运动的训练和比赛强度的专项体能训练。

二、健身健美运动体能训练的要求

（一）力量

健身健美运动需要使用大量的器械来完成抗阻力的肌肉训练，因此运动员需要具备强大的肌肉力量，以完成各种训练和比赛动作。

（二）耐力

健身健美运动需要消耗大量的体能，需要提供足够的氧气和能量，提供与高容量、高强度对应的心肺功能，因此需要运动员具备良好的心肺功能和良好的耐力，以保持高水平的表现。

（三）速度

健身健美运动的某些训练动作需要快速完成，因此需要具备一定的速度，以便在训练中高效地完成训练目标。

（四）灵敏与柔韧

健身健美运动的一些动作需要高度的神经募集及反应能力，因此需要具备良好的灵敏与柔韧性，以避免受伤并提高运动表现。

课题二　健身健美运动体能训练的分类

一、力量素质训练

力量素质训练是指人的机体或机体的某一部分肌肉工作（收缩和舒张）时克服内外阻力的能力训练。

二、耐力素质训练

耐力素质训练是人体长时间进行肌肉工作的能力训练，即对抗疲劳的能力训练。例如，以减脂为目标的训练需要单组次数训练达到 15~30 次以内的高次数，以达到耐力素质训练的目标。

三、速度素质训练

速度素质训练是指人体快速运动的能力训练。例如，在周期训练计划中需要有目标地完成爆发力增力训练，以达到肌肥大的终极目标。

四、灵敏与柔韧素质训练

在健身健美运动体能训练中，需要主动肌、拮抗肌、协同肌、稳定肌高度配合，即具有高度的灵敏性，以达到目标肌肉最大化刺激的效果。

柔韧素质是利用肌肉在整个范围内运动的能力。例如，在健身健美运动训练的平台期，适当延长肌肉抗阻力做功的行程及时间，有助于突破平台期，达到增肌的目的。

训练检测

1. 什么是健身健美运动体能训练？
2. 健身健美运动体能训练可以分为哪几类？

任务二　健身健美运动力量素质训练

活动场地 / 环境

多媒体教室、健身房。

任务要求

1. 了解健身健美运动力量素质的概念与分类；
2. 了解健身健美运动力量素质训练的方法。

能力训练

掌握健身健美运动力量素质的概念与分类，能够有意识地提高对健身健美运动力量素质训练的认知水平；初步形成健身健美运动力量素质训练的知识体系。

课题一　力量素质的概念与分类

力量素质是人体进行体育运动的基本素质之一，是获得运动技能和取得优异运动成绩的基础，同时也是其他身体素质发展的重要因素。力量素质是指人的机体或机体的某一部分肌肉工作（收缩和舒张）时克服内外阻力的能力。外部阻力是指物体的重量、支撑反作用力、摩擦力以及空气或水的阻力等。

正确地认识力量的分类和力量组成成分，能使教练有效地选择和使用力量训练手段，提高力量训练的效果。根据不同的标准，可将力量分为不同的类别。

一、按训练阶段和力量的作用分为基础力量与相应力量

基础力量是指整个肌肉系统的力量，是运动的基本力量，是完成任何动作都必需的一般力量。通常在训练早期和准备期进行基础力量训练。若基础

力量水平低，则会影响相应力量的发展。

相应力量与基础力量相对应，是指完成某一动作所必需的专门力量。

二、按力量与专项的关系分为一般力量、辅助专项力量、专项力量

一般力量是指身体各部位肌肉力量的发展水平，是各运动环节克服阻力的工作能力。它是整个力量训练的基础，通常在训练的准备阶段或训练的最初几年得到发展。

专项力量是指在时间—空间特征上严格符合专项竞技动作要求的肌肉力量，也就是说，在动作结构、力量性质、肌肉收缩的方式甚至动作的心理定向等方面都严格符合专项运动特点的肌肉力量。

辅助专项力量也称为全面专项力量或专门力量，是苏联学者库兹涅佐夫提出的。这种训练方法考虑到完成专项动作除需要一般力量外，还要加强对专项起辅助作用的肌群力量，旨在提高专项主要工作肌群的力量。辅助专项力量训练是一般力量训练与专项力量训练的“交叉地带”。

三、按力量的训练学作用分为最大力量、快速力量和力量耐力

最大力量是指肌肉克服极限负荷的能力，通常用肌肉克服极限阻力过程中所表现出的最高力值度量。最大力量取决于传入肌肉的神经冲动的强度和频率，取决于肌肉收缩的协调能力和关节角度的变化（骨杠杆的机械效率）。

快速力量是指肌肉在短时间内尽快发挥强大力量的能力。快速力量水平取决于肌肉的收缩速度和最大力量，可以用快速力量指数表示。

力量耐力指肌肉在静力或动力性工作中长时间保持肌肉紧张用力而不降低工作效果的能力。力量耐力又可分为动力性力量耐力和静力性力量耐力。动力性力量耐力由最大力量耐力（发挥最大力量的能力）和快速力量耐力（重复发挥快速力量的能力）组成，主要表现在田径、游泳、球类、体操等快速力量运动项目中。静力性力量耐力则主要表现在射击、摔跤和支撑性运动项目中。

四、按力量与体重的关系分为绝对力量与相对力量

绝对力量是指在不考虑体重条件下所能表现的最大力量。绝对力量可以通过测力计测定，但在训练中往往通过一次练习所能完成的最大负荷值表示。

从这个意义上讲，绝对力量与最大力量的含义是相同的。

相对力量是指运动员单位体重的力量大小。相对力量的计算方法为：相对力量=最大力量 / 体重。在克服自身体重的位移性运动项目中和分重量级别的运动项目中，相对力量具有十分重要的意义。优秀的跳跃和摔跤运动员相对力量水平都很高。

五、按肌肉收缩的方式分为向心收缩力量、离心收缩力量、等长收缩力量和超等长收缩力量

向心收缩力量是指肌肉通过快速向心收缩方式产生的力量。在训练实践中，凡克服附加重物的阻力等身体练习均属于这类肌肉力量练习。

离心收缩力量是指外力大于肌力时，肌肉用力收缩而被拉长过程中所表现的最大力量。研究表明，工作肌群的离心收缩能力是影响动态爆发力的首要力量因素。为了提高运动成绩，发展肌肉离心收缩力量已越来越被教练重视。

等长收缩力量是反映肌肉收缩时长度不发生变化、固定运动环节或对抗外界负荷的能力。

超等长收缩是指在冲击性大负荷作用下，肌肉快速地完成拉长—缩短的过程。显而易见，超等长收缩力量是指肌肉在冲击性大负荷作用下，引起强烈牵张反射所产生的超大肌肉力量。

课题二　力量素质训练的方法

一、下肢力量训练

基础动作：深蹲、弓步、硬拉。

负重基础动作：深蹲、弓步、硬拉。

（一）深蹲（见图 7–2–1）

（1）站在深蹲架前，杠铃置于斜方肌与肩同高位置。

（2）走向深蹲架，将杠铃放在上背部和肩部位置，不要压迫脊柱，使脊柱保持中立位。

（3）握住杠铃，手应握在杠铃滚纹（杠铃杆上的粗糙部分）一指处或者

两手间距离较肩稍宽的位置。

（4）从深蹲架上扛起杠铃，该动作应通过伸展髋关节和膝关节完成，继而后退一步，两脚开立同肩宽，脚趾尖稍微外展，同时始终保持杠铃与地面平行，头部保持中立位，面部朝前。

（5）保持双脚水平接触地面，重心位于脚踝，髋关节向后来启动动作。

（6）屈髋屈膝使身体下蹲，保持膝盖与脚趾的方向一致。

（7）当身体下蹲时，躯干保持直立，脊柱保持中立位。

（8）持续使自己的身体向下蹲，直到大腿与地面平行时或大腿与小腿刚接触时（在做深蹲的情况下）结束动作。

（9）使用相同路线回到起始姿势。

图 7-2-1

（二）弓步（见图 7-2-2）

（1）站在深蹲架前，使杠铃几乎与肩同高。

（2）站在杠铃下，将杠铃放置在上背部及肩部。

（3）握住杠铃，手应握在杠铃滚纹（杠铃杆上的粗糙部分）一指处或者两手间距离比肩稍宽的位置。

（4）通过伸髋和伸膝将杠铃从深蹲架上扛起，然后后退，双腿以躯干为中线，一前一后站立，两腿在额状面上保持与髋部同宽。

（5）前脚脚掌着地，躯干保持直立状态，通过屈曲后腿膝盖，使身体重心下降。

（6）在重心下降时保持上身直立，尽量避免臀部向后翘起。在重心下降的同时前腿的膝盖屈曲。

（7）重心下降时保证躯干直立，脊柱处于中立位。

（8）当前腿的大腿上平面与地面趋近于平行并且后腿膝盖即将接触地面时停止下降。

（9）使用相同路线回到起始姿势。

（10）前后腿互换位置，重复该动作，直到完成计划次数。

图 7–2–2

（三）硬拉（见图 7–2–3）

（1）起始时杠铃置于地面上。双脚站在杠铃杆下方，杠铃杆应在鞋带上方。脚趾微微外展。双脚张开，两脚间宽度应在髋关节与肩部的宽度之间。

（2）握住杠铃，手应握在杠铃滚纹（杠铃杆上的粗糙部分）一指处或比肩稍宽的位置。伸展髋关节和膝关节来将杠铃从地上提起，并后退。

（3）两脚自然张开，与肩同宽，双膝微屈。

（4）双脚水平接触地面，重心集中于脚踝，通过髋关节屈曲（屈髋并向后移动），使上身躯干与大腿的夹角变小，保持脊柱中立位。

（5）下放杠铃直至与髌腱平齐或略低于膝关节。

（6）通过伸髋，按照相同路线回到初始位置。在整个运动过程中，膝关节始终保持静止并维持微屈的角度。

图 7-2-3

（四）变形模拟（见图 7-2-4、图 7-2-5）

（1）在光滑的地面上放一个滑垫，将一只脚放在滑垫上。

（2）两脚自然开立，与肩同宽。

图 7-2-4

图 7-2-5

（3）上身下降，髋部向后坐，滑垫一侧腿向外滑动，远离身体中线。另一条腿膝关节屈曲，直至大腿上部与地面平行。保持膝盖方向与脚趾方向一致。

（4）保持脊柱中立。

（5）通过无滑垫一侧下肢髋关节和膝关节的伸展来使身体回到直立姿势，滑垫一侧下肢利用与下降时相同的路线回到起始位置。

二、上肢力量训练

基础动作：俯身划船、俯卧撑、推肩。

负重基础动作：俯身划船、仰卧推胸、推肩。

（一）上举（见图 7–2–6、图 7–2–7）

（1）杠铃杆放置在肩膀顶部，双脚分开，与髋部同宽。

（2）在比肩宽 1~2 寸[①]的地方握住杠铃杆，手掌朝向身体前方。

（3）保持躯干直立，杠铃杆向上推举，举过头顶，直到手臂越过肩膀完全伸直。稍微倾斜头部，避免碰到下巴或脸部。

（4）按照相同路线慢慢返回到起始位。

图 7–2–6

① 1寸≈3.33厘米。

图 7–2–7

（二）卧推（见图 7–2–8、图 7–2–9）

（1）躺在长凳上，保持双腿、臀部、上背和头部这五点与长凳接触。

（2）以正握的方式抓住杠铃，双手间距略宽于肩，拇指绕在手柄上。

（3）让辅助者帮忙从架子上取下杠铃杆。在胸前支撑起杠铃杆，与乳头对齐。

（4）保持五点接触姿势，控制杠铃杆平稳慢速地下放，直到它接触到胸部。不要让杠铃杆被胸部反弹。

（5）在推举杠铃杆的同时，上臂应位于身体两侧，与躯干约呈 45 度，前臂应保持与地面垂直。

（6）按相同路线把杠铃放回到起始位置，肘部完全伸直。

图 7–2–8

图 7-2-9

（三）俯身单臂划船（见图 7-2-10、图 7-2-11）

（1）将身体一侧的手和膝盖放在长凳上，躯干与地面基本平行。与正常站立姿势一样，保持脊柱中立位，避免腰部下弯。

（2）支撑腿伸直，但应避免关节锁死。

（3）用另一只手握住哑铃，将拇指绕在哑铃手柄上，手掌朝向长凳。

（4）在屈曲肘部的同时，向上提起哑铃，直到碰到躯干。

（5）按照相同路线缓慢放下哑铃回到起始位置，完成一次练习。

图 7-2-10

图 7-2-11

（四）俯身划船（见图 7-2-12、图 7-2-13）

（1）双脚分开，与肩同宽，膝盖微屈。

（2）手掌紧紧握住杠铃，手心朝向身体，拇指绕在杠铃杆上。

（3）按硬拉动作模式，将杠铃杆从地面上提起。

（4）髋关节屈曲，直到身体平行于地面并且手臂完全伸直。在进行杠铃俯身划船练习时，要保持屈髋姿势。

（5）保持脊柱中立位，两侧肘关节屈曲的同时将上臂后移，直到杠铃触碰到躯干。

（6）杠铃提起至顶部时收缩肩胛骨。

（7）按照相同路线放下杠铃，始终保持脊柱处于中立位。

图 7-2-12

图 7-2-13

三、核心综合力量训练

基础动作：山羊挺身、平板支撑、卷腹。

负重基础动作：卷腹、山羊挺身。

变型模拟动作：侧式平板支撑、V字平板支撑。

（一）山羊挺身（见图 7-2-14、图 7-2-15）

（1）俯卧于长凳之上，身体与长凳垂直。

（2）在胸前举起双手，保证在抬起双腿时只有躯干能够接触到长凳。收缩背肌以支撑四肢。

（3）保持头部（不要向上看导致脖子抬高）、躯干与双脚距离地面的高度相同，保持脊柱中立位（不要过度伸展）。

（4）身体保持类似平板支撑的动作，直到力竭。

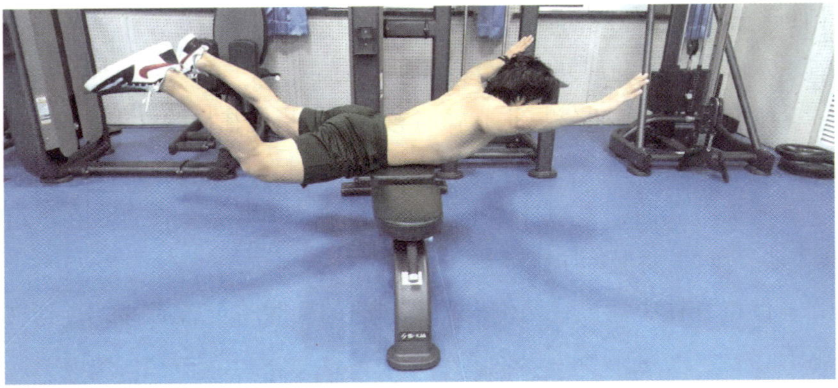

图 7-2-14

（二）平板支撑（见图 7-2-15）

（1）俯卧，双脚分开与髋关节同宽。

（2）屈肘约90度，位于肩部正下方，双手手掌贴于地面并支撑身体。

（3）保持头部和脊柱中立位，并与躯干呈一条直线，踝关节、膝关节、髋关节和肩关节在一条直线上。

（4）保持这个姿势直至力竭，或达到预定时间为止。

（三）卷腹（见图 7-2-16）

（1）平躺于地面，面部朝上，双脚置于长凳上，膝关节与髋关节均屈曲90度。

（2）双手指尖轻触头部两侧，抬起头部离开地面。

图 7-2-15

（3）保持双脚在长凳之上，卷曲上身使之离开地面，头部及肩部向大腿方向移动，直到上背部完全离开地面为止。

（4）按照相同路线回到初始位置。

图 7-2-16

（四）侧式平板支撑（V 字平板支撑）（见图 7-2-17）

（1）侧卧，双脚叠放在一起，触地一侧肘部屈曲 90 度，置于肩部正下方。

（2）在运动过程中保持头部及脊柱中立位，并与躯干呈一条直线，提臀并使其离开地面，直至下踝关节、膝关节以及肩关节在一条直线上。

（3）保持这个姿势直至力竭，或达到预定时间为止。

图 7-2-17

训练检测

1. 如何编排下肢力量训练动作？
2. 如何编排上肢力量训练动作？
3. 如何编排核心综合力量训练动作？

任务三　健身健美运动耐力素质训练

活动场地 / 环境

多媒体教室、室外。

任务要求

1. 了解健身健美运动耐力素质的作用、分类和影响因素；
2. 了解健身健美运动耐力素质训练的方法。

能力训练

掌握健身健美运动耐力素质的作用、分类，能够有意识地提高对健身健美耐力素质训练的认知水平；初步形成健身健美耐力素质训练的知识体系。

课题一　耐力素质训练概述

耐力素质是指机体在一定时间内保持特定强度负荷或动作质量的能力。“一定时间”是指不同专项对运动时间的规定性。“保持特定强度负荷或动作质量”是耐力水平的体现。耐力水平的提高表现为更长时间保持特定强度负荷或动作质量，或在一定时间内承受更高强度的能力。健身健美训练者要在竞赛全过程保持特定的运动强度或动作质量，就必须具备良好的耐力素质。

一、耐力素质的作用

在竞技体育领域，耐力素质在不同的竞技运动项目中有着不同的作用。对于健身健美项目来说，耐力素质对于提高运动表现和取得优异成绩有重要作用。

二、耐力素质的分类

按人体的生理系统分类，耐力素质可分为肌肉耐力和心血管耐力。肌肉耐力也称为力量耐力。心血管耐力又分为有氧耐力和无氧耐力。有氧耐力是指机体在氧气供应比较充足的情况下，能坚持长时间工作的能力。有氧耐力训练的目的在于提高运动员机体吸收、输送和利用氧气的能力，促进机体的新陈代谢。无氧耐力是指机体以无氧代谢为主要供能形式，坚持较长时间工作的能力。无氧耐力又分为磷酸原代谢供能无氧耐力和糖酵解供能无氧耐力。在无氧代谢供能的肌肉活动中，CP（磷酸肌酸）分解供能，不产生乳酸，叫磷酸原代谢供能，机体处在这种状态下坚持较长时间工作的能力，称为磷酸原代谢供能的无氧耐力。在无氧代谢供能的肌肉活动中，糖酵解供能，产生乳酸。机体处在这种状态下坚持长时间工作的能力，称为糖酵解代谢供能的无氧耐力。

根据肌肉工作的力学特征，可分为静力性耐力（如造型展示动作肌肉控制）和动力性耐力。

依耐力素质对专项的影响，耐力素质又可分为一般耐力和专项耐力。一般耐力是指对提高专项运动成绩起间接作用的基础性耐力；专项耐力是指与提高专项运动成绩有直接关系的耐力，具体地讲是指持续完成专项动作或接近比赛动作的耐力。

三、耐力素质的影响因素

耐力素质取决于运动员有氧代谢的能力、体内能源物质的储存、支撑运动器官承受长时间工作的能力，以及运动员的心理控制和对疲劳的耐受程度四个方面。

提高运动员的摄氧、输氧及用氧能力，保持运动员体内适宜的糖原的储存量，提高肌肉、关节、韧带等支撑运动器官对长时间负荷的承受能力，加强运动员心理调节控制的能力，改进运动员在疲劳状态下动员机体潜力、持续工作的自我激励能力，是发展运动员耐力素质的重要途径。

长时间的单一练习，如跑步、游泳、骑自行车等，既能发展机体有氧代谢的能力，又能发展进行该项运动主要工作肌群及关节、韧带的工作耐力；而长时间变换内容的练习，则能减轻局部运动装置的工作负荷，着重培养运动员有氧代谢的能力。

在健身健美比赛中，运动员完成一场比赛需要进行预赛、决赛等，比赛时间较长，若没有充足的体能作保证，比赛中的发挥将受到严重的局限，易导致运动员体力下降、神经疲劳、注意力分散。这就需要健身健美运动员具备良好的有氧耐力，因为在比赛中一旦体力不支或精神疲惫，就很可能影响比赛表现。有氧运动既要有强度，也要适度，一般来说，有氧运动的强度必须达到最大心率的75%以上，训练时间要控制在每次20分钟以上，主要的训练方法有持续跑、定时跑、定距跑、变速跑、间歇跑等。

四、发展耐力素质的基础

（一）基本要素

第一，发展耐力素质要充分考虑年龄、性别及生理特点。男子在17岁之后，女子在16岁以后发展素质耐力较好。就运动负荷而言，男子和女子、体质强者和体质弱者都要有明显的差别。

第二，应该在发展有氧耐力的基础上发展无氧耐力。

第三，发展耐力素质要增加适量的运动负荷与间歇。

第四，动作速度为中等对耐力素质的提高最为有效。

第五，要重视耐力素质锻炼中的呼吸与动作的配合。

第六，耐力素质锻炼必须持之以恒，要有顽强的意志品质。

第七，耐力素质锻炼后，应加强营养补充和促进疲劳的消除。

（二）生理学基础

1. 发展有氧耐力（最大摄氧量）的生理学基础

有氧耐力是指机体长时间进行有氧供能（靠糖原和脂肪有氧分解供能）的工作能力。这种有氧耐力可以通过人体的最大摄氧量反映出来。发展有氧耐力的生理学基础如下：

第一，呼吸器官的机能能得到良好的改善。

第二，红细胞所含的血红蛋白与氧的结合能力提高。血红蛋白有结合氧、携带氧的能力，可以将结合的氧经循环系统运送到肌肉和其他组织。经常锻炼身体可以增加红细胞的数量，提高血红蛋白结合氧的能力，提高机体有氧耐力。

第三，肌肉中的糖原、脂肪在酶的作用下进行旺盛的有氧代谢，同时影响最大吸氧量。

第四，心血管系统的机能是影响最大摄氧量的重要因素。

2. 发展无氧耐力的生理学基础

无氧耐力是指机体在缺氧状态下，长时间对肌肉收缩供能的工作能力。发展无氧耐力的生理学基础如下：

第一，肌肉内无氧酵解供能能力提高。

第二，机体缓冲乳酸的能力提高。

第三，脑细胞对血液酸碱度变化的耐力提高。

课题二 耐力素质训练的方法

一、长时间匀速跑

为提升有氧耐力，可以选择长时间中等强度的匀速跑，时间一般在40分钟以上，心率控制在150次/分左右，距离一般在5公里以上即可。

二、长距离慢速跑（又称LSD）

每周可以进行一次长距离慢速跑。这是以“低强度”和“长距离”为特点的有氧训练，属于持续训练法的一种。每次训练时间控制在80~120分钟，最多不超过150分钟。LSD训练属于很轻松的慢跑，在跑步的过程中可以聊天说话，基本不会感到呼吸困难。

三、越野跑

越野跑是一种在野外自然环境中奔跑的运动，通常会经过山地，道路起伏比较大，对心肺功能训练有不俗的效果，可以提升有氧耐力。原则上，运动时间需在一小时以上。

四、变速跑

变速跑是一种快跑和慢跑交替进行的训练方法，多用于发展有氧耐力，提升有氧代谢能力。变速跑的负荷强度应从低到高，训练时间一般在30分钟以上，慢速跑时心率控制在130~145次/分，快速跑时心率控制在170~180次/分。变速跑可细分为定时变速跑、定距离变速跑、追逐变速跑等。

五、间歇跑

间歇跑是一种高低强度交错进行的跑步训练，可以有效提高速度耐力和心肺功能。间歇跑每组的距离可以是400米、600米、800米、1 000米、1 600米或者2 000米。一般可以根据自己的能力选择每组400米到1 600米的距离。间歇跑通过反复的高强度刺激让身体能够忍耐在更高的心率下奔跑。它不但可以提升速度耐力，还可以加强心肺功能。

六、12分钟快速跑

12分钟快速跑是诞生于20世纪60年代的一种体能测试方法，即全力奔跑12分钟，看你能跑多远。12分钟跑在国内声名鹊起是因为20世纪90年代甲A足球联赛的球员要参加这个测试，3 000米为及格线。12分钟快速跑是一种简单快捷的训练方式，可以有效提升速度耐力。

七、法特莱克跑

法特莱克跑是源自瑞典的一种跑步训练方式，是一种随性的变速跑训练。在训练时，需要根据自我身体感觉和地形的变化来自行变换速度，但应对全程或某一分段内的加速跑次数进行明确规定。当然，也可以在法特莱克跑的训练中穿插一些摆臂、呼吸、步频甚至越障训练，这样可以增强核心力量，并改善速度耐力。

八、节奏跑

节奏跑是指在设定好的距离或时间范围内，维持恒定速度进行训练的一种方式。通常以实际测试中的配速或略低于测试的配速跑一段时间，让机体提前体会和适应这种感觉。比如，如果进行3 000米跑，跑进12分钟，那么在平时节奏跑时就应以4分或者4分10秒左右的配速为标准来进行训练。

训练检测

1. 耐力素质可以分为哪几类？
2. 如何安排耐力素质训练？

任务四　健身健美运动速度素质训练

活动场地 / 环境

多媒体教室、田径场、健身房。

任务要求

1. 了解健身健美运动速度素质的概念与分类；
2. 了解健身健美运动速度素质训练的方法。

能力训练

掌握健身健美运动速度素质的概念与分类，能够有意识地提高对健身健美运动速度素质训练的认知水平；初步形成健身健美运动速度素质训练的知识体系。

课题一　速度素质训练的概念与分类

速度素质是指人体快速运动的能力。它包括反应速度、动作速度和位移速度。

一、反应速度

反应速度是指人体对各种信号刺激（声、光、触等）快速应答的能力。由于运动员对不同类型信号的反应速度是不同的，训练中往往根据不同项目的特点测定运动员对特定信号的反应速度。例如，短跑、游泳等周期性竞速项目运动员主要接受听觉信号，而乒乓球运动员则主要通过接受视觉信号作出技战术反应。

（一）反应速度的影响因素

反应速度主要取决于人的感受器（视觉、听觉）和其他分析器的特征以及中枢神经系统与神经肌肉之间的协调关系。反应速度素质受遗传效应影响较大。

（二）反应速度的评定

应根据不同项目的特点测定运动员对特定信号的反应速度。对反应速度的评定，可以通过实验室的测试进行，也可采用简易的方法。

二、动作速度

动作速度是指人体或人体某一部分快速完成动作的能力。动作速度是技术动作不可缺少的要素，表现为人体完成某一技术动作时的挥摆速度、击打速度、蹬伸速度、踢踹速度等，此外还包含在单位时间里连续完成单个动作时重复的次数（即动作频率）。

（一）动作速度的影响因素

运动员机体任何部位动作速度的快慢，主要取决于中枢神经系统的功能、引起该部位运动的肌肉力量大小，以及技术动作的合理性。

（二）动作速度的评定

因为动作速度寓于某一个技术动作之中，如俯身杠铃划船离心阶段的控制速度、向心阶段的控制速度、顶峰收缩速度等，所以动作速度的测量是与技术参数的测定联系在一起的，像出手速度、角速度、加速度等。此外，可以通过对连续反复多次完成同一动作计时求出平均动作速度。

三、移动速度

移动速度是指人体在特定方向上位移的速度。其以单位时间内机体移动的距离为评定指标。从运动学上讲，移动速度是距离与通过该距离所用的时间（t）之比。在体育运动中，常常以人体通过固定距离所用的时间来表示。

（一）移动速度的影响因素

移动速度的主要影响因素是步频和步长。步频即单位时间内完成动作的周期数，步长即每一个动作周期在特定运动方向上的位移幅度。这两个因素状况的改善以及它们之间的合理组合是提高移动速度的关键。

（二）移动速度的评定

一般情况下会用短距离跑测定移动速度。

测试要求：运动员全力加速。

注意事项如下：

（1）根据不同测试目的选定跑动距离：10米、30米、60米、100米、120米。

（2）在运动员不疲劳、神经兴奋性高的状态下测验。

（3）进行充分的准备活动。

（4）除了时间参数外，步频、步长和单腿蹬地时间也是重要的评价参数。

课题二　速度素质训练的方法

一、反应速度训练

反应速度训练最常见的方法是利用各种声、光等突发信号让练习者快速做出相应的反应动作，以提高其神经系统反射弧的接通机能水平。

二、动作速度训练

提高动作速度的训练方法有：

第一，减小练习难度，加助力法。如快速伸缩复合训练，以训练全身肌群。

第二，加大练习难度，发挥后效作用法。如深蹲训练后增加快速半程深蹲练习。

第三，时限法。按预定的音响节拍频率完成动作，以改变练习者的动作频率和速度。

三、位移速度训练

提高动作速度是提高位移速度的基础，并与四肢肌肉的爆发力密切相关。

通常采用下列方法提高位移速度：

第一，快速跑。如短距离用最快速度重复跑、短距离游泳等。

第二，加速动作频率的练习。如坐姿推胸练习、俯身哑铃飞鸟练习等。

第三，发展下肢的爆发力。如负重跳、单脚跳、跨步跳等。

示例1：快速跑台阶（楼梯）练习。

根据自身情况，选择有一定长度距离的台阶。两腿用最快频率的交叉小密步从台阶底部跑至规定距离的顶部。到达顶部后迅速转身，再向下以频率最快的小密步一级一级地跑向台阶底部。到达底部后再向上跑。重复此练习 3 组。间歇 1~2 分钟，重复以上动作 3 轮。

示例 2：空中快速换腿练习。

前后分腿站立，左腿在前，双腿发力跳跃至空中，滞空时完成 2 次前后换腿，落地时为起始站立位，连续跳跃 10 次。休息 1~2 分钟，重复以上动作 5 轮。

训练检测

1. 健身健美运动速度素质的分类有哪些？
2. 如何安排健身健美运动速度素质训练？

任务五　健身健美运动灵敏与柔韧素质训练

活动场地 / 环境

多媒体教室、形体训练房。

任务要求

1. 了解健身健美运动灵敏与柔韧素质训练的概念；
2. 了解健身健美运动灵敏与柔韧素质训练的方法。

能力训练

掌握健身健美运动灵敏与柔韧素质训练的概念，能够有意识地提高对健身健美运动中灵敏与柔韧素质训练的认知水平；初步形成健身健美运动灵敏与柔韧素质训练的体系。

课题一　灵敏与柔韧素质训练概述

一、灵敏素质训练

灵敏素质是指人体在各种突然变化的条件下，能够迅速、准确、协调、灵活地完成动作的能力，是人的各种运动技能和身体素质在运动中的综合表现。大脑皮层神经活动过程的灵活性及分析综合能力是灵敏素质的重要生理基础，因此，可通过训练改善和提高各感受器官的功能，以增强灵敏素质。此外，在体育锻炼的实践中，掌握的运动技能愈多，大脑皮层中暂时神经联系的接通就愈迅速、准确，动作也愈灵巧。灵敏素质是运动技能、神经反应以及其他各种素质的综合表现，良好的灵敏素质有助于更快、更多、更准确、更协调地掌握技术和练习手段，使已有的身体素质充分、有效地运用到实践中去。例如，在出现击球失误、落点不佳以及身体突然不适等情况时，要想及时调整自己的身体状态和运动思维来应对这些突发情况等，就需要进行灵敏素质训练。

二、柔韧素质训练

柔韧素质是指人体各个关节的活动幅度以及肌肉、肌腱和韧带等软组织的伸展能力。运动员的肩、腰、髋、腿等部位均需要具备特殊的柔韧素质，才能在运动中表现出大幅度的活动范围。

柔韧素质差的，会影响掌握动作技能，还会限制力量及速度、协调能力的发挥，也会造成肌肉、韧带损伤。在运动教学训练中，既要解决运动员的软开度问题，又要重视运动员的韧性问题，获得柔中有刚和刚中有柔的效果。为此，需要深入研究柔韧素质的训练问题。

（一）柔韧素质训练的分类

柔韧素质训练可分为主动柔韧素质训练和被动柔韧素质训练两种。

主动柔韧素质是指运动员依靠相应关节周围肌群的积极工作，完成大幅度动作的能力。主动柔韧素质训练培养运动员的柔韧能力，也起到发展力量素质的作用。例如，训练腿部肌群的杠铃深蹲时，要求运动员的深蹲蹲到位、幅度大，且动作全程发力，达到既有柔性又有韧性的效果。反过来，力量素质的发展又能促进主动柔韧素质水平的提高。

被动柔韧素质是指运动员被动用力（或借助外力）时，关节所能达到的最大活动幅度。被动柔韧素质训练是发展主动柔韧素质的基础。

（二）影响柔韧素质提高的因素

肌肉、韧带组织的弹性不仅取决于性别、年龄，而且取决于中枢神经系统的兴奋度。情绪高涨时，柔韧素质会增大。因此，柔韧素质训练要从少儿抓起，练习时的情绪也不可忽视。

关节的骨结构是柔韧素质最不易改变的因素，基本上由遗传决定。如先天骨盆形态扁平，其髋关节开度就好。关节周围组织的体积大小对关节活动幅度有限制作用，它受先天和后天训练的影响。有些肌肉体积增大后，会影响其周围关节的活动幅度。因此，对运动员来说，控制肌肉体积的增大是极其重要的。

神经系统兴奋与抑制过程转换的灵活性与运动中肌肉的基本张力有关，中枢神经系统调节对于肌肉之间的协调性改善以及肌肉紧张和放松的调节能力的提高是至关重要的，这就是通常要求运动员做动作要放得开、别紧张的原因。研究证明，训练水平高的人，肌肉的随意放松能力很高，这与中枢神经系统对骨骼肌神经细胞的抑制深度有关。

（三）柔韧素质的种类及特点

柔韧和柔软不能混为一谈，虽然两者都可用身体活动幅度的大小来衡量，但是它们在实质上是有区别的。从字义上讲，柔韧是既柔又韧，即柔中有刚，刚柔相济；而柔软只是柔与不硬，或柔中无刚。从性能上看，韧是在幅度中还含有速度和力量的因素，即在做大幅度动作时，肌肉仍能快速有力地收缩，像钢丝一样，既能弯曲又能迅速伸直；而柔软是幅度大，却缺乏速度和力量，做动作时软绵绵的，打得开却收不拢。体育运动中需要的是柔韧素质而不是柔软素质。

柔韧素质从其与专项的关系看，可分为一般柔韧素质与专项柔韧素质。一般柔韧素质是指为适应一般技能发展所需要的柔韧素质，专项柔韧素质是指专项运动需要的特殊柔韧素质。专项柔韧素质是具有较强选择性的，因此，同一身体部位具有的柔韧素质由于项目的需求不同，在幅度、方向等表现上也有差异。

柔韧素质从其外部运动状态的表现看可分为动力性柔韧素质和静力性柔韧素质。动力性柔韧素质是指肌肉、肌腱、韧带根据动力性技术动作需要，拉伸到解剖学允许的最大限度，随即利用强有力的弹性回缩力来完成所要完成的动作的能力。所有爆发力前的拉伸均属于动力性柔韧素质表现的能力。静力性柔韧素质是指肌肉、肌腱、韧带根据静力性技术动作的需要，拉伸到动作所需要的位置角度，控制其停留一定时间所表现出来的能力。动力性柔韧素质建立在静力性柔韧素质的基础上，但必须要有力量素质的表现。静力性柔韧素质高的，动力性柔韧素质不一定高。

课题二　灵敏与柔韧素质训练的方法和注意事项

一、灵敏素质训练的方法和注意事项

（一）发展灵敏素质的方法

灵敏素质是人体综合能力的表现，发展灵敏素质必须从全面发展身体素质的综合能力入手，重点培养掌握动作的能力、反应能力、平衡能力等。主

要练习方法有：

（1）固定转换体位的练习，如各种穿梭跑、8 字跑和折返跑等。这些练习主要用于发展人体的基本灵敏能力。

（2）在跑、跳中做迅速改变方向的各种跑、躲闪、突然起动以及各种快速急停和迅速转身等练习。

（3）突然发出各种指令信号，练习者接收信号后，迅速做出应急反应。这种练习主要用于提高人体应用灵敏的能力。

（4）器械、体操、武术中的一些复杂动作练习，以及速度、动作、力量、高度、方位等经常变化的不对称练习和各种球类练习。

（5）复杂多变的综合练习，如用“之字跑”、“躲闪跑”、“穿梭跑”和“立卧撑”四项组成的综合性练习。

（6）专门练习，如立卧撑跳转 180 度连续进行、上步纵跳、单腿起跳、行进间的箭步蹲等。

（7）变速和变向练习，如在跑、跳过程中快速、协调、准确地完成各种动作，包括变向、变速、急停、急起、转体等。

（8）其他方式的练习。可以专门设计各种复杂多变的练习，如躲闪跑、穿梭跑等。

（二）注意事项

（1）灵敏素质的全面提高有赖于多建立有严格要求的条件反射，也就是说，学会正确的、随意的动作，越多越好。因此，要重视学习和掌握各种运动技能。

（2）灵敏素质是由大脑皮层神经活动过程的可塑性和灵活性所决定的，前者表现为对动作的掌握能力，后者表现为对参加运动肌群的控制、指挥能力。灵敏素质与复杂的运动反射速度及准确性密切相关，这要求练习时有较强烈的欲望，有明确的目标追求，减少不动脑筋的盲目重复练习。

（3）发展灵敏素质应在体力较好时进行，练习负荷强度要大，每次练习持续时间不宜过长，重复次数也不宜太多，间歇时间要充分，以不产生疲劳为限度。

（4）人在疲劳时灵敏素质会变差，因此，不断提高自己的耐力水平，对保持灵敏素质有积极的作用。

（5）灵敏素质是一种综合素质，与力量、速度、协调等素质有密切关系，尤其是反应速度、动作速度、爆发力和协调性等对灵敏素质影响很大。因此，发展灵敏素质应从这些基本因素着手，可结合健身健美项目的运动特点加以组合，设计切合实际的锻炼内容。

（6）灵敏素质训练应加强心理素质培养，避免由于紧张和恐惧心理而导致反应迟钝，动作的协调性下降，影响正常动作的发挥。

二、柔韧素质训练的方法和注意事项

（一）发展柔韧素质的方法

关于压腿：压腿的几种方法中正压腿是基础，也是较吃力的练习方法，压腿时要注意动作规范，分步进行，由轻到重，由低到高，先拉后压，由近及远，意志坚强，持之以恒。

关于踢腿：踢腿是训练柔韧性的最重要的一步，它可以巩固压腿的效果，也为实际训练打下坚实的基础。踢腿时注意起腿要轻，踢时要快，落腿应稳。

上肢练习手段：肋木压肩，双人压肩。

下肢练习手段：仰卧以手拉脚动作。这是传统的肌肉拉伸方法。仰面躺在地板上，用右手拉住右脚掌，将双脚折向自己，在呼气的时候将右脚后跟举向天花板，左脚后跟向外伸展。尽量将脚趾张开，活动足弓。微弯右膝，吸气，完全伸直腿部。在呼气的时候，调动股四头肌，保持5秒钟。稍微放松，重复10次。然后，完全舒展肢体，保持这个姿势30秒钟，切换至身体另一侧，以同样的方法重复前面的过程。这个姿势是动态和静态肌肉拉伸姿势。动力性练习可借助弹力带练习。

1. 滚轴、瑜伽球拉伸法

柔韧素质训练也需要做一些体能恢复练习，以及时消除训练中所产生的疲劳，并通过生物适应过程产生超量恢复，提高机体机能。

（1）泡沫滚轴练习。泡沫滚轴练习可以缓解肌筋膜粘连，快速清除肌肉堆积的代谢产物，减轻疼痛感。同时，泡沫轴滚压可以促进筋膜放松，是按摩和牵拉相结合的放松方法，可以按摩深层筋膜触发点，减小筋膜软组织张力，放松肌肉。

（2）瑜伽球拉伸法。背部贴紧瑜伽球，手和脚分开与肩同宽，手臂向后伸展直到碰地。下背部靠近瑜伽球，降低臀部，腹部向上拉伸保持30秒，放松。重复以上动作。

（3）徒手拉伸法。身体保持直立，双手贴紧双侧，身体向左侧慢慢弯曲，左手同时向下滑动，到底部时保持片刻，之后回到起始位置。重复以上动作10次左右，再换另一侧。

提高身体柔韧素质，不仅能扩大关节韧带的活动范围，有利于提高身体的灵活性和协调性；还能使僵硬的肌肉得到松弛，防止肌肉痉挛，减轻肌肉疲劳。同时，柔韧素质也是健身健美训练动作技术协调用力的一个必备素质。

2. 瑜伽练习法

瑜伽流派众多，本课程选择阴瑜伽体系进行训练，在柔和的音乐中每个体式保持 2~4 分钟。在舒适的体位中有效拉伸关节、筋膜、韧带，不仅能有效提升身体的柔韧素质，还能促进心理的平和。

（1）训练内容与方式。训练内容主要是针对肩关节、脊柱、侧腰、髋部、臀部、双腿等部位肌肉、关节的拉伸。训练方式选用以被动拉伸为主的阴瑜伽方式。

（2）注意事项与要求。整体动作要求全身肌肉放松，在放松中保持意识专注于拉伸部位，在呼吸中体式逐渐深入。

针对不同部位柔韧性的体式练习：

肩关节体式：融心式、侧躺展臂式、下犬式。

脊柱后弯：人面狮身式、海豹式。

侧腰拉伸：侧蜻蜓式。

侧腰扭转：仰卧脊柱扭转式。

髋部：蝴蝶式、鞋带式、仰卧束角式、蹲式、蛙式。

臀部：龙式、睡天鹅式。

腿后侧肌群：龙式、侧弓步式、下犬式、悬挂式。

大腿前侧股四头肌：马鞍式。

放松体式：婴儿式、快乐婴儿式、悬挂式、僵蚕式。

（3）体式组合练习。根据循序渐进的原则，编排三套体式，每套体式 70 分钟左右。

体式组合一：冥想调息—蝴蝶式—蜻蜓式—人面狮身式—婴儿式—海豹式—婴儿式—半鞋带式—快乐婴儿式—仰卧扭转式—僵蚕式—结束冥想。

体式组合二：开始冥想—蛙式—婴儿式—人面狮身式—婴儿式—鞋带式—睡天鹅式—毛毛虫式—龙式—下犬式—婴儿式—僵蚕式—结束冥想。

体式组合三：冥想调息—侧躺展臂式—融心式—人面狮身式—海豹式—婴儿式—龙式—侧弓步式—侧蜻蜓式—马鞍式—悬挂式—蹲式—快乐婴儿式—仰卧束角式—躺卧扭转式—僵蚕式—结束冥想。

（4）动作做法与动作功效。动作做法与动作功效如表7–5–1所示。

表 7–5–1　动作做法与动作功效

序号	动作名称	动作做法	动作功效
1	冥想调息	选择舒适的坐姿，可以简单盘坐，也可以坐在凳子上，或者采用跪姿，让后背脖颈自然挺直，让全身都放松下来，尽量深长缓慢地呼吸，不要停顿。放下一切心事，将思绪集中于吸气和呼气，观察吸气时气息进入鼻孔，观察呼气时气息从鼻孔呼出，以此来帮助你集中注意力。当你学会集中注意力以后，再进入下一步：什么都不想，心无杂念。这时，你不再受各种思想控制，开始寻找真正的自己，慢慢地，会发现自己变得越来越开阔、平和、大气	增加身体的氧气，使血液得到净化，强化肺部组织的力量，按摩体内的每个脏器，大脑更加灵活，心灵也变得更为清澈，全方位地缓解压力，使浮躁不安的情绪趋于平静，达到气血流畅、阴阳平衡、身心愉悦的效果。可以说，冥想调息法是一种有效的心理调节方式，也是一种使身体达到平衡状态的方法
2	蝴蝶式	1. 坐在地上，让两个脚心相对，保持上体直立。 2. 双手十指交叉放在脚趾的前方，尽可能地让脚跟往会阴的地方内收。 3. 练习者需将身体尽可能向上立起，将双手手掌放置在双侧膝盖上，匀速呼吸，保持动作30~60秒。 4. 吸气，将双侧膝盖内收，双手抱住小腿前侧，放松背部，准备第二次练习	有利于促进骨盆区域的血液循环，打开髋部；对骨盆有益，能促进血液流进背部和腹部

续表

序号	动作名称	动作做法	动作功效
3	蜻蜓式	1. 坐姿，双腿向两侧打开到可以忍受的程度。 2. 吸气时脊柱延展，吐气时双手体前撑地，上半身慢慢向前向下，背部自然拱起。双脚自然放松，不需要刻意勾脚。如果可以，屈手肘带动身体继续向前向下，双手上下交叠，额头放在手背上，全身放松，保持不动。 3. 吸气，双手慢慢往回收，脊柱一节一节慢慢向上抬起上半身，最后再抬头。双手抓住膝盖内侧，将双腿缓缓地收回来。双膝并拢，两手环绕双腿停留一会儿，释放紧张和压力	可以很好地帮助我们释放压力，改善下肢的血液循环；能够温和地打开髋关节、会阴和大腿后侧以及膝关节内侧的韧带
4	人面狮身式	1. 俯卧，下巴点地，双腿伸直并拢，双手自然放在身体两侧，掌心贴地。 2. 屈肘，两小臂向前平行伸直，掌心向下贴放在头部两侧的地上。 3. 吸气，慢慢把头和胸膛抬离地面，两前臂平放在地面上以支撑身体，双眼看向斜上方。 4. 呼气，身体慢慢还原至初始姿势	锻炼手臂关节、心脏和颈部肌肉，塑造优雅美颈；刺激腹部、盆腔器官，有助于消除腹部脂肪，打造平坦美腹；拉伸背部肌肉群，消除背痛，治疗脊椎疾病，改善脊椎轻微移位
5	婴儿式	1. 跪立在垫面上，双脚并拢（亦可打开与垫面同宽），大脚趾贴靠，双腿并拢，臀部坐向脚后跟。 2. 吸气时延展脊柱。 3. 呼气时身体前倾，腹部贴靠大腿，前额点地，脖子放松。双手自然放在身体的旁侧，靠近脚后跟，亦可向前伸展手臂，掌心贴地	缓解头痛、颈痛及胸痛；舒展骨盆、髋部和下背部；伸展髋部、膝部与脚腕；放松全身，缓解身体疲劳，减轻精神压力

续表

序号	动作名称	动作做法	动作功效
6	海豹式	1. 从俯卧开始，双手向两侧打开，手指尖朝外。 2. 吸气，上体抬起，抬头眼看前方，拉长脊柱。 3. 呼气，臀部放松，舒展双腿。在这里停留1~2分钟	有效地挤压和刺激髂腰肌，调整脊柱，刺激通过下背部的骶骨的膀胱经、肾经，经过腿前侧的肺经、脾经，挤压和刺激肾上腺，可以极好地缓解背部疼痛；头向后仰时可以有效地刺激甲状腺和副甲状腺，但有甲亢者避免进一步刺激，可以低头来做
7	半鞋带式	1. 坐姿，身体前倾或者后倾的可以在臀部下方垫毯子。 2. 屈膝关节，脚掌心踩地，将弯曲的右腿放在左腿外侧。 3. 吸气，脊柱延伸；呼气，身体前屈，双手放在体侧或放在体前，下方的腿向前伸直伸展并放松。 4. 背部放松，静态停留3~5分钟，收回腿位，换另一侧练习	极好的开髋体式，可以有效减轻下背部的压力，缓解腰背疼痛；可以有效刺激肝经和肾经，因为这些经络经过大腿内侧，同时也能刺激腿外侧的胆经；如果折叠向前，膀胱经会受到刺激，胃部可以得到挤压与按摩，提升消化能力
8	快乐婴儿式	仰卧在垫子上，屈双膝，双手握住外脚板，保持脊柱延展，放松保持	按摩脊柱，缓解双腿肌肉疲劳，打开髋关节
9	仰卧扭转式	1. 仰卧在垫子上，两臂侧平举。 2. 吸气，左腿上抬。 3. 呼气，屈左膝，左脚踩在右膝盖上。抬右臂，右手放到左膝盖上。 4. 吸气，延展脊柱；呼气，右手将左膝压向右侧垫面。 5. 保持2~3分钟，吸气还原，反方向练习	改善消化系统和循环系统的功能；伸展脊椎和肩部，强化下背部力量；能有效减轻下背部疼痛、颈痛和坐骨神经痛；舒展胸部和髋部

续表

序号	动作名称	动作做法	动作功效
10	蛙式	1. 从四肢板凳式开始。 2. 双腿向两侧滑动，远离躯干，大小腿保持90度，脚背和小腿保持90度。右膝和小腿慢慢滑到右边，同时手肘放松，放低髋部，胸腔向垫子靠近。 3. 用双手（或瑜伽砖）枕住头部。 4. 髋部可在舒适范围内降至最低，保持姿势，至少做三次深呼吸	打开髋关节
11	鞋带式	1. 坐在瑜伽垫上，弯曲左膝并抬起，越过右大腿来到右臀外侧，脚背贴地，再弯曲右膝来到左臀外侧，脚背贴地，双膝交叠于身体正前方。呼气，尾骨内卷，腰背挺直，坐骨坐实于地垫。 2. 吸气，双手由前向上举过头顶，腹部内收，胸腔上提并向外打开，脊柱向上无限延展。 3. 呼气，以髋为折点，身体向前向下，双手落于前方地面，眼睛看向地面，始终保持肩膀放松，坐骨不离开地面，感受臀部外侧的拉伸，保持顺畅的呼吸1~3分钟 4. 吸气，抬头，身体向上收回。呼气，双腿伸直，再进行反侧练习	使髋关节、踝关节更灵活，使其附属韧带更强壮；拉伸臀部外侧肌肉群，美化臀部线条；按摩腹腔、促进消化，减少腹部赘肉；调整脊椎功能，缓解脊背僵硬疼痛问题；疏通肝经、脾经、胆经、膀胱经
12	睡天鹅式	1. 下犬式准备。 2. 吸气，右腿上抬。呼气，迈右腿向前一大步，右小腿尽量横放90度，上半身保持挺直，手臂支撑在身体前方的位置上。 3. 左脚脚背贴地，感受脊柱的拉伸，在这个姿势保持几组呼吸。 4. 吸气延展脊柱，呼气，手臂进一步放在身前，屈肘，大小臂垂直90度，手肘落地，上半身向前倾。 5. 髋部中正，手臂向前伸直，前额点地，在这个姿势保持几组呼吸，换边重复	灵活髋部，刺激腿部内侧的肝经和膀胱经，放松臀周围，按摩腹部器官，促进消化，有助于排毒和修复，舒缓腰背部肌肉，缓解酸痛感

续表

序号	动作名称	动作做法	动作功效
13	毛毛虫式	1. 直角坐姿。 2. 吸气，延伸脊柱。呼气，上体自髋部开始前屈，腹部内收，眼睛看向肚脐方向。双手放双腿两侧。双腿放松。保持3分钟。 3. 吸气，脊柱一节节还原成直立。 4. 呼气，全身放松	有效预防背部肌肉群僵硬，柔韧整条脊柱，灵活背部；对性腺和生殖系统有很好的帮助，缓解生理期的不适；挤压按摩心脏，挤压胃部，帮助消化、刺激肾脏
14	下犬式	1. 四角板凳式开始，双手十指大大分开。 2. 勾脚尖，吸气，双手推臀向后向上。 3. 呼气，双腿与坐骨同宽，双脚后跟压实地面。保持腰背部延展。膝盖无法伸直可以微屈膝	增强手臂和腿部韧带的柔韧性和肌肉力量；强化背部力量，矫正驼背等不良体态；美化全身线条；为脊柱注入活力；改善消化系统的功能
15	龙式	1. 下犬式开始。 2. 吸气，向后抬高右腿。 3. 呼气，右腿向前跨行置于两手之间，屈左膝，脚背着地。保持顺畅呼吸，在此维持3分钟	深入打开关节窝，打开髋部，缓解坐骨神经痛，有效地拉伸和刺激肾经、肝经、肺经及脾经，有效地滋养脚踝和下部
16	侧弓步式	1. 接上龙式，左腿在前，大小腿垂直于地板。左脚脚跟抬起，上体向右转动。 2. 左手肘撑地，右手放于右腿前撑地。 3. 右脚尖向上，感受右腿内侧肌肉的拉伸	侧弓步是一种有效的下肢运动，可以增强股四头肌、臀肌和腘绳肌，还可以锻炼大腿内侧和外侧；通过左右运动而不是传统的前后弓步运动，可以锻炼大腿肌肉，同时锻炼平衡性和稳定性
17	侧蜻蜓式	1. 接上侧弓步式，右腿在前，左腿侧伸展。 2. 臀部后移动，坐在垫子上。 3. 屈右膝，右脚靠向会阴，保持左腿伸展。 4. 吸气，右手边臂上抬，呼气，屈右肘，右手落于头后。 5. 左手肘在左腿上支撑，手托住头部，保持顺畅呼吸	温和地打开髋关节、会阴穴和大腿后侧的韧带，同时打开膝关节内侧韧带；刺激卵巢，以及腿部后侧和下背部的膀胱经、肺经、肾经和胆经；消除侧腰的多余脂肪；拉伸侧腰韧带，预防背部肌肉群僵硬

续表

序号	动作名称	动作做法	动作功效
18	侧躺展臂式	1. 俯卧在垫子上。 2. 左手臂侧伸，掌心向下。 3. 右手撑地，屈右膝，右脚踩在左膝的后侧，上体向右侧翻转。右手可以腹前撑地，也可以放到腰背部，保持顺畅呼吸。 4. 动作还原，反向练习	打开肩关节
19	融心式	1. 四角板凳式跪立在垫子上，双腿分开与骨盆同宽，大腿垂直于地面。 2. 双手分开与肩膀同宽，手臂垂直于地面。骨盆端平，脊柱延展。 3. 吸气延展脊柱。 4. 呼气时，尽可能保持大小腿垂直。胸腔下沉，双手臂向远处伸直，额头落地。头颈背部放松。尽量在融心式保持3~5分钟	心包经很好地伸展，对改善乳腺增生、促进腋下淋巴循环非常有益
20	马鞍式	1. 跪立，两大脚趾相触，双膝打开。 2. 上体向后仰卧过程中，推髋卷尾骨，坐骨向前送，打开腹股沟。 3. 背部靠在地面上或者抱枕上，双臂可以伸过头顶，舒适保持	刺激肝经、胃经、肾经、脾经、肺经及膀胱经；强烈地打开髂腰肌，伸展臀部肌肉和股四头肌。这个体式对脊柱和膝盖、踝关节有好处
21	悬挂式	1. 双脚分开站立于垫子短边前端1/3处，吸气，双臂上举；呼气，手臂随身体向前向下，双臂双手自然下垂，放松肩颈、背部和双臂。 2. 自然、均匀地呼吸。 3. 感受臀部和腿部后侧有拉伸感，背部、肩颈和双臂放松	可以使人集中注意力，提高思维能力，使大脑更加灵活、反应灵敏，预防疾病的发生，改善亚健康的状态
22	蹲式	站在瑜伽垫上，双腿分开，双手放在大腿内侧，屈膝，双手放在体前并握拳，大腿与膝关节平行，身体尽量放松，保持2~3分钟，身体恢复原状即可	下蹲时身体的重量向下压，挤腿部肌肉中的血管，加快下肢的静脉血液流向心脏

（二）注意事项

在进行柔韧素质训练时，主动拉伸练习法与被动拉伸练习法必须兼顾。

主动拉伸练习分为主动的动力拉伸练习和主动的静力拉伸练习两种。主动的动力拉伸练习是依靠自身的力量，将肌肉、肌腱、韧带等软组织拉长，提高其伸展性的方法。例如，在做踢腿练习时，可采用负重和不负重的拉伸练习。主动拉伸还可采用静力拉伸练习法。在动作最大幅度的情况下，可做依靠自身肌肉力量保持静止姿势的练习。例如，在把杆上做控腿、压腿、摆腿等动作时，要求在规定时间内保持静止不动姿势，这是提高肌肉控制能力的有效办法。

被动拉练习也分为被动的动力拉伸练习和被动的静力拉伸练习两种方法。被动的动力拉伸练习是依靠教练或同伴的助力拉长韧带、肌肉的练习，如依靠外力帮助逐渐提高胸部训练中扩胸的动作幅度。被动的静力拉伸练习是由外力来保持固定姿势的练习，如依靠同伴的力量来保持深蹲的最大幅度。

训练检测

1. 如何安排灵敏素质训练？
2. 如何安排柔韧素质训练？

项目八
健身健美运动竞赛控制

项目描述

健身健美运动竞赛推动了健身健美运动的发展，作为健身健美教练，尤其是职业教练应对该项运动的赛事有着清楚的认知与了解。

学习目标

了解健身健美运动竞赛备赛的逻辑与方法，赛中的状态逻辑与造型逻辑，以及赛后恢复的逻辑与方法。掌握健身健美教练的工作性质、工作内容及各项职责，熟练运用健身健美理论知识及竞赛技能。

能力目标

能够运用所学健身健美运动竞赛的知识，正确发挥健身健美教练的工作特性，提高自己的从业能力。

任务一　健身健美运动竞赛赛前控制

活动场地 / 环境

健身房。

任务要求

1. 了解健身健美运动竞赛的备赛逻辑与方法；
2. 了解健身健美运动竞赛的备赛方法。

能力训练

掌握健身健美运动竞赛的备赛逻辑与方法，能够有意识地提高健身健美教练的职业水平；初步形成健身健美运动竞赛赛前控制体系。

课题一　备赛逻辑

一、饮食逻辑

备赛，简单点说，就是一个短期内的减脂过程，区别普通减脂，运动减脂要相对更精准地去计算热量缺口，最大限度地减少脂肪，同时减少肌肉的流失。7 700 千卡的热量约等于一千克脂肪，有了这个基础数据，备赛的选手就可以通过对照食物表再结合自己的体脂百分比情况，按照周计划去安排自己每天的训练消耗热量和饮食摄入热量，每日完成这个热量缺口。通常高效的备赛周期，为期 8~12 周（具体要根据每个人在正式备赛之前的体脂百分比情况而定），有经验的选手会在这 8~12 周的时间内高效地以一个完美身体状态去参与到比赛中。

多数自然健美选手都会在赛季选择低碳高脂肪、高蛋白的食物原则去备赛，通常把碳水的摄入量从非赛季体重的 2.5~5 倍降到 2 倍甚至 2 倍以内，蛋白质由非赛季体重的 1.2~2 倍增加 2~2.5 倍，脂肪由非赛季体重的 0.8 倍增加到

1.2 倍，最终保证能够达到每天计算好的能量缺口。在最后的 2~3 周时根据身体的变化还会持续调整三大营养素的摄入比例。

步骤流程举例：

（1）把基准饮食的碳水化合物缩减25%。

（2）一段时间训练量提高后进一步把碳水缩减25%。

（3）出现体重平台期，碳水、脂肪、蛋白质交替摄入。

（4）在低碳日，把蛋白质摄入量从每磅瘦体重 1 克提高到 1.5 克。如果平时已经按每磅瘦体重1.5克摄入了，那么就提高到1.8克。

（5）减少低碳日的脂肪摄入量：摄取无脂蛋白质，用一些纤维性的碳水化合物替代复合碳水化合物。

（6）在高碳日不要吃蔬菜，食物中要涵盖包括精制碳水在内的所有类型的碳水化合物。

二、情绪逻辑

整个备赛过程中，随着赛季训练量的加大和饮食的极致控制，体内皮质醇激素等的激素水平会发生很大的改变，其升高会导致脂肪难以分解，相反则会导致肌肉分解，同时人的情绪也会发生大的变化，易怒、暴躁、焦虑等现象都会发生。这些表现都是体内激素水平变化导致的，所以这需要参赛选手提前把这种情况告之家人，避免更多的争吵发生，减少情绪的极大波动。

三、训练逻辑

备赛期的整个训练安排非常重要，通常备赛阶段大致分为三个月。

第一阶段是 3~4 周的刷脂阶段。每周进行 4~5 次的抗阻力训练，以大肌肉群带动小肌肉群为主，每次训练 60 分钟。重量原则是在最大重量 60%做 15 次/组即可，然后做45~60分钟的有氧运动。

第二阶段是 4~5 周的瓶颈期。这个阶段的效率明显不高，但是整体肌肉形态越来越清晰。这个阶段可以以单个大肌肉群为主进行训练，重量原则为最大重量的70%做12次/组即可，有氧运动方面可以选择早上空腹有氧运动 30 分钟+每次抗阻力训练+30 分钟有氧运动的组合。在这一阶段末期体内脂肪基本会进入10%以内了。

第三阶段是提高整体肌肉的质感和硬度的阶段。很多选手在比赛时肌肉呈现的状态是软绵绵的，那是因为在备赛末期随着碳水摄入不断减少，感觉身体力量大幅度降低，所以训练时通常被迫选择小重量。实际上，最后 2 周的训练安排非常重要，选择最大重量的 80%，每次 30 分钟，每组 8 次进行上下午的分化性训练，在早上空腹进行一次 45~60 分钟的低强度有氧运动即可，让身体进入冲刺的消耗阶段，把最后一点顽固脂肪消耗殆尽。

四、比赛模拟逻辑

（一）强化练习

整个备赛过程中需要反复演练比赛的造型动作，形成肌肉记忆，进而保证比赛中的正常发挥。在每次训练后增加造型舞台训练。造型训练会放大自身的训练短板，通过调整造型动作来弥补体型的不足，增加比赛的胜算率。

（二）调整练习

每周安排观看职业健美比赛或顶级的业余健美比赛，并对选手的规定造型动作以及自由造型的动作编排进行评判，分析其中存在的问题，然后想象一下参赛者应该如何改进每个造型动作或者做好动作之间的衔接。

在比赛之前，把自由造型动作录成视频让重要的（但是很有帮助的）朋友看一下，以便进行相应的评估和调整。

课题二　备赛方法

一、比赛准备前期

赛前最后阶段就进入去碳与充碳的过程，要特别强调的是只有前一阶段减脂环节处理得当才能进入赛前的最后环节。

去碳与充碳是用于减少皮下水分并在一定程度上提高肌肉饱满度的一种技巧。所有的参赛者，不管是新手还是高级运动员都希望减掉体内的水分，让自己看上去更坚实。

去碳就是去除身体的碳水化合物。要注意的是：去碳不是断碳！很多运动员会把碳水摄入减到零，这实际上会导致去碳期间的肌肉流失。过度去碳会让身体无法完成碳水的“重新装填”。

去碳有两种方式：一种是限制摄入碳水 1~3 天的时间，另一种是采用每组 15~20 次的高次数训练 3~5 天的时间。高次数、低重量的训练会启动糖酵解能量系统，耗尽肌肉中的糖原。减少碳水化合物再加上高次数训练可以放大去碳过程的效果。在这种情况下，肌肉会变平，就像被挤掉水的海绵一样。碳水化合物会吸引身体内的水分。削减碳水可以帮助减掉皮下的水分。接下来的任务就是把水排除在外，同时把碳水加回去充实肌肉。

通常在比赛前 8 天开始补充水，从补充水第一天开始就要断钠。水可以是矿泉水，也可以是蒸馏水。如果是蒸馏水，需要配合多种维生素一起，避免在上场比赛时出现抽筋现象。

举例来讲，体重在 75~85 千克的运动员，第一天开始喝 7 升水，第二天开始每天递减 1 升，到了比赛前一天停止喝水，开始进入充碳环节。最佳充碳效果是补充带有少量钠的碳水，这样会使碳水顺利地充进肌肉中。这个环节具有极高的技术含量，只能靠自己通过多参加比赛去总结经验，并且需要结合预决赛及全场比赛的时间而定，没有固定的量。如果钠摄入过多的同时也喝了一定量的水，那么在数小时内水分就到了皮下，如果上台时间没控制好，到了台上就容易显得身体很水，最佳效果就没有呈现出来，属于充碳失败了，会直接影响比赛成绩，数周的努力功亏一篑。这种情况在很多运动员身上都发生过。

二、比赛准备中期

在赛前的充碳过程中，当碳水重新进入身体时，枯竭的肌肉就会像一块干海绵一样“吸收”碳水化合物和皮下的水分。这会让肌肉看起来更加坚实，其原因有二：第一，皮下存储的水分更少了；第二，肌肉中储备了更多的糖原，确实变得更坚实了。

一般去碳用了多少天，充碳相应的就需要多少天。重新填满枯竭的肌肉所需碳水化合物的量，取决于去碳之前的摄入量。通常说来，需要把去碳之前的碳水摄入量或高碳日的碳水摄入量乘上 2.5~3 倍来让肌肉中重新充满糖原。

在最后几天，不同的碳水化合物来源也会产生不同的效果。高升糖碳水化合物相对同等数量的低升糖碳水化合物而言，会释放出更多的胰岛素，并且高升糖碳水化合物还会提高体内醛固酮的水平。醛固酮是一种强力的保水激素，它会破坏肌肉线条，不管怎么减少碳水的摄入都不管用。不要以为摄入的碳水越多，肌肉就越“饱满”。即便体脂含量很低，摄入过多的碳水化合物也会让肌肉线条变得模糊。在充碳的问题上，比较好的做法是把糖原储备装填到 99%，而不是 101%，多出来的这么一点点就可能让你跟第一名失之交臂。

例如，如果你感觉肌肉特别平，那么在充碳的第一天再多摄入一些碳水，在这种情况下你的糖原储备量会达到最低点，而糖原储备酶也会达到超级活跃的状态。同理，如果你在充碳的最后一天感觉体内开始保持水分了，那么就把你的碳水量降低一点。

体型比较大的健美运动员需要更长的去碳时间，因而在充碳阶段也需要更长的时间才能把失去的碳水再加回去。3 天去碳加上 3 天充碳通常是最佳的选择。体型比较小的健美运动员，以及大多数女性运动员的充碳时间可以短一点，差不多1~2天的去碳加上1~2天的充碳即可。

三、比赛准备后期

（一）比赛用具的准备

（1）运动背包。

（2）两套比赛服装，一套用于预赛，一套用于决赛，因为油彩会弄脏服装，导致上午的服装无法再次使用。

（3）一套或几套热身服装。

（4）一条或几条毛巾，用于擦去汗水或多余的油彩。

（5）专业造型油彩。如果使用食用油，甜杏仁油和鳄梨油效果最好；有些人喜欢使用Pam橄榄油，因为涂起来更容易；不要使用婴儿油，因为它太吸光，导致肤色粗糙、苍白，没有光泽。

（6）晒肤化妆品和化妆海绵。

（7）至少两盘造型音乐，需要备份。

（8）个人护理用品，如发刷、镜子、剃须刀、化妆品等。

（9）足量的低钠、高碳食物，以确保在一整天的时间里有足够的能量保持皮肌的亮色调。

（二）比赛服装的建议

运动员须根据自己的体型和肤色选择短裤或比基尼。不要单纯地因为别的参赛者穿着好看或是颜色比较吸引人而选择某种特定的颜色或剪裁方式。

以下是关于服装购买/设计的一些建议：

（1）躯干比较长的人应该选择高腰的短裤，躯干比较短的人则应该选择低腰的短裤。适当的剪裁方式有助于从视觉上改变上半身的长度，从而获得更好的身材比例。

（2）腿长的人应该选择低腿的短裤，腿短的人则应该选择高腿的短裤。适当的剪裁方式有助于从视觉上改变下半身的长度，从而获得更好的身材比例。

（3）黑色或深色可以让臀部看起来更小，并突出肩膀的宽度和大腿的曲线。肤色苍白的人不要选择白色或亮色的服装，因为那样会更加凸显肤色的苍白，让肤色看起来黯淡无光。浅色皮肤的人着中绿、深绿、蓝色或红色的服装视觉效果最好。

（4）深色皮肤的人着亮红色、黄色、蓝色、橙色或奶白色的服装视觉效果最好。

（5）肤色非常深的人可以选择中等或偏亮的颜色，尽量避免白色或亮色调带来的反差导致的体型美感缺失。

（三）比赛一般原则

女性参赛者选择的比基尼与相关项目服装必须整洁、得体，没有附加的装饰。男性参赛者的短裤也必须是纯色的，整洁得体。裁判不允许服装带有金属材料。参赛者拿到自己的数字编号之后，要把它夹在造型服装的左侧。

最后要总结的就是无论是训练方法还是备赛最后一系列的操作与准备没有标准答案，最好的方法一定是通过长期训练及备赛摸索出一套最适合自己身体的方法，适合自己的就是最好的，切莫照搬任何人的方案不加思索直接用于自己，适合别人的不一定适合自己。健美运动是一项马拉松式的运动，需要长时间大量的经验积累才能获得不一样的体格跟运动成绩，不可操之过急。

训练检测

1. 健身健美运动竞赛赛前的备赛逻辑是什么？
2. 健身健美运动竞赛赛前的备赛方法是什么？

任务二　健身健美运动竞赛赛中控制

活动场地 / 环境

健身房。

任务要求

1. 了解健身健美运动竞赛赛中的状态逻辑；
2. 了解健身健美运动竞赛赛中的造型逻辑。

能力训练

掌握健身健美运动竞赛赛中的状态逻辑与造型逻辑，能够有意识地提高健身健美教练的职业水平；初步形成健身健美运动竞赛赛中控制体系。

课题一　状态逻辑

一、比赛中保留肌肉最佳状态

比赛当天尽可能地少喝水。在充碳日缩减饮水量会让身体处于轻度脱水状态，可以强化肌肉线条。当降低液体的摄入量时，身体由于迫切地想要重新生成肌糖原，就会从碳水化合物中提取葡萄糖，同时从皮下甚至是皮肤中抽取水分，从而让肌肉线条更清晰和更干。

二、比赛现场的发挥

（一）赛前泵血热身

不管是为了后台准备，还是为了摄影，参赛者都必须进行正确的泵血热身，否则会产生严重的发挥失常。

（二）赛前泵血热身的注意事项

（1）泵血过度会导致肌肉过度充血而造成线条和分离度变差。

（2）肌肉过度充血会导致肌肉收缩和活动能力下降。

（3）泵血过度会导致呼吸困难和肌肉颤抖。

（4）在舞台上收缩肌肉也会使其充血，所以在后台做大量的泵血热身是没有必要的。

（5）在后台泵血过度会导致站在台上面对裁判时因泵感减弱而肌肉收缩变慢。在上台前5~10分钟开始泵血，开始过早会导致泵感很快消失。对比较弱的部位进行泵血，使其达到与比较强的部位相当的水平。温和地进行泵血，让肌肉微微发红、变得饱满和美观就可以了。

（6）三角肌是唯一可以充血到最大限度而不会影响其线条和分离度的一块肌肉。

（7）绝不要对大腿进行泵血，因为哪怕只是稍微做两组练习也会让它丧失太多的线条和分离度。最好是做一组蹲起（20次）和一些拉伸动作，以放松股四头肌并让血液流动起来。

（8）在两组泵血之间拉伸全身的肌肉，以提高灵活性，促进血液流动并放松身心。

（9）参赛者必须控制好泵血的节奏，仓促行事或是充满焦虑都可能降低泵血的质量。

（10）在泵血前20~30分钟可以试着服用250~500毫克的维生素B，如烟酸；这种维生素能够让皮肤更有光泽并能够扩张血管；过度服用反而会没有效果，所以要谨慎服用。

（11）保持放松至关重要，焦虑会消耗大量的氧，导致维持肌肉泵感的氧减少。

课题二　造型逻辑

一、做造型动作的技巧

做造型动作的技巧如下：

（1）在规定造型和自由造型的动作切换过程中要进行浅呼吸，以免腹部有大的起伏。

（2）始终保持腹肌收缩。在自由造型和规定造型阶段放松腹肌，往往会让肚子看起来又粗又圆。这一点在做转体或3/4 扭体造型动作时尤为重要。此外，在动作的切换过程中身体肌肉要始终保持半收缩状态，永远不要完全放松身体。

（3）腰比较粗的参赛者在自由造型环节应该避免使用正面造型动作，尽量采用侧面和扭体的造型动作，以产生腰线优美的感觉。

（4）在做造型动作时，不要把肌肉收缩到极限，因为那样可能导致肌肉颤抖。要用90%的力度收缩肌肉，因为在最大限度收缩肌肉和接近最大限度收缩肌肉之间并没有明显的视觉差异（除了蟹展动作之外）。而且这样做可以节省力气，可以让参赛者更长时间地保持造型动作，还能让参赛者保持微笑，看上去更加自然。

（5）在做正向展示时，不要忘记收缩小腿肌肉，因为这样可以显著增加它的宽度。

（6）不要主动去做蟹展动作，除非上半身肌肉非常发达。如果要用的话，可以采用一种变式，比如把手置于髋部，以便让造型看起来更美观。

二、比赛现场发挥的技巧

在比赛中要展示出自信状态，具体可注意以下几点：

（1）占用大面积的舞台空间。

（2）举止动作自然不拘束。

（3）与裁判、观众和对手进行直接的目光接触。

（4）在自由造型环节，身体对所选的音乐有着良好的反应。

（5）身体动作的变换非常流畅，面部表情随着动作的切换而自然变换。

（6）身体看上去灵活而自然，即使在肌肉静态收缩时也是如此。

（7）造型动作看起来很舒服，感觉毫不费力。

训练检测

1. 健身健美运动竞赛赛中的状态逻辑是什么？

2. 健身健美运动竞赛赛中的造型逻辑是什么？

任务三　健身健美运动竞赛赛后控制

活动场地 / 环境

健身房。

任务要求

1. 了解健身健美运动竞赛赛后的恢复逻辑；
2. 了解如何在健身健美运动竞赛赛后进行分析。

能力训练

掌握健身健美运动竞赛赛后的恢复逻辑，能够有意识提高对健身健美教练的认知水平；初步形成健身健美运动竞赛赛后控制体系。

课题一　恢复逻辑

一、赛后有目的的饮食调整

大多数参赛者都怀揣着完备的计划去参加比赛，而很少有人会做好比赛结束之后的计划。比赛结束后要做什么取决于你以后的目标。

如果你要向休赛季过渡，那么可以吃一顿不用顾忌热量的大餐。

如果你计划在接下来的几周内参加另一场比赛，那么你在赛后可以做的事情将很少。实际上，吃一顿不计热量的大餐在许多情况下都会让你明显地退步。例如，如果你参加第一场比赛时的体重比你理想情况高2千克并且你的下一场比赛在3周之后，那么吃一顿不计热量的大餐并增重5千克将会让你在下一次登台时看起来更加糟糕，因为你将需要更快地减重才能为下一场演出做好准备。但是如果你继续遵守自己的膳食计划，并在接下来的3周持续实现减重目标，那么比赛日到来的时候你将会处于自己的最佳状态。不要让比赛后的膳食毁掉了在比赛季其余比赛中获胜的机会。等你完成了本年度的最后一场比赛再享用美食也不迟。

二、初期的体脂恢复

如果达到了真正意义上的舞台低体脂体形状态，那么运动员可能会在激素水平、肌肉量、代谢速率、心情和与食物的关系方面经历若干种负面效应。延长处于这种状态的时间并没有必要，因为这可能会影响休赛季的进步速率，甚至可能会不利于长期的健康。

比赛之后恢复体重的速率取决于运动员所处的状况。例如，如果你在比赛准备结束时还在竭力坚持自己的营养计划，那么更快速地提高热量摄入量和稍微提高增重速率可能并不是个坏主意。这可以让你找到一个缓冲地带。相反，如果你没有真正地达到舞台低体脂体形状态，那么可以稍微慢一点恢复体重，这将会让你以更加精瘦的状态开启休赛季（并且也希望是为下一次比赛做准备），以帮助你增加下次登台时具有足够舞台体脂体形状态的可能性。

奋力实现较快的增重以更早地回增体脂可能有助于消除一些处于舞台低体脂体形状态时的负面效应。然而，这样做时要有节制，并且不要随心所欲地进食。一旦你开始感觉更加正常了，那么要减缓增重的速率，以防止休赛季体脂的过度增加。

在比赛以后回增体脂的过程中，有些人不愿看到自己的比赛身材缓慢地消失。尽管你需要恢复体脂，但是在这种情况下，更加缓慢地增加体脂可能有利于保持积极性和心理健康。然而，如果你觉得自己在精神上纠结于比赛后的增重，那么要去联系专业从事饮食和身材失调的咨询师。你在比赛之后的目标增脂率范围为每周 0.5~2 磅，直到你感觉身体开始恢复正常为止。对你来说，目标体重可能比舞台体重高 5~20 磅，这取决于你所参加的组别、参赛时的精瘦程度、遗传以及其他因素。该时期可能需要 1~3 个月或者可能更久。然而，我们建议最初保持较快的增脂率，直到你开始感到更加正常为止，同时要注意饥饿感、专注度能量、力量和睡眠质量等因素。

对于比赛之后刚开始增加热量摄入量来说，并没有一个适用于所有人的“最佳”方式。通常，最初将热量摄入量增加至大约为（或者刚好高于）维持目前状态所需的热量摄入量是一个不错的主意。同时要记住的是，维持目前状态所需的热量摄入量要低于比赛准备开始的时候。

如果完成比赛之后你没有增重，那么更大幅度的增脂对于确保你尽早地开始增重以避免长期处于舞台精瘦级体形来说很有必要。

三、休赛季增重

在获得一个更加合理的身体成分之后，你的激素、力量、代谢速率和整体的正常感都开始恢复，此时你需要减缓增脂率以防止脂肪的过度增加。较快的增脂率将不会带来更多的肌肉增长，只会导致更多的体脂增长。因此，在初始增脂之后，推荐将每月的增脂率减慢至最多1磅，接触该项体育运动不久的较年轻参赛者可以减慢至2磅，女性则需更慢的体脂增加。

体重在休赛季处于什么水平取决于许多因素。与大多数事情一样，这并没有通用标准。大多数人都有一个自己感到舒服的重量范围，低于该范围会产生身体不适，并且可能会对激素和其他生理过程产生不利的影响；相反，冒险超过该范围通常需要强迫喂食，并且会导致体脂的过度增加（从而导致下一次的比赛准备更加困难）。

此外，没有长期训练的年轻参赛者具有更强的增长能力，因为他们的激素水平更加接近最优，并且他们遗传决定的上限更远。通常，他们还会具有更快的代谢速率，这会让针对比赛的节食变得更加容易。因此，较年轻的参赛者可以让自己的体重升得更高一点来利用黄金生长期，而较年长的参赛者最好更加接近舞台体重一些。由于具有较高的同化激素水平（如睾酮），男性的肌肉生长能力要强于女性。此外，由于具有较高的体重和肌肉量，男性往往会具有较高的代谢速率。

当决定自己的体重应该是多少时，要考虑你在最后一次比赛时的体能水平、休赛季的长短以及达到比赛低体脂状态的难易程度。如果你的休赛季很短或者你在减重方面有困难，那么目标增重体重最好更加接近舞台体重一些。

休赛季的一个主要目标是在下次比赛之前增加肌肉量并改善自己的体形。长期接近比赛低体脂状态会导致力量水平持续低下，从而减少可以增加的肌肉量。通常，让体重增加到一个力量高到足以最大化进步的程度是一个好主意。然而，你会达到回报减少的状态，即增加的体重不会带来额外的力量增加。该信号表明，你在休赛季内不应该将体重进一步增加到超出舞台体重。

四、赛后体重恢复的心理疏导

处理体重恢复的心理效应很重要。心理障碍在参赛者中很常见，如有问题应当在下一次比赛节食之前通过咨询专家解决后再进行比赛。

在休赛季应当努力与食物建立一个更加健康的关系，你在该关系中不用那么在意食物。让体重和体脂达到一个会让你不用在意食物的水平对于长期的心理健康来说非常重要。

为比赛节食通常只会放大先前存在的食物和身材等问题。即便对于没有心理障碍迹象的参赛者来说，比赛准备也可能会让某些问题暴露出来。例如，一些人在比赛之后要比其他人更加纠结于增重，这并不意味着他们应当保持比赛低体脂状态，而是说他们可能应当减慢增重的速率或者增重后更加接近比赛低体脂状态一些，前提是他们增加的重量足以让激素和代谢水平恢复正常。如果在比赛之后纠结于增重，就在重新开始比赛准备之前咨询专家来解决这些问题。

适合于所有人的休赛季标准增重量并不存在。最优的休赛季增重量取决于自身的状态与个体区别。增加的重量应当足以让你觉得身体正常，并且以能保持的程度增加重量，同时又不会感到食物摄入受限制。为了避免在下次比赛准备期间不得不减掉过量的体脂，增加体脂后还不应当过度地超过比赛低体脂水平，休赛季的大多数时间应当花在保持合理的体脂率和摆脱热量逆差上面，并且增脂后不过度地超过登台体重。大部分运动员成绩的提高并不是在比赛准备期间实现的，一旦掌握了比赛准备的艺术，在休赛季内才会取得真正的进步。

课题二 分析逻辑

一场比赛的过程漫长而艰苦，让人倍感压力且充满了情绪的起伏。这导致许多参赛者忽略了比赛后这段时间内最重要的一部分，即对已发生事情的分析。参加的每场比赛不仅是一种成就的记载，而且是一种学习经历。成功与失败都是宝贵的经验。

赛后进行记录与比赛的复盘分析很重要，尤其对下一次比赛会提供很多参考信息。参加比赛的经验越多，赛后分析会更优化。

训练检测

1. 健身健美运动竞赛赛后的恢复逻辑是什么？
2. 如何做好赛后分析？

项目九
健身健美运动竞赛组织与竞赛规则

项目描述

健身健美运动竞赛通常由专门的机构或组织负责管理和组织。这些组织旨在促进形成健康、强壮和美丽的身体形态，并提供一个展示参赛选手锻炼成果的平台。

以下是常见的健身健美运动竞赛组织及裁判规则项目描述：

健美项目：健美比赛着重展示选手肌肉的发达程度、对称性和线条流畅度。选手需要通过力量训练和塑造身体来突出肌肉的定义度。主要根据选手的肌肉群发达情况、线条流畅度、身体比例和整体外观来进行评分。

健体项目：健体比赛注重选手的肌肉线条、对称性和整体外观。选手需要展示肌肉的定义度和身体的柔韧性，同时保持女性特质（适用于女子健体）。主要根据选手的肌肉发达情况、线条流畅度、身体比例、柔美和整体外观来进行评分。

健力项目：健力比赛是一项力量竞技，重点在于选手的最大负重能力。常见的项目包括深蹲、卧推和硬拉。主要根据选手成功完成的举重次数和负重情况来进行评分。

体能项目：体能比赛注重选手的综合身体素质，包括耐力、柔韧性、协调性和力量。常见的项目包括有氧运动、体操动作、舞蹈和灵活性测试等。主要根据选手的表现、技巧和整体身体状态来进行评分。

具体的竞赛组织可能会有自己的规则和项目要求。裁判员通常由经过培训和资格认证的专业人士组成，他们根据竞赛规则和标准对选手进行评判。评判过程中，裁判会根据选手的表现、技术、肌肉发达程度、对称性、线条流畅度、身体比例、柔美和整体外观等方面进行打分。这些评分将用于确定比赛结果并颁发奖项。

学习目标

了解健身健美运动竞赛组织的目的和意义。熟悉常见的健身健美运动竞赛项目和规则。了解裁判员对选手进行评分的标准和要求。了解不同组织和比赛之间可能存在的规则差异。掌握一些健身健美运动竞赛组织和裁判规则的基本知识。

能力目标

能够理解并解释健身健美运动竞赛组织的目的和意义。能够描述和区分常见的健身健美运动竞赛项目和规则。能够解释裁判员对选手进行评分的标准和要求。能够比较和对比不同组织和比赛之间可能存在的规则差异。能够应用所学的健身健美运动竞赛组织和裁判规则知识，为参与竞赛做好准备。

任务一　健身健美运动竞赛组织

活动场地 / 环境

竞赛地点。

任务要求

1. 了解健身健美运动赛事规划；
2. 了解健身健美运动竞赛规程。

能力训练

掌握健身健美运动赛事规划和竞赛规程；初步形成健身健美运动竞赛的训练体系。

课题一　健身健美运动赛事规划

赛事规划并不是赛事组织的开端，它渗透在赛事组织的全过程中。竞赛管理或组织部门一般应提前一年或在前一年年末制定赛事计划，将其纳入年度竞赛工作计划体系，并面向相应的受众群体公示相关信息。在正常情况下，赛事活动应按期举办，主办单位以招标或合作等形式提前确定承办方，确定承办单位前须事先考查其是否具备赛事承办条件。良好的赛事规划是健身健美竞赛活动成功举办的先导，组织机构精心制定的赛事规划对今后组织比赛仍然有重要的参考价值。

健身健美运动赛事规划要点如下：

（1）根据比赛赛场容量以及以往经验估算赛事收益，再根据预期收益制定赛事预算。

（2）设置赛前、赛期以及赛后工作重要内容以及时间表。

（3）按照各项任务的逻辑顺序安排工作时间流程，规划要详细到每一天。

（4）为赛事制定规划，并规定完成每项任务的最后期限。

（5）考虑到不可预见的延误，应在时间安排上留有余地。

（6）将赛事规划告知参与赛事的工作人员，包括管理人员、志愿者以及政府官员。

（7）由各部门分别制定所负责事务的时间规划，最终汇总为规划总表。

（8）制定规划时，要考虑到规划会发生随机变动。

课题二　健身健美运动竞赛规程

健身健美运动竞赛规程是竞赛的法规性文件，竞赛过程中所有事件的处理都要遵守竞赛规程的规定。因此，在拟定健身健美运动竞赛规程时，应该尽可能详细说明有关竞赛的相关事宜，避免由于歧义而引起实际工作中的困难和纠纷。依据竞赛的性质明确比赛的目的和任务，根据目的和任务决定竞赛组织规模，根据竞赛组织规模拟订竞赛规程。

（一）健身健美运动竞赛规程的基本内容

健身健美运动竞赛规程的基本内容如下。

1. 主办单位

主办单位是指发起竞赛的项目管理机构或企业。

2. 承办单位

承办单位是指执行赛事组织的单位，负责整个赛事规划和安排。

3. 竞赛时间

竞赛时间可结合重大竞赛任务、健身健美训练周期特点或结合气候条件确定。若无特别要求，竞赛时间最好定在节假日或双休日。

4. 竞赛地点

竞赛地点宜选择交通便捷、食宿条件较好的地方。

5. 竞赛项目

根据赛事性质和规模确定具体的竞赛项目，可以是健身健美综合性运动会，也可以是单项健身健美比赛，如健美锦标赛、健身锦标赛、俱乐部大赛等。

6. 参加办法

（1）运动员比赛的资格规定。

（2）各项目参赛人数规定。

（3）工作人员与运动员人数比例规定。

（4）报名、报名截止日期和报到日期的规定。报名一般在比赛的前10~20天，报到在比赛的前2~3天，比赛结束的第二天离会较为合适。

7. 竞赛办法

（1）采用中国健美协会最新审定的《健美健身竞赛规则与裁判法》。

（2）竞赛日程或竞赛活动安排最好与竞赛规程一同下发。

（3）大会用音乐素材提示。

（4）裁判员选派规定。

8. 录取名次与奖励办法

（1）以鼓励运动员创造优异成绩为出发点，可以有特定的加分政策或物质奖励规定。

（2）个人奖：根据相应名次进行物质或荣誉奖励。

（3）团体奖：按团体总分和名次颁发奖牌、奖杯以及奖品。

9. 报名

（1）规定报名办法，各单位须按统一规格填报报名单，一式两份，分别报主办单位和承办单位。

（2）报名单须要求参赛队地方主管单位或相关组织及医务部门审查盖章，按规定时间报名，逾期不予受理。

（3）若需收取报名费，须明确缴纳办法。

10. 报到

参赛队或参赛运动员须在规定的时间内到承办单位报到并办理参赛手续，若有提前报到情况，须说明食宿、交通等自理规定。竞赛规程根据每次赛事的主题或形式进行事项增减和说明，竞赛规程应在比赛前三个月下发，并以文本或网络文件等形式发放。

（二）相关事项说明

1. 编制经费预算

举办健美健身赛事，保证经费的合理支出是赛事圆满成功的前提，所以，举办比赛前需要对经费进行预算，基本内容包括：①赛会人员住宿费和膳食费，包括官员、裁判员、工作人员、领队、教练、运动员人数及运动队工作人员的实际住宿费用；②交通费，包括官员、裁判及相关工作人员的往返交通费用，比赛期间的车辆租赁或使用费等；③比赛器材，包括消耗性器材和比赛设施，如一次性赛台台面地毯以及准备活动器材租赁费等，以及设计制作奖牌、奖杯及证书费等；④比赛过程中相关人员所需文具用品费用；⑤场地租赁及其他费用；等等。

2. 成立组织机构

进入赛事操作期需要成立赛事组织机构（见图 9–1–1）。一般而言，全国性单项比赛可成立组织委员会，而综合性运动会单项比赛可成立竞赛委员会。

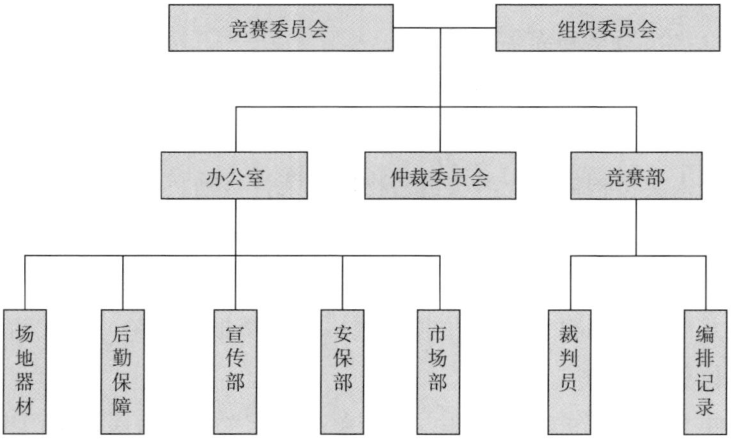

图 9–1–1　组织机构

3. 报名

说明具体的报名方式，如网络在线报名、纸质报名以及其他报名方式，并说明报名时的相关要求以及注意事项。

在规定时间内按规程要求接受报名。

报名截止后，按项目进行分类，整理统计报名。

4. 编排秩序册

秩序册是一种指导运动员、教练以及观众参加和观看比赛的手册。秩序册的基本内容如下：

（1）主办单位下发的相关文件。

（2）竞赛规程和补充通知。

（3）组织委员会。

（4）工作机构。

（5）仲裁委员会。

（6）裁判员。

（7）运动队名单（领队、教练员、运动员）。

（8）大会活动日程（包括比赛时间、用餐时间、发车时间等）。

（9）参赛人员人数统计。

（10）竞赛场地平面示意图。

训练检测

1. 健身健美运动赛事规划的要点是什么？

2. 健身健美运动竞赛规程是什么？

任务二　健身健美运动男子健美、女子健体竞赛规则

活动场地 / 环境

竞赛地点。

任务要求

1. 了解男子健美和女子健体竞赛的程序；
2. 了解男子健美竞赛的技术标准和评判依据；
3. 了解女子健体竞赛的规则。

能力训练

掌握男子健美和女子健体竞赛的程序，掌握男子健美竞赛的技术标准和评判依据，掌握女子健体竞赛的规则；初步形成健身健美运动竞赛的规则体系。

课题一　男子健美和女子健体竞赛的程序

一、预赛程序

（一）准备与入场

全体运动员按序号入场，面向裁判员成一行或多行自然站立。

（二）四次向右转体和规定动作比赛

（1）在裁判长或裁判员的指挥下，运动员做四次向右转体。

（2）在裁判长或裁判员的指挥下，运动员做规定动作。

A. 前展双肱二头肌（男子、女子）。

B. 前展双背阔肌（男子）。

C. 侧展胸部（男子、女子）。

D. 后展双肱二头肌（男子、女子）。

E. 后展双背阔肌（男子）。

F. 侧展肱三头肌（男子、女子）。

G. 前展腹部和大腿（男子）。

二、半决赛程序

（一）准备与入场

全体运动员按序号入场，面向裁判员成一行自然站立。

（二）二次向后转体和规定动作比较评分

在缺少预赛程序、直接进入半决赛的前提下，可在二次向后转体后进行分组做规定动作，然后进入比较评分环节。

三、决赛程序

（一）准备与入场

全体运动员按序号入场，面向裁判员单行自然站立。

（二）自选动作、集体规定动作和不定位自由造型

（1）运动员按号序逐一入场做自选动作。

（2）全体运动员按序号入场，面向裁判员成一行自然站立。

（3）在裁判长或裁判员的指挥下，运动员集体做规定动作。

（4）在大会音乐的伴奏下集体做不定位的自由造型。

课题二　男子健美竞赛的技术标准和评判依据

一、四分之一转体

运动员自然站立，吸腹挺胸，头部正直，两眼平视前方，两臂自然下垂于体侧，身体各部位肌肉不得过度收缩，从前、左、后、右四个方位展示体形。

评判依据如下：

（1）体形和谐，骨骼发育良好，宽肩，高胸，窄腰，直腿，身体中心线中正，头、四肢和躯干的比例协调。

（2）全身肌肉发展均衡，左右对称、前后对应，各部位肌肉发达，结实、饱满，围度大，轮廓显著、美观，线条清晰。

（3）皮肤光洁、色泽和谐，没有外科手术或其他疤痕、斑点、痤疮或文身等。

二、规定动作技术及评判依据

（一）前展双侧肱二头肌（见图 9-2-1）

面向裁判员站立，一腿向侧轻点地，两腿略外旋，吸腹成空腔，抬起两臂，弯曲肘部略高于肩，两手握拳，屈腕，用力收缩双侧肱二头肌及全身肌肉。

图 9-2-1

评判依据：

（1）肱二头肌的整体和肌肉尖峰发达。

（2）肱二头肌前后部分分界明显，长短适中。

（3）肱二头肌与身体其他各部位肌群发展均衡、和谐。

（4）整体造型规范、美观。

常见错误：

（1）腿部肌肉未收缩。

（2）腹部下压而未提高形成空腔。

（3）胸肌下垂。

（4）背阔肌未展开。

（5）两臂上抬过高或两肘太向后。

（二）前展双侧背阔肌（见图 9-2-2）

面向裁判员站立，吸腹成空腔，两手握拳分开拇指叉按于腰部，用力扩展双侧背阔肌并收缩全身肌肉。

图 9-2-2

评判依据：

（1）背阔肌宽、厚，形状美观。

（2）背阔肌构建出的V字形状均衡协调。

（3）胸、腹、大腿肌群形态清晰，与背阔肌互为关联。整体与局部协调，整体造型规范、美观。

常见错误：

（1）腿肌未收紧。

（2）腹部未形成空腔。

（3）两肩耸前。

（4）胸肌压平。

（三）侧展胸部（见图 9-2-3）

以右侧为例，侧向裁判员站立，右腿弯曲，前脚掌着地，吸腹挺胸，左手握住右手腕，屈肘，用力收缩胸部及全身肌肉。

图 9-2-3

评判依据：

（1）胸大肌宽阔、厚实，形状美观。

（2）胸、肩关联处痕迹明显。

（3）肩部、肱二头肌、大腿、小腿肌群发达，与胸部比例适宜。

（4）整体造型规范、美观。

常见错误：

（1）胸肌收缩不正确，未形成挺胸状。

（2）腹肌松弛或腹部没有形成空腔。

（3）臀部抬得过高。

（4）腿部位置不对，腿部肌肉未收紧。

（四）后展双侧肱二头肌（见图 9-2-4）

背向裁判员站立，一腿屈膝后移，前脚掌着地，抬起两臂，弯曲肘部略高于肩，两手握拳，屈腕，用力收缩双侧肱二头肌及全身肌肉。

评判依据：

（1）肱二头肌凸起显著，轮廓清晰，长短适宜，与肱肌、肱三头肌、三角肌间分隔明显，形态美观。

（2）颈部、三角肌、肱二头肌、肱三头肌、前臂肌肉、斜方肌、大小圆肌、冈下肌、骶棘肌、腹外斜肌、背阔肌、臀肌、股后肌群和小腿肌肉高度

图 9-2-4

发达、均衡。

（3）肌肉密度、分离度及清晰程度高。

（4）整体造型规范、美观。

常见错误：

（1）两肘上抬过高。

（2）两臂前倾过多。

（3）两肩下压在背阔肌上，斜方肌收缩过紧，导致背中部未展开。

（4）大臂外旋不足。

（5）核心不稳定，腹部未形成空腔。

（6）两腿没有形成外旋状态，臀部松弛。

（五）后展双侧背阔肌（见图 9-2-5）

背向裁判员站立，两脚与肩同宽，两腿略外旋，吸腹含胸，两手握拳分开拇指叉按于腰部，用力扩展双侧背阔肌并收缩全身肌肉。

评判依据：

（1）背阔肌宽、厚，下缘清晰，背阔肌构建出的V字形状均衡、协调、形状美观。

（2）肩、臂、斜方肌、腰背筋膜、竖脊肌、臀肌、腘绳肌群及小腿肌群发达、线条清晰，形态完美，与背阔肌高度对应。

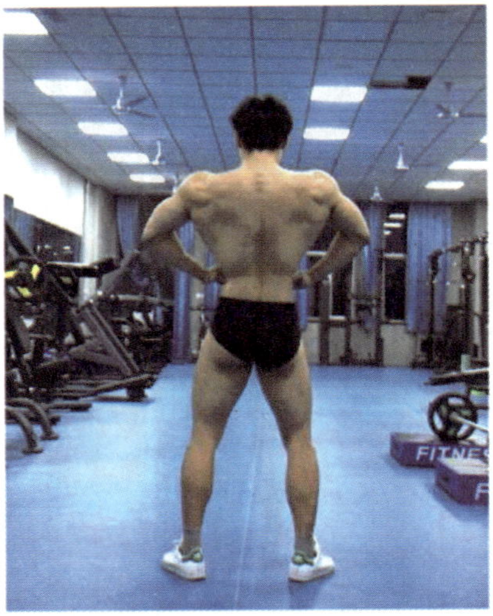

图 9-2-5

（3）脊柱两侧肌肉发展均衡，肌肉密度大、轮廓清晰。

（4）整体均衡，造型规范、美观。

常见错误：

（1）两肩向前沉落。

（2）腹部未收紧。

（3）双手没有夹紧腰部。

（4）臀部和小腿没有收紧。

（5）整个身体重心较低。

（六）侧展肱三头肌（见图 9-2-6）

以左侧为例，侧向裁判员站立，以左腿为支撑腿，右腿屈膝向后踮地，左臂垂于体侧，右手经体后握住左手（腕），用力收缩肱三头肌及全身肌肉。

评判依据：

（1）肱三头肌发达、清晰，形状美观。

（2）肩、肱二头肌、前臂肌群、胸、前锯肌群、腹、臀、大腿、小腿肌群侧面观肌肉发达、轮廓清晰。

（3）身体各部位肌群发展均衡。

（4）整体和谐，造型规范、美观。

图 9-2-6

常见错误：

（1）大臂外旋过度而不能清楚显示肱三头肌。

（2）肩部下沉。

（3）腰部扭转不足，腹部未收紧。

（4）腿部肌肉松弛，弯腿的足趾尽可能高地踮起。

（七）前展腹部和腿部（见图 9-2-7）

面向裁判员站立，一腿前伸，身体重心置于后腿，双手置于头后，呼气，用力压缩腹部、收缩腿部及全身肌肉。

评判依据：

（1）腹直肌发达，块垒清晰、突出，腹外斜肌形成的体块明显。

（2）大腿肌肉发达、肌肉沟纹清晰，大腿内、外侧饱满。

（3）身体各部位肌群发展均衡。

（4）整体造型规范、美观。

常见错误：

（1）双肘下压过多，臂部和肩部挤压了胸部。

（2）腹肌收缩不足，未能吸腹成空腔。

（3）腿部收缩不充分，与上体没有形成良好配合。

图 9-2-7

课题三　女子健体竞赛的规则

一、四分之一转体

运动员自然站立，吸腹挺胸，头部正直，两眼平视前方，两臂自然下垂于体侧，身体各部位肌肉不得过度收缩，从四个方位展示体形。

评判依据：

（1）体形和谐，骨骼发育良好，宽肩，高胸，窄腰，骨盆适中，腿直，身体中心线中正，头、四肢和躯干的比例协调。

（2）全身肌肉发展均衡，左右对称，前后对应，各部位肌肉发达适度、紧致、饱满，轮廓显著、美观，线条清晰。

（3）皮肤光洁、色泽和谐，没有外科手术或其他疤痕、斑点、痤疮或文身等。

（4）在赛台上站立时仪态端庄，行走时姿态优美。

二、规定动作技术及评判依据

（一）前展双肱二头肌（见图 9-2-8）

面向裁判员站立，一腿侧移踮地，收紧腰腹部，抬起双臂，略高于肩，屈小臂，双手五指分开，收缩双侧肱二头肌及全身肌肉。

评判依据：

（1）肱二头肌适度发达。

（2）肱二头肌、肩部、胸部、腹部、大腿、小腿以及全身各部位肌肉协调、匀称。

（3）整体造型规范、美观，展现运动美的体格。

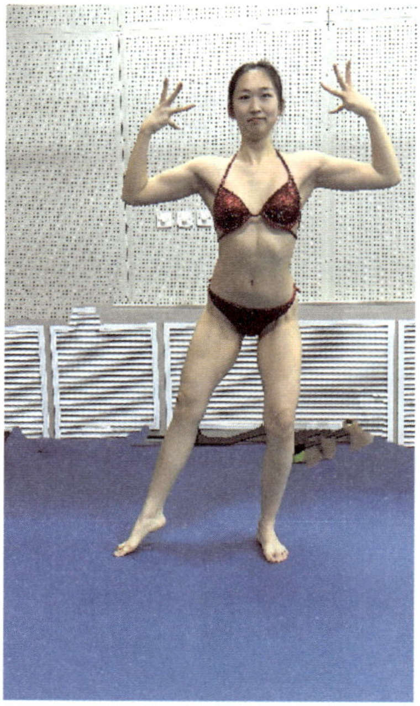

图 9-2-8

（二）侧展胸部（见图 9-2-9）

以右侧为例，侧向裁判员站立，以左腿为支撑腿，略微弯曲，右腿伸直向身体前方伸出点地，双臂在胸前交叉，收缩胸部及全身肌肉。

评判依据：

（1）胸大肌发达适度。

（2）肩部、肱二头肌、肋弯处及臀、大腿、小腿肌群发达、轮廓清晰，与胸部比例适宜。

（3）整体造型规范，凹凸有致，展现女性柔美。

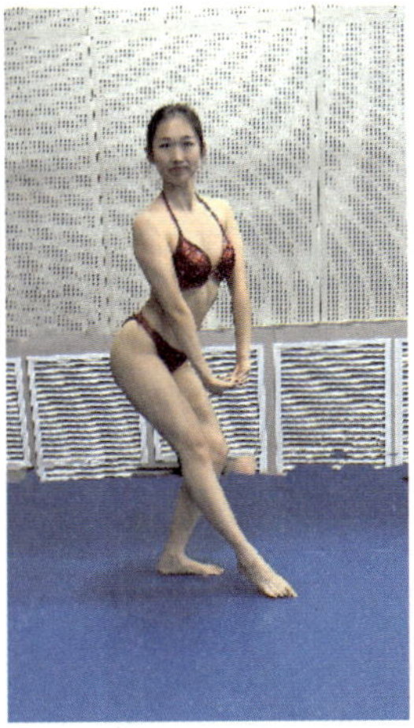

图 9-2-9

（三）后展双侧肱二头肌（见图 9-2-10）

背向裁判员站立，一腿侧移踮地，收紧腰腹部，抬起双臂，略高于肩，屈小臂，两手五指分开，收缩双侧肱二头肌及全身肌肉。

评判依据：

（1）肱二头肌适度发达。

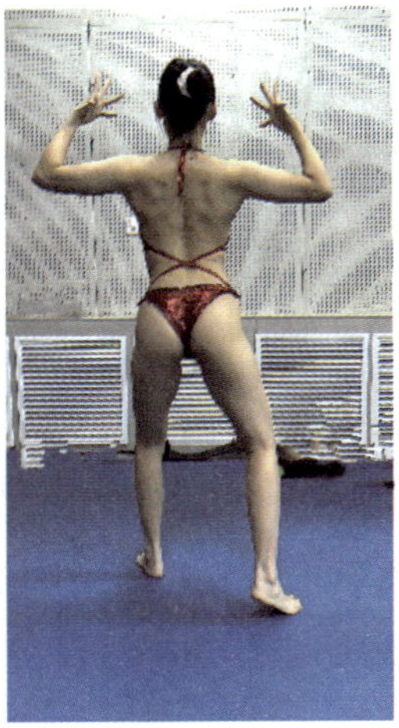

图 9-2-10

（2）上下斜方肌、大圆肌、小圆肌、冈下肌、竖脊肌、臀大肌、大腿和小腿各部位肌肉协调、匀称。

（3）整体造型规范，拥有健康、强健、运动美的体格。

（四）侧展肱三头肌（见图 9–2–11）

以右侧为例，侧向裁判员站立，以左腿为支撑腿，略微弯曲，右腿伸直向身体前方伸出点地，右臂伸直贴于体侧，左臂向体后握住右臂手腕，收缩胸部及全身肌肉。

评判依据：

（1）肱三头肌发达适度，轮廓清晰，形状完美。

（2）肩部、肱二头肌、前臂、胸、腹、臀、大腿、小腿肌群侧面观轮廓清晰，全身各部位肌群协调、匀称。

（3）整体造型规范、美观。

图 9–2–11

训练检测

1. 男子健美和女子健体竞赛的程序是什么？

2. 男子健美竞赛的技术标准和评判依据是什么？

3. 女子健体竞赛的规则是什么？

任务三　健身健美运动健身模特竞赛规则

活动场地 / 环境

竞赛地点。

任务要求

1. 了解健身模特竞赛的程序。
2. 了解健身模特竞赛的技术标准和评判依据。

能力训练

掌握健身模特竞赛的程序，掌握健身模特竞赛的技术标准和评判依据；初步形成健身健美运动健身模特竞赛的规则体系。

课题一　健身模特竞赛的程序

一、预赛程序

全体运动员按序号入场，面向裁判员成一行或多行自然站立。

在裁判长或裁判员指挥下，运动员集体或分行做四次向右转体。

二、半决赛程序

（一）形体轮比赛

全体运动员按序号入场，面向裁判员成一行自然站立。

四次向右转体，比较评分，按规定路线行走，做定位造型。

（二）运动服装比赛

运动员按序号逐个入场，在自选音乐的伴奏下进行运动服装表演。

三、决赛程序

（一）形体轮比赛

全体运动员按序号入场，面向裁判员呈单行自然站立。

四次向右转体，按定路线行走，做定位造型

（二）运动服装比赛

运动员按序号逐个入场，在自选音乐的伴奏下进行运动服装表演。

四、决赛程序——晚、正装展示

运动员按签号顺序进行规定路线行走，进行晚、正装展示。

注意：以上竞赛程序根据赛事不同在决赛程序会有所调整。例如，有的赛事会取消晚、正装展示决赛程序，有的赛事会取消运动服装决赛程序，等等。

课题二　健身模特竞赛的技术标准和评判依据

一、形体轮四分之一转体

（一）男子正向站立（见图 9-3-1）

运动员面向裁判，自然站立，吸腹挺胸，头部正直，两眼与头部、身体同方向平视前方。一腿侧伸，前脚掌撑地，同侧手臂屈肘，四指向前，与拇指分开叉置于腰部。身体重心置于另一侧支撑腿，同侧臂微屈肘自然下垂于体侧，适度扩展背阔肌。

（二）男子侧向站立（见图 9-3-2）

左侧向站立：由正面站立向右转体 90 度成左侧向站立。上身略向左转，面向裁判。左腿微屈支撑身体重心，左手四指向前，与拇指分开叉置于左髋臀部。右膝弯曲后伸，前脚掌撑地。右臂微屈肘，右手分指造型垂置于体前。身体各部位肌肉不得过度收缩。

右侧向站立：由背面站立向右转体 90 度成右侧向站立。上身略向右转，面向裁判。右腿微屈支撑身体重心，右手四指向前，与拇指分开叉置于右髋臀部。左膝弯曲后伸，前脚掌撑地。左臂微屈肘，左手分指造型垂置于体前。身体各部位肌肉不得过度收缩。

图 9-3-1

图 9-3-2

（三）男子背向站立（见图 9-3-3）

由左侧向站立向右转体 90 度成背向裁判站立，头部正直，两眼与头部、身体同方向平视前方。一腿侧伸，前脚掌撑地，同侧手臂屈肘，四指向前，与拇指分开叉置于腰部。身体重心置于支撑腿，同侧臂微屈肘自然下垂于体侧。适度扩展背阔肌。

（四）女子正向站立（见图 9-3-4）

吸腹挺胸、提臀、头部正直，肩膀向后打开，两眼与头部、身体同方向平视前方。髋部侧移，同侧手置于髂嵴上。另侧腿向前侧方移动，前脚掌撑地，同侧手造型，手臂微屈自然下垂。重心、髋部和手臂适时交替移动。

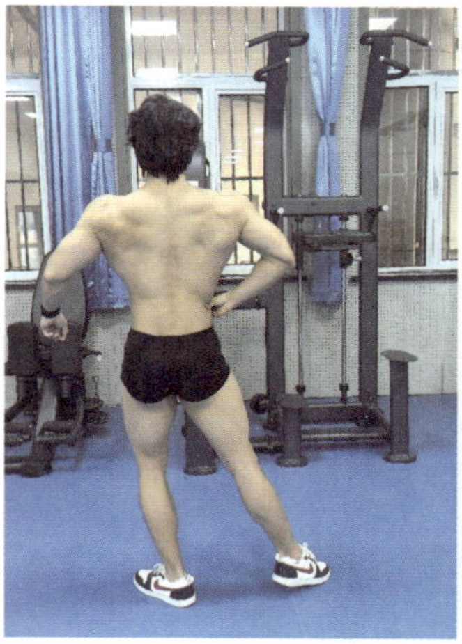

图 9–3–3

图 9–3–4

（五）女子侧向站立（见图 9–3–5）

左侧向站立：运动员向右转体 90 度，身体左侧转向裁判席。上身略左转，头部正直，目视裁判。右腿膝部伸直，全脚掌着地站立，右手置于右髂嵴上。收腹挺胸，提升左髋。左腿膝关节微屈，左脚略前伸，前脚掌撑地。左手造型，左臂微屈，自然下垂于身体中心线左后侧。

图 9–3–5

右侧向站立：运动员向右转体 90 度，身体右侧转向裁判席。上身略右转，头部正直，目视裁判。左腿膝部伸直，全脚掌着地站立，左手置于髂嵴上。收腹挺胸，提升右髋。右腿膝关节微屈，右脚略前伸，前脚掌撑地。右手造型，右臂微屈，自然下垂于身体中心线右后侧。

（六）女子背向站立（见图 9-3-6）

运动员右转体 90 度，将背部正对裁判员，髋部侧移，同侧手置于髂嵴上。另侧腿微向前侧方移动，前脚掌撑地，同侧手造型，手臂微屈自然下垂。双肩后展。腰椎自然弯曲或轻微前凸，上背部挺直，抬头。身体重心、髋部和手臂适时交替移动。上身和头始终面向背幕，不得转向裁判。

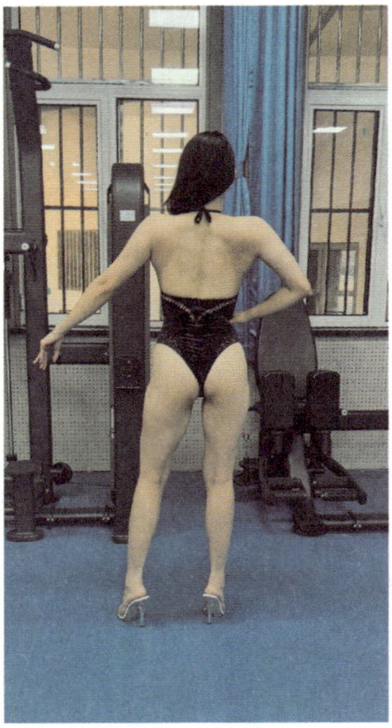

图 9-3-6

形体轮评判依据：

（1）观察运动员整体的骨架形态：肩与髋、头与躯干、肢体比例等，脊柱是否中正，是否有先天缺陷，如鸡胸、O形腿等。应该综合以上的观察给予先天因素整体评价。

（2）肌肉应该是通过健美训练获得的，发达适度，轮廓和线条清晰，有较好的弹性和力度，整体匀称、协调。女性特征明显。

（3）皮肤质地光滑，肤色健康，着色均匀，没有瘢痕以及文身等影响皮肤光洁度的因素。

（4）根据四个转向动作从运动员身体的前、左、后、右依次进行观察，看其身体是否具有V或S形态。运动员做造型动作时必须全脚掌着地。

（5）按规定路线行走是对运动员形体在动态中评价的重要环节。在这一过程中，男运动员应着重展现健康、阳刚、有魅力的男性特征，女运动员着重展现健康、阳光、柔美的女性特征。

二、服装展示比赛

评判依据：

（1）服装：合体，款式、颜色与运动员的形象相符。

（2）形象：五官端正，化妆、发型、服装要融合。

（3）气质：高雅（阳刚）、大方、自信。

（4）仪态：仪容端庄、健康，步态自然，站姿优雅。

（5）表现力：体现运动员的理解及演绎能力。动作与音乐要融合，有激情和感染力，表演服装与道具应该与整套动作的主题相吻合。

训练检测

1. 健身模特竞赛的程序是什么？

2. 健身模特竞赛的技术标准和评判依据是什么？

附件一　健身健美教练教程课程教学大纲与进度示例

健身健美教练教程课程教学大纲

课程名称：健身健美教练教程

课程编码：××××

学　　时：××学时　　　　　　　　学　　分：××学分

课程性质：××××课　　　　　　　课程类别：××××课

先修课程：运动解剖学　　　　　　开课学期：第×学期

开设部门：×××××××教研室

适用专业：×××××××专业

一、课程的性质与任务

秉承我校“实现人与社会相适应，人与自然相结合”等传承绿色体育理念以及生态文明办学理念，结合国家“十四五”体育发展规划中全民健身水平达到新高度、体育产业发展形成新成果的要求，成为发展我国全民健身事业的生态文明体育人成为我校体育专业学生共同的职业目标。

本课程是本专业必修课，是社会体育专业的主干课程，是社会指导员必备的职业技能课程。

课程的教学任务是通过课程教学实践中的讲授与练习相结合的方式，使学生掌握健身健美的基本技术和技能，灵活运用各种健美器械和动作进行练习，掌握初级健身教练的专项技能。了解本学科所面向的初级健身人群的生理和心理状况需求，学会针对初级人群制定不同的健身计划，培养学生做初级健身教练的能力，使学生能够较好地适应初级健身教练实践工作的需求。

二、教学目标

（一）知识目标

通过本课程的学习了解健身健美基本理论知识，掌握并熟练运用健身健美动作和器械进行练习，并能指导其他同学进行健身健美练习。掌握健身健美的训练动作以及理论知识，具备专业健身方法与理论运用的基本思维模式。

（二）能力目标

能够根据初级健身人群不同需求，科学、有针对性地制定各阶段的训练计划，可以进行指导实施。了解初级健身人群不同社会群体的健康需求和运动方法，能根据初级健身人群不同的多样化社会体育需求提出有针对性的运动方式。

（三）素质目标（含课程思政育人目标）

通过本课程学习，90%以上的同学能够掌握健身体育指导员所具备的基本素质，并能独立完成初级健身健美指导的工作。传承体育人精神，为人民服务，倡导全民健身，成为有责任心与自律性的社会体育指导员，爱党爱国热爱体育事业。运用健身健美的理论和技能分析解决本专业初级健身人群的实际问题。通过对功能知识的输出，可以适应市场的实际需求，最终达到人与自然相和谐，人与社会相适应的目的。立德树人，成为生态文明体育人。传承绿色体育精神，能够实际运用体育学的理论和技能分析解决本专业领域各种实际问题。

课程的思政体现：

（1）在课程开始时，师生相互问好，教师传导“人与自然相和谐，人与社会相适应，立德树人，成为生态文明体育人，传承绿色体育”的校园理念。

（2）在教学场所悬挂“强健体魄，报效祖国”和“全民健身，你我同行”的标语。

（3）在课程结束时加强“强健体魄，报效祖国”的号召。

三、课程的基本内容与教学要求

第一章　健身健美理论概述

［教学目的与要求］

通过本章学习，了解健身健美的专业术语与专项特点，学习健身健美的基础知识，建立学科兴趣；

健美运动营养摄入的科学方法，正确使用运动补品；

健美运动欣赏、健美竞赛规则。

［本章主要内容］

健身健美基本理论。

［本章重点］

健身健美专业术语的学习。

［本章难点］

健身健美的基础理论知识运用。

［课程思政］

培养独立思考问题的能力，培养合作与服务的能力，培养健身指导员的服务意识与全民健身意识。

第二章　体态评估

［教学目的与要求］

通过本章学习，掌握健身健美训练前的体态评估与分析。

［本章主要内容］

了解不同体态与人群分类，掌握不同人群体态测评方法与评价。

［本章重点］

健身健美训练前的测评。

［本章难点］

分析体态研究训练方向。

［课程思政］

培养合作与服务的能力，培养健身指导员的服务意识与全民健身意识。

第三章　学习健身健美训练动作技能

［教学目的与要求］

通过本章学习，掌握胸部、背部、肩部、四肢、腹部的正确练习动作，学会运用所学动作进行肌肉训练，掌握正确的器械使用方法与正确的肌肉训练前后的拉伸方法。

［本章主要内容］

身体各部位的训练动作与拉伸技巧。

［本章重点］

训练动作的准确掌握与针对该部位的拉伸。

［本章难点］

健身健美训练动作的肌肉发力、轨迹与呼吸的配合。

［课程思政］

培养独立思考问题的能力，培养合作与服务的能力，培养健身指导员的服务意识与全民健身意识。

第四章　实践教学

［教学目的与要求］

通过本章学习，掌握初级训练计划制定原则，能够为初级健身人群制定训练计划，能够独立进行初级健身指导实践。

［本章主要内容］

初级训练计划制定原则，认知实习，完成模拟俱乐部形式的初级训练计划制定并进行具体指导。

［本章重点］

初级健身训练计划的制定原则，初级健身健美训练计划的制定。

［本章难点］

健身健美训练动作的实践保护与帮助，健身健美训练动作的初级计划制定与实施。

［课程思政］

培养健身指导员的服务意识与全民健身意识，立德树人，成为发展我国全民健身事业的生态文明体育人。

四、课程学时分配（见表 1）

表 1　教学内容与课程学时分配

讲课内容		学时				
		讲课	实验	上机	实训	设计
1	健身健美知识概述	2				
2	体态评估	2				
3	健身健美训练动作技能 与身体部位拉伸	26				
4	复习测评	2				
5	实践教学 ——初级健身健美训练计划		16		16	
合　计		48				

五、教学进度（见表2）

表2　课程教学进度一览表

课次	课程名称	主要内容	重难点
1	健身健美知识概述	1. 了解健身健美的专业术语与专项特点 2. 学习健身健美的基础理论知识	重点：健身健美专业术语的学习 难点：健身健美基础理论知识的运用
2	体态评估	1. 学生水平摸底和分组，体态评估 2. 恢复体力 3. 身体素质练习	重点：体态评估知识的学习 难点：体态评估专业知识的运用
3	学习健身健美训练动作技能	1. 学习胸部健美知识 2. 学习胸部肌群动作练习（1） 3. 学习胸部肌肉拉伸训练 4. 素质练习	重点：胸部训练动作的准确掌握与胸部肌肉拉伸 难点：胸部训练动作中肌肉发力感觉的准确性与呼吸的配合
4	学习健身健美训练动作技能	1. 复习 2. 学习胸部肌群动作练习（2） 3. 学习胸部肌肉拉伸训练 4. 素质练习	重点：胸部训练动作的准确掌握与胸部肌肉拉伸 难点：胸部训练动作中肌肉发力感觉的准确性与呼吸的配合
5	学习健身健美训练动作技能	1. 学习背部健美知识 2. 学习背部肌群动作练习（1） 3. 学习背部肌肉拉伸训练 4. 素质练习	重点：背部训练动作的准确掌握与背部肌肉拉伸 难点：背部训练动作中肌肉发力感觉的准确性与呼吸的配合
6	学习健身健美训练动作技能	1. 复习 2. 学习背部肌群动作练习（1） 3. 学习背部肌肉拉伸训练 4. 素质练习	重点：背部训练动作的准确掌握与背部肌肉拉伸 难点：背部训练动作中肌肉发力感觉的准确性与呼吸的配合
7	学习健身健美训练动作技能	1. 复习胸、背部训练动作 2. 学习胸、背部肌群训练保护与帮助 3. 拉伸练习	重点：胸、背部肌群训练保护与帮助 难点：胸、背部肌群训练保护与帮助如何对应实施
8	学习健身健美训练动作技能	1. 复习 2. 臀腿部肌群（1）（大腿、臀部）练习与拉伸 3. 素质练习	重点：大腿与臀部训练动作的准确掌握与臀腿部肌肉拉伸 难点：大腿与臀部训练动作中肌肉发力感觉的准确性与呼吸的配合

续表

课次	课程名称	主要内容	重难点
9	学习健身健美训练动作技能	1. 复习 2. 臀腿部肌群（2）（大腿、小腿）动作练习与拉伸 3. 素质练习 4. 拉伸练习	重点：大腿、小腿训练动作的准确掌握与臀腿部肌肉拉伸 难点：大腿、小腿训练动作中肌肉发力感觉的准确性与呼吸的配合
10	学习健身健美训练动作技能	1. 复习腿部训练动作 2. 学习腿部肌群训练保护与帮助 3. 拉伸练习	重点：腿部肌群训练保护与帮助 难点：腿部肌群训练保护与帮助如何对应实施
11	学习健身健美训练动作技能	1. 复习 2. 学习肩部肌群（1） 3. 素质练习 4. 肩部拉伸训练	重点：肩部训练动作的准确掌握与肩部肌肉拉伸 难点：肩部训练动作中肌肉发力感觉与呼吸的配合
12	学习健身健美训练动作技能	1. 复习 2. 学习肩部肌群（2） 3. 素质练习 4. 拉伸练习	重点：肩部训练动作的准确掌握与肩部肌肉拉伸 难点：肩部训练动作中肌肉发力感觉与呼吸的配合
13	学习健身健美训练动作技能	1. 复习 2. 手臂肌群动作练习（1）与拉伸 3. 素质练习	重点：手臂训练动作的准确掌握与手臂肌肉拉伸 难点：手臂训练动作中肌肉发力感觉的准确性与呼吸的配合
14	学习健身健美训练动作技能	1. 复习 2. 手臂肌群动作练习（2）与拉伸 3. 素质练习	重点：手臂训练动作的准确掌握与手臂肌肉拉伸 难点：手臂训练动作中肌肉发力感觉的准确性与呼吸的配合
15	学习健身健美训练动作技能	1. 复习肩、手臂肌群训练动作 2. 学习腹部肌群动作练习与拉伸 3. 学习肩、手臂肌群训练保护与帮助 4. 素质练习	重点：腹部训练动作中准确掌握与腹部肌肉拉伸 难点：腹部训练动作中肌肉发力感觉的准确性与呼吸的配合
16	复习测评	1. 复习全身肌群的训练动作 2. 复习全身肌群的保护与帮助、拉伸与呼吸 3. 测评	重点：健身健美各部位训练动作的理论与实践 难点：健身健美训练动作的发力与控制

续表

课次	课程名称	主要内容	重难点
17	实践教学1 初级健身训练计划的制定原则	1. 复习 2. 学习初级健身训练计划的制定原则（1）单次训练课计划的制定 3. 素质练习	重点：初级健身训练计划的制定原则 难点：健身训练计划制定中训练动作的灵活运用
18	实践教学2 初级健身训练计划的制定原则	1. 复习 2. 学习初级健身训练计划的制定原则（2）周训练课计划的制定 3. 素质练习	重点：初级健身训练计划的制定原则 难点：健身训练计划制定中训练动作的灵活运用
19	实践教学3 认知实习	通过认知实习，要求学生了解我国健身市场的现状、周围健身环境、大众流行趋势与未来发展方向	重点：了解健身的现状及周围健身环境。 难点：根据现阶段健身环境设计未来职业规划
20	实践教学4 初级健身训练计划的制定	1. 复习 2. 模拟实习初级健身训练计划的制定（增肌、减脂） 3. 素质练习	重点：初级健身训练计划制定的整个流程 难点：灵活掌控健身训练计划制定的整个过程
21	实践教学5 初级健身训练计划的制定	1. 复习 2. 模拟俱乐部初级健身训练计划的制定（增力、塑形） 3. 素质练习	重点：初级健身训练计划制定的整个流程 难点：灵活掌控健身训练计划制定的整个过程
22	实践教学6 初级健身训练计划的实施	1. 模拟俱乐部初级健身训练计划的实施（增肌、减脂） 2. 初级健身训练计划执行过程中的保护与帮助	重点：独立完成初级健身训练计划制定、实施、保护与帮助的整个流程。 难点：根据实际情况掌控健身训练计划实施的整个过程
23	实践教学7 初级健身训练计划的实施	1. 模拟俱乐部初级健身训练计划的实施（增力、塑形） 2. 初级健身训练计划执行过程中的保护与帮助	重点：独立完成初级健身训练计划制定、实施、保护与帮助的整个流程。 难点：根据实际情况掌控健身训练计划实施的整个过程
24	实践教学8 测评考核	复习测评	重点：健身训练计划制定的原则 难点：健身训练计划制定中动作的灵活运用

六、课程习题（讨论）课的要求

课程期间进行基本练习、深化练习及综合练习三部分练习。

基本练习帮助学生回忆、巩固所学的新知识；深化练习加深学生对所学知识的理解，提高应用水平；综合练习加强知识之间的联系，培养综合运用知识的能力。在熟练掌握技术要领的基础上，体会练习部位的身体感受，找出训练的难点及训练方法，并用语言表述出来。

七、实习实践的内容与要求

第一部分　初级健身训练计划的制定原则

［实习实践内容］

初级健身训练计划中单次训练课、周训练课计划的制定原则。

［实习实践要求］

要求学生掌握我国健身市场的现状、周围健身环境、大众流行趋势与未来发展方向；

要求每个同学务必参加，各组长对参加情况作简要记录。

［实习实践重点］

初级健身训练计划的制定原则。

［实习实践难点］

初级健身训练计划制定中训练动作的灵活运用。

第二部分　认知实习

［实习实践内容］

国内健身的现状与健身房的现状，周围健身环境与大众流行趋势，未来健身发展方向。

［实习实践要求］

通过实习，要求学生掌握我国健身市场的现状、周围健身环境、大众流行趋势与未来发展方向；

要求每个学生务必参加，各组长对参加情况作简要记录。

［实习实践重点］

了解健身的现状及周围健身环境。

［实习实践难点］

根据现阶段健身环境设计未来职业规划。

第三部分　初级健身训练计划的制定与实施

通过本章学习，学生能够为初级健身人群制定训练计划，能够独立进行初级健身指导。

［实习实践内容］

初级健身训练计划的制定与实施；

初级健身训练计划执行过程中的保护与帮助。

［实习实践要求］

学生掌握初级健身训练计划的制定；

学生模拟实习，根据实际情况进行初级健身训练计划的制定、实施、保护与帮助等。

［实习实践重点］

独立完成初级健身训练计划的制定、实施、保护与帮助等。

［实习实践难点］

根据实际情况掌控健身实施的整个过程。

八、教学方法及手段（含现代化教学手段）

（一）教学方法及手段

运用多种先进教学方法进行教学：讲解法、示范法、提问法、对比法、诱导法、变换法、循环练习法等。以“能力本位”“校企合作”为指导思想，以学生为主体，通过教学互动、师生互动、课堂研讨与比赛，引导学生自主学习。本课程由理论教学部分和实践教学部分组成：

理论部分的教学，借助视频资源、PPT等带领学生学习，对知识的学习更能加深印象。实践教学部分的教学方法与手段主要是校企合作，师生互动，学生互学，改变以往教师教、学生练的传统，在教学方法与要求上重视学生的个性差异。

（二）学习方法

诱导练习法、探究型学习、自主性学习、小组合作学习与练习法。

（三）场地与设备

教学环境：健身健美训练馆。

设备要求：自由重量器械、固定器械。

九、课程考核方式及成绩评定

本课程的成绩评定由三部分构成：平时成绩（30%）、期末考试（40%）、实践考核（30%）。

具体要求及评分标准如下：

（一）平时成绩（30%）

平时成绩包含课程视频（30%）、章节测验（10%）、章节学习次数（10%）、作业（20%）、考试（30%）。其中一项为视频作业，讲解示范技术动作，评分标准如表3所示。

表3　评分标准

评级	视频作业		
	讲解（50%）	动作（50%）	
A	语言表述清晰、连贯，专业术语使用得当	动作准确熟练	86~100分
B	语言表述较清晰、较连贯，专业术语使用较得当	动作完成轨迹较准确，动作较熟练	76~85分
C	能讲解出来，但没有专业术语且没有连贯逻辑性	动作完成有错误点，熟练性一般	60~75分
D	表述错误	动作完成有严重错误，不熟练	不及格

（二）期末考核成绩（40%）

具体细则如表4和表5所示。

表 4　技术考核要求细则

考试步骤	1. 抽签决定自己的考试内容 2. 抽签完毕准备 3. 考试
考试要求	1. 抽签部位为2个部位，每个部位1个动作； 2. 考试第一轮如没有通过需要准备第二轮考试，第二轮考试与第一轮步骤一致； 3. 如两轮都没有通过则视为本门课程考试不及格
考试分点	1. 动作名称：使用器械+姿势+动作（10分） 2. 锻炼肌群：主动肌、协同肌、拮抗肌（15分） 3. 受力方向（5分） 4. 动作要素（30分） （1）技术要点（10分） （2）注意事项（10分） （3）呼吸（10分） 5. 保护与帮助（10分） （1）保护要点 （2）保护的注意事项 6. 正确示范动作（30分） 每个动作示范4~6次

表 5　技术考核评分标准

评分依据	评　分　标　准					
	动作名称 使用器械+ 姿势+ 动作+	锻炼肌群： 主动肌 协同肌 拮抗肌	受力 方向	动作要素 技术要点、 注意事项、 呼吸	保护帮助 要点、 注意事项	示范动作
90分以上	准确	全部正确	准确	全部正确	全部正确	准确
89~80分	准确	全部正确	准确	基本正确	基本正确	准确
79~70分	准确	基本正确	准确	基本正确	基本正确	基本准确
69~60分	准确	基本正确	准确	大部分正确	大部分正确	部分准确
60分以下	不准确	不正确	不准确	不正确	不正确	不准确

（三）实践考核（30%）

具体细节如表6所示。

表6　实践考核细则

评分依据	评级	评分标准			
		训练计划方案制定	动作要素技术要点	保护帮助注意事项	训练计划实施示范
95分以上	A	非常准确	全部正确	全部正确	准确
90分以上	B+	准确	全部正确	全部正确	准确
85分以上	B	准确	正确	正确	准确
80分以上	B−	准确	基本正确	基本正确	准确
70分以上	C	准确	大部分正确	大部分正确	大部分准确
60分以上	D	基本准确	大部分正确	大部分正确	大部分准确
不及格	E	不准确	不正确	不正确	不准确

十、课程教材及主要参考书

内容略。

撰写人：

审核人：

系、部领导：

单位（公章）

××××年××月××日

附件二　健身健美教练教程课程教案示例

健身健美教练教程课程教案

班级：×××　　人数：××　　课次：第3次课　　日期：××月××日　　教师：×××

<table>
<tr><td>课的内容</td><td colspan="3">1.学习胸部健美知识
2.学习胸部肌群动作练习(一)
3.学习胸部肌肉拉伸训练
4.素质练习</td></tr>
<tr><td>教学目标</td><td colspan="3">1.知识技能目标：90%的学生掌握胸部肌群训练的训练动作，包括杠铃推胸、哑铃推胸、器械推胸、俯卧撑。
2.身体素质目标：通过胸部肌群训练的学习，90%的学生能完成所定教学目标，使胸部肌肉形态发生变化，达到体态要求，提高身体体能状态。
3.课程思政目标：培养独立思考问题的能力，培养合作与服务的能力，培养健身指导员的服务意识与全民健身意识</td></tr>
<tr><td>部分</td><td>时间</td><td>课的内容</td><td>组织教法和学练法</td></tr>
<tr><td>准备部分</td><td>15分钟</td><td>一、整队集合报告人数
二、教师宣布本课内容、目标和要求。
三、小组长带领做准备活动、热身运动，慢跑1 500米
四、准备活动操：
（一）扩胸运动
（二）伸展运动
（三）转体运动</td><td>一、地点：健身房
二、集合队形
△
××××××××××××××
三、分组进行准备活动，组长带领，带领时需规范口令
△
××××××</td></tr>
</table>

续表

<table>
<tr>
<td>基本部分</td>
<td>65分钟</td>
<td>一、学习胸部健美知识
（一）健美常采用的姿势：
1. 站立：平行、内扣、歪斜。
2. 站距：窄站距、中站距、宽站距
3. 握法：空握、拳握、锁握。
4. 握距：窄握距、中握距、宽握距
5. 握位：正握、反握、正反握、对握
6. 屈和伸：身体前后、手臂、手指、腿。
7. 举：上举、侧举、平举、前平举、侧平举、推举。
8. 撑：支撑、俯撑、仰撑
9. 基本体姿：正坐、俯坐、平仰卧、下斜仰卧、俯立、平托、斜托、直托、平俯卧、上斜俯卧、斜坐、俯跪、斜侧卧
（二）健美的姿势
近固定：固定点靠近身体一侧。
远固定：固定点远离身体一侧。
上固定：也称上支撑，指身体固定完成腿部练习。
下固定：也称下支撑，指身体固定完成腿部练习。
二、学习胸部肌群动作练习(一)
1. 哑铃仰卧推举：凳子宽度不超过30厘米。主动肌：胸大肌，前锯肌，三角肌，肱三头肌。
要领：保持挺胸沉肩体姿，用力点和意念集中在胸部，推至两臂基本伸直即可
2. 史密斯卧推：主动肌群：胸大肌，肱三头肌，前锯肌
3. 杠铃卧推：
1）技术要点：斜躺在上斜训练凳上，握距比肩稍宽，先向着天花板的方向竖直举起杠铃。慢速下放杠铃，直到上臂与地面平行为止。然后推起杠铃回到起始姿势</td>
<td>一、学习基础知识
队形教学
△
××××××××××××

1.教师讲解示范。
2.学习顺序：徒手练习—单侧手臂练习—双手轻负重练习
3.学生集体练习
4.要求：学生按教师要求完成每个动作
5.注意：学生每个动作练习时的肌肉肌群的感觉

二、练习训练动作
练习队形
△
×××××××

1.学生分组练习
2.学生分组练习时由组长带领，教师巡回指导
3.学生练习时由组长安排练习顺序，保护和帮助
4.要求：学生按教师要求完成每个动作
5.注意：学生每个动作练习时的肌肉肌群的感觉</td>
</tr>
</table>

续表

基本部分	65分钟	2）易错点：应选择较宽握距、下放杠铃至锁骨处。 3）注意事项：放下至胸部吸气，上推呼气 4）保护与帮助：保护帮助者在练习者向上用力推杠铃时，手握在杠铃中部适当给力给予保护帮助，与练习者发力的动作方向同步 4. 机械架坐姿平推：主动肌群为胸大肌、肱三头肌、前锯肌 5.俯卧撑：主动肌为胸大肌、斜方肌、前锯肌 三、学习胸部肌肉拉伸训练 1.拉伸胸大肌 5组 × 15S 2.拉伸胸小肌 5组 × 15S 四、素质练习 1. 单脚跳 2. 蛙跳	三、分组展示训练动作 队形 △ ×××××× 1.组长带领整组展示学习动作 2.教师纠正错误动作 3.相互观摩，学生评价 提示：学生注意每个动作练习时的肌肉运行轨迹和肌肉的感觉，体会主动用力肌群和辅助肌群的感觉 四、学习拉伸知识 教与学队形 △ ×××××××××× 1.教师边示范边带领学生练习 2.练习顺序：拉伸胸大肌—胸小肌—前锯肌 3.学生集体练习

续表

结束部分	10分钟	一、整理（放松）活动 1.胸部放松操 2.呼吸操 二、总结本课情况 三、布置作业，预告下节课内容 四、布置收回器材 五、宣布下课	一、组织形式 △ ×××××××× ×××××××× 二、教师带领，学生集体练习 三、学生面对面练习，相互监督动作准确性 四、每次课由组长带领组员回收器材归位 五、解散
场地器材		场地：健身健美实训室 器材：杠铃、哑铃、固定器械	1.……2.……3.……

参考文献

［1］健身健美运动教程编写组.健身健美运动教程［M］. 北京：北京体育大学出版社，2015.

［2］张力为，毛志雄. 运动心理学［M］. 北京：高等教育出版社，2007.

［3］季浏，殷恒蝉，颜军. 体育心理学［M］. 北京：高等教育出版社，2016.

［4］陆爱云. 运动生物力学［M］. 北京：人民体育出版社，2009.

［5］王瑞元，苏全生. 运动生理学［M］. 北京：人民体育出版社，2012.

［6］徐国栋，袁琼嘉. 运动解剖学［M］. 北京：人民体育出版社，2011.

［7］费森，威尔逊. 健身健美运动员备赛完全指南［M］. 钱吉成，钱庄，译. 北京：人民邮电出版社，2021.

［8］张钧. 运动营养学［M］. 北京：高等教育出版社，2006.

［9］张蕴琨. 运动营养学［M］. 南宁：广西师范大学出版社，2005.

［10］贝纳多特. 高级运动营养学［M］. 安江红，等译. 北京：人民体育出版社，2011.

［11］周骞. 高校健身健美教程［M］. 北京：新华出版社，2018.